GOLDMANN
ESOTERIK

Buch

Wir sind als multiinkarnierte Wesen geboren und tragen in uns die Erinnerung beider Pole, gleichgültig, ob wir in dieses Leben als Mann oder Frau gekommen sind. Jenseits der Geschlechtergrenzen, hinter denen wir uns nur zu bereitwillig verschanzen, eröffnen sich jedoch unseren menschlichen Ausdrucksmöglichkeiten neue Dimensionen: Es ist der neue Weg des Yin, der weibliche Weg, sanft, aber machtvoll, der alles umschließt. Das kreative Prinzip ist nicht nur die männliche Kraft, die Form schafft, sondern hat seinen Ursprung vielmehr in der Ekstase der Schöpfung, die ihm vorausgeht.

Autorin

Die Therapeutin und Heilerin Chris Griscom ist heute eine der meistgelesensten Esoterik-Autorinnen. Ihre Bücher haben Hunderttausende in Europa und Amerika erreicht, die Popularität ihrer eindrucksvollen Seminare und Vorträge wächst noch immer.

Von Chris Griscom ist bei Goldmann bereits erschienen:

Meergeboren (Hardcover)
Der Quell des Lebens (Hardcover)
Der Weg des Lichts (12159)
Die Frequenz der Ekstase (11838)
Die Heilung der Gefühle – Angst ist eine Lüge (12113)
Leben heißt Liebe (12125)
Zeit ist eine Illusion (11787)

CHRIS GRISCOM

Der weibliche Weg

Begegnungen mit der Frau in uns

Aus dem Englischen übertragen
von Salomé Hangartner

GOLDMANN VERLAG

Umwelthinweis:
Alle bedruckten Materialien dieses Taschenbuches sind chlorfrei und umweltschonend.
Das Papier enthält Recycling-Anteile.

Der Goldmann Verlag
ist ein Unternehmen der Verlagsgruppe Bertelsmann

Umschlaggestaltung: Design Team München
Umschlagfoto: Teo Griscom, Galisteo
Druck: Elsnerdruck, Berlin
Verlagsnummer: 12219
Lektorat: Brigitte Leierseder-Riebe
Ba · Herstellung: Sebastian Strohmaier
Made in Germany
ISBN 3-442-12219-8

3 5 7 9 10 8 6 4 2

Inhalt

Vorwort

Jedes Kind, das diese Erde mit seiner Anwesenheit beehrt, wird sich früher oder später in seinem Leben angesichts der anscheinend ungerechten Einschränkung durch den Körper eines Jungen oder Mädchens eingeengt, ja gefangen vorkommen. Indem es die Vorteile der Kinder des anderen Geschlechts erkennen lernt, lernt es gleichzeitig rasch die Spielregeln des Vergleichens. Wie oft empfindet ein kleines Mädchen im geheimen, sein Bruder sei beliebter, mehr geschätzt und erhalte mehr Aufmerksamkeit als es! Welcher Junge beneidet nicht irgendwann die weiblichen Familienmitglieder um die Zärtlichkeit, die der Vater ihnen zeigt, um das Mitleid, das ihnen entgegengebracht wird, wenn sie sich weh getan haben, während er im gleichen Fall kurz angewiesen wird: »Jungen weinen nicht.«

Ich habe dieses Buch für die vielen Menschen geschrieben, die sich gegen das Gefühl wehren, nicht so viel wert zu sein wie andere, weil sie aufgrund unbewußter Prägungen seit ihrer Geburt oder im Rahmen der kulturellen Werte und Einschränkungen, die ihnen als Mann oder Frau auferlegt werden, dem »falschen« Geschlecht angehören. In Wirklichkeit sind wir alle sowohl weiblich als auch männlich!

Diese beiden polaren Energien in uns können miteinander in fein abgestimmten Einklang gebracht werden; damit werden sie unwiderstehlich zueinander hingezogen und verschmelzen miteinander. Und aus dieser Verschmelzung bricht eine neue, gewaltige Energie hervor, die so machtvoll ist, daß sie unser Leben und unsere Welt zu verändern vermag.

Die Welt ist zur Zeit zu besessen von der äußerlichen, materiellen Wirklichkeit, um sich zu erinnern, daß die subtilen Nuancen der Energieströme das entscheidende Licht hervorbringen, das unser Leben in Kanäle der Erfüllung und des Sinnes leitet. Bisher sind wir lange Zeit von einer Welt geformt worden, deren Bauplan durch männliche Energie – Energie der Form und des Wollens – vorgezeichnet worden ist. Es gibt aber eine andere Art Energie, dem Auge unsichtbar, aber doch Urgrund, Quelle *aller* Möglichkeiten. Dies ist die weibliche Energie, das göttliche geistige Bewußtsein, das sich viel eher durch das formlose Wesentliche und weniger durch planmäßig strukturierte Materie ausdrückt.

Wir müssen tiefer blicken als nur auf die Wirklichkeit der Form, um uns selbst wiederzufinden. Unsere Schul-, unsere Gesellschafts- und all unsere weltlichen Systeme sind zu schwerfällig und träge geworden, unfähig, uns auf die nächsthöhere Evolutionsstufe emporzuheben. Es ist daher dringend notwendig, daß wir unser Verständnis der Energiegesetze beleben, um unsere zahlreichen, scheinbar unüberwindlichen Probleme zu durchschauen und uns im Frieden der Lösungen sonnen zu können. Diese unbekannten Größen bieten vermutlich allen unseren technischen Errungenschaften die Stirn, denn sie sind uns von unseren Seelen auf den Weg gegeben worden, damit wir für eine neue Oktave der Wirklichkeit wach werden, die viel komplexer ist als die Ebenen der reinen Materie. Kurz gesagt: Die nächste Sprosse auf der menschlichen Evolutionsleiter ist kompromißlos die des Geistes!

Der Weg der männlichen oder Yang-Energie kann uns nicht auf diese neuen Daseinsebenen emporheben, weil der natürliche Fluß des männlichen Prinzips nach außen, in Form, in Strukturen hinein gerichtet ist, nicht nach innen, zur Erkenntnis. Wir können unsere äußere Expansion nicht länger weitertreiben, solange wir nicht anfangen, etwas über die inneren Bereiche des Seins zu lernen. Der Hunger nach Macht und fehlgeleitete Herrschsucht haben die kritische Masse erreicht, die den Untergang beschleunigt. Wir müssen anfangen, das Warum und den Sinn zu ergründen, die das Geschenk der Erkenntnis des Hologramms für uns bereithalten.

Glücklicherweise ist dies ein großartiges, beglückendes Abenteuer, das unseren menschlichen Ausdrucksmöglichkeiten neue Dimensionen eröffnet. Der weibliche Weg ist sanft, aber machtvoll, geht aus sich heraus und umschließt doch alles. Wenn ich vom Weiblichen spreche, meine ich nicht die äußerliche Ausdrucksweise der Frauen; ich benutze dieses Wort, um die Energie, die Kraft zu beschreiben, die aus der geistigen Wesenswelt stammt, aus den inneren Dimensionen des Wahrnehmens und Erkennens. In diesem Buch werde ich die Begriffe weiblich, Weiblichkeit oder Yin verwenden, um eine bestimmte Art von Energie zu bezeichnen, insbesondere was die Fließrichtung dieser Energie angeht. Es ist die Metapher für die Energie, die zu ihrer Quelle zurückfließt. So bewegt sich die Yang-Energie nach außen, in die Formwerdung; die Yin-Energie aber wendet sich nach innen, zum Wesentlichen.

Weibliche Energie ist nicht das ausschließliche Vorrecht der Frauen; vielmehr besitzen wir alle sie, und sie läßt sich durch Bewußtheit erwecken und verstärken. Allzuviele Männer haben lange Zeit an der Trennung von ihrem inneren, göttlichen Wissen gelitten, weil man sie gelehrt hatte, Intuition und damit verwandte Talente seien »Weibersache« oder nutzlose Macken der Natur. Ich hoffe – gleichgültig ob Sie Frau oder Mann sind –, Sie finden das Abenteuer der Gewahrwerdung der weiblichen Energien so faszinierend wie ich selbst, denn sie durchdringen alle Lebensbereiche, männliche wie weibliche. Das Nachdenken darüber, was wir mit diesen großartigen weiblichen Energien tun können, wird in Zukunft unsere schöpferischen Fähigkeiten in Anspruch nehmen, in dem Maße, wie wir lernen, diesen Reichtum menschlichen Potentials auf allen Lebensebenen zuzulassen und anzuwenden.

Dies ist kein feministisches Buch; es geht uns hier nicht um die Bewertung des Entweder/Oder, des Männlichen gegenüber dem Weiblichen. Unser westlicher Verstand läßt sich leicht verwirren, wenn er auf etwas stößt, das nicht der Illusion entspricht, verschiedene Dinge müßten notwendigerweise Polaritäten darstellen oder als Gegensätze schließlich vereint werden. Die Verbindung zwischen Männlich und Weiblich ist viel eher wie Yin und Yang, die nicht als voneinander getrennte Polaritäten gesehen werden, sondern als Energien, die ineinanderfließen.

In zahlreichen Übungen und geführten Meditationen wende ich mich direkt an euch. Daher habe ich mich für das Vertraute »du« als Anrede entschieden, das unsere tiefe Verbundenheit untereinander als strahlende, lebendige Wesen unterstreicht.

Im Gegensatz zu den knapp dreitausend Jahren, in denen

die Frauen von einer männlich beherrschten Welt ausgeschlossen wurden, werden die Männer im neu anbrechenden weiblichen Zeitalter nicht aus-, sondern *ein*geschlossen. Der männliche Körper kann die weibliche Seele mit Vergnügen und Freude unterstützen und diese Energien in einer Art und Weise ausdrücken, die tatsächlich die Zukunft verändern wird. Wenn jeder von uns den Mann und die Frau in sich erforscht, werden wir unweigerlich und bewußt die beiden eins werden lassen!

In großer Liebe,
Chris

1
Das großartige Erbe

Weibliche Energie ist der helle neue Stern am menschlichen Bewußtseinshimmel. Er hat in der Stille am Firmament geleuchtet und auf den Tag gewartet, an dem die Evolution der Menschheit den Punkt erreicht hat, da wir unseren Blick über den Alltag hinaus erheben konnten und uns fragten, wer wir sind und wozu wir hier sind. In einer Verzweiflung befangen, die so tief ist, daß wir weder ihren Ursprung noch ihr Ende ausloten können, müssen wir uns endlich auf eine neue Reise begeben, die anscheinend nach den Sternen trachtet, in Wahrheit aber das Selbst zu erreichen sucht. Wir müssen unbedingt einen Sinn und ein Ziel in unserem Leben und in der Welt entdecken, um von den »lebenden Toten« auferstehen und unsere Lebenskraft wiedererlangen zu können. Die jahrhundertelang praktizierte Veräußerlichung der Wirklichkeit ist im voll entbrannten Krieg der Polarität, der Trennung und der Gleichgültigkeit an die Grenzen der Erträglichkeit gelangt. Wir müssen die Flut der Entwicklungskraft wenden und das Bewußtsein wieder in die Tiefe der Mysterien und des Sinns des Lebens fließen lassen, die vom weiblichen Wissen umfangen und in ihm enthalten sind.

Weibliche Energie ist eine dem ganzen Menschen angeborene Facette. Sie ist ein mannigfacher, sehr subtiler Aspekt unseres geistigen Seins, der jedem Menschen, Mann wie Frau, als Erbe mitgegeben wird. Es ist ein großartiges Erbe, weil diese Energie Zukunft und Vergangenheit miteinander verbindet; sie läßt Erfahrung und Wissen zu einer Gegenwart mit gewaltigem Potential zusammenfließen. Wenn wir uns des Augenblicks voll bewußt sind, können wir Zugang zu allem Wissen erlangen, so daß Fragen und Antworten, Probleme und Lösungen zusammen in einem Strudel aufgewirbelt werden und eine Wirklichkeit schaffen, die durch uns selbst geformt wird. Dieses Erbe ist unser Geburtsrecht, und wir müssen es zu aktivieren suchen. Dem Wesen der weiblichen Energie entsprechend, kann diese Suche nicht über Tun zum Erfolg führen, sondern nur über die Entdeckung dieses großen Erbes, der weiblichen Energie, so wie sie energetisch in der in jedem Wesen vorhandenen Lebenskraft lebt. Die Zeit ist reif, uns bewußt zu werden, daß es Energiegesetze gibt, die alle Lebensäußerungen regeln; daß wir sie erkennen können, daß wir lernen, ihren leitenden Einfluß anzuwenden, um sogar die Lebenszyklen neu zu strukturieren.

Jeder von uns sehnt sich nach mehr, als unserem Gefühl nach in unserem Einzelkörper verfügbar ist. In den entfernten Bereichen unserer genetischen Struktur lebt die Erinnerung an die Körper unserer Mutter und unseres Vaters. Und jenseits davon existiert ein Wissen in geschichtlichen Verkörperungen unserer Großeltern. Verborgen vor dem Zugriff der linearen Wirklichkeit klingen die Flüsterstimmen unserer eigenen, vielfachen Inkarnierungen, durch die wir Myriaden von Prägungen des sogenannt »Männlichen« oder »Weiblichen« erhalten haben. Diese verschlüsselten Angaben scheinen uns an ein ganzes Konglomerat von

Körperassoziationen zu binden, das kulturelle, physische, emotionale und sogar geistige Vorstellungen in einzelnen Ketten getrennter oder entgegengesetzter Zellerinnerungen an das Geschlecht aufreihen. Diese Erinnerungen haben lange genug in uns geschlafen.

So wie jedes Wesen unumstößlich Teil seiner Eltern ist, so trägt auch jedes Wesen in sich das Erbe der Weiblichkeit. Unser genetisches Erbe wurde von der Natur in so vollkommener Weise gestaltet, daß Männliches und Weibliches gleicherweise zusammen dazu beitragen, ein neues Wesen zu schaffen. Dieser genetische Bauplan zu gleichen Teilen verleiht jedem sowohl weibliche als auch männliche Attribute. Vielleicht sind viele schockiert, wenn sie erkennen, daß sie tatsächlich weiblich *und* männlich sind; das aufregendste Abenteuer aber beginnt erst, wenn wir entdecken, was wir mit diesen Energien im eigenen Alltag bewirken können!

In jedem von uns steckt eine Frau, eine Frau mit vielen Dimensionen. Es gibt die Frau im Körperlichen, die weibliche Energie als physisches Hegen, Heilen, fließende Bewegungen oder Gebären ausdrückt. Das weibliche Prinzip kann im Verstandesbereich hervortreten, indem es danach trachtet, in allen Ideen, in der schöpferischen Kraft, das Gemeinsame zu finden und zu vereinen; indem es bei Widerständen Öffnungen und Lösungen und in allen Ideologien und Philosophien das Verbindende entdeckt. In jedem von uns bringt die innere Frau die Emotionen hervor, die Gefühle der Ekstase, der Seligkeit und Entrückung, die sich aus dem Zusammenfließen, dem Gefühl der Einswerdung ergeben bei der Hingabe, beim Umfangen der weiblichen Energie. In jedem von uns lebt eine geistige Frau, die die absolute Quelle der Weisheit ist – unbegrenzte, göttliche Weisheit, die jedem den großen Bauplan des Lebens einflüstert.

Aber weibliches Bewußtsein ist viel mehr als nur ein Aspekt des Körpers oder des menschlichen Geistes; es ist eine uns innewohnende geistige *Essenz*. Wenn wir erkunden, wer wir tatsächlich sind, wird die weibliche Energie frei, dies individuell und kollektiv auszudrücken. Die weiblichen Gaben der Einswerdung, des Zusammenfließens, sind an diesem Punkt unserer Evolution zu einem echten Mandat geworden, damit die Menschheit überhaupt weiter hier bestehen kann. Nur durch die Tore dieser Energien können wir überhaupt hoffen, das Überleben für uns, unsere Kinder und unsere Kindeskinder zu sichern.

Im Laufe der Äonen haben nur wenige hochentwickelte Wesen die weibliche Kunst des intuitiven Erkennens und der intuitiven Bewußtheit gemeistert. Nur sie haben den weiblichen Weg des harmonischen Zusammenspiels beschritten, wobei sie die feinstofflichen Gesetze des Energieflusses verwendeten, um zusammenhängende Prinzipien eng miteinander zu verbinden und daraus Leben zu bilden. Sie wurden in geschützter Umgebung gehegt und gefördert, und sie übten sich in der Einstimmung auf diese lebendigen Kraftprinzipien.

Du und ich, wir alle, müssen versuchen, was sie gelernt und gemeistert haben, in neue Lebensformen, in andere Seins- und Erfahrungsbereiche umzusetzen. Durch die Verschmelzung natürlicher Tendenzen können bisher unerkannte Wirklichkeiten zustandekommen, die eine ganz neue Lebensqualität entstehen lassen. Sie freilich kann nicht mittels Zwang, durch die althergebrachten Methoden der Beherrschung und erstickende Normen für globale wie auch lokale menschliche Beziehungen zum Leben erweckt werden.

Die Suche nach diesen scheinbar so schwer faßbaren Energien ist auch kein Zeitvertreib für selbstgefällige, nur auf sich bezogene narzißtische Menschen, die ihre Leere füllen möchten. Sie ist vielmehr eine dringende Notwendigkeit für die gesamte Menschheit, denn wir befinden uns ohne Zweifel am äußersten Rand der Selbstzerstörung als Gattung. Es ist eine Illusion zu glauben, daß jemand anderes – Mensch oder Technik – auftauchen und uns vor den Herausforderungen retten wird, die wir uns selbst gestellt haben. Wir sind bereits zu weit gegangen und können nicht mehr vor dem Initiationstrichter zurückweichen. Jetzt sind *wir* an der Reihe, die Schwelle zu überschreiten und für uns alle eine neue Daseinsforderung aufzustellen.

Erst wenn wir weibliche Energien klar erkennen und aktiv in unser Leben einbeziehen, wird das Weibliche ganz natürlich mit dem Männlichen verschmelzen. Dann erst setzt sich auf einer höheren Seinsebene eine vollkommene Verbindung der beiden in die Tat um, wie sie sich bis dahin noch nie zwischen Mann und Frau ausgedrückt hat. Die Entdeckung des weiblichen Prinzips in seiner Anwendung wird schließlich die gesamte Menschheit auf eine höhere Oktave der Lebensäußerung katapultieren, in der weibliche und männliche Kräfte ganz konkret eine neue, flexiblere Gattung Mensch schaffen werden. Es liegt in der Natur der weiblichen Energie, anpassungsfähig, flexibel, fließend zu sein. Das tut not. Wir tragen sie alle in uns – laßt sie uns jetzt entdecken!

2
Weibliche Alchimie

Jeder von uns ist ein Meisterwerk der Alchimie, eine göttliche Vermengung von Elementen, die einander gegenseitig beeinflussen, um eine fruchtbare »Nährbrühe« individueller Möglichkeiten zu erzeugen. Weibliche Alchimie ist eine magische Mischung von Nuancen und Gebärden, Hormonen und Gefühlen, Energien und Taten, die eine Vielfalt an weiblichen Ausdrucksweisen bei Männern und Frauen, Kindern, Gesellschaften und Kulturen umfaßt. Ebenso wie Energie nie stagniert, sondern dauernd in Bewegung ist und sich ändert, so drängt uns diese dynamische Alchimie ständig, unsere eigene Wirklichkeit wahrzunehmen und neu zu erleben. Indem wir die weibliche Alchimie in uns eingehend beobachten, werden wir fähig, die Feinheiten unserer Beziehung zur Außenwelt zu verstehen, als ob wir sie durch die Brille der weiblichen Bewußtheit sähen. So lernen wir, die Grundelemente der Beziehung als *Energie* zu betrachten, gleichgültig, ob es sich nun um eine Beziehung zu einem Ort oder zu einer Person handelt.

Unsere Welt ist weder zufällig noch chaotisch. Es gibt vielmehr Richtungen, Muster, Pulsationen, es gibt ein Gesetz der Ursache und Wirkung – Karma genannt –, das unsere Wirklichkeit formt und bedingt. Je mehr wir die energetischen Elemente erkennen, die eine Struktur oder eine Person ausmachen, um so mehr können wir unsere Wahl bei der Reaktion in einer bestimmten Art und Weise auf diese Beziehung oder diese Umgebung erkennen. Kurz gesagt, ist jeder von uns sein eigener Alchimist, der in seinem eigenen Tiegel mischt und rührt.

Wir können erforschen, wie sich angeborene weibliche Energien in unseren Emotionalkörpern, unseren physischen, Mental- und Geistkörpern bewegen. Wir können auch in unserem Alltag deren Spiegelung beobachten, wie sie in den einzelnen Kulturen, in denen wir leben, in der Familie, die wir uns gewählt haben, interpretiert werden, oder in der Natur, in Kunst- oder Modeströmungen, wie sie sich in der Welt um uns her widerspiegeln.

Wenn wir einmal die weibliche Anwesenheit erkennen, können wir auch deren Wirkung auf alles und jeden um uns herum sehen. Nichts im Leben steht isoliert, sondern alle Energien sind eine prachtvolle Mischung, die eine einzigartige, vollkommene Wirklichkeit schaffen. In dem Maß, in dem wir fähig sind, diese weibliche Alchimie zu beobachten, verstehen wir auf einer viel tieferen energetischen Ebene, weshalb wir derart unverkennbar auf Orte und Menschen reagieren.

Weibliches Bewußtsein ist auch der Weg zu einem neuen Verständnis von Macht. Mit seiner Hilfe können wir vom Felsvorsprung der Passivität hinausspringen in die großartigen, strudelnden Energien der schöpferischen Kraft, die uns von bewegungslosen Beobachtern des Lebens zu Meistern der Form wandelt.

Der Körper

Der Körper ist die augenscheinlichste und am leichtesten erkennbare Darstellung der formgewordenen weiblichen Alchimie. Obschon der menschliche Körper in männlich und weiblich aufgeteilt ist, drücken sich die Zusammensetzungen männlicher oder weiblicher Energien in vielfältigen Körpertypen und Neigungen aus. Es ist faszinierend, bereits beim Neugeborenen die jeweils grundlegenden Eigenschaften zu sehen und zu beobachten, wie sie von allem Anfang an einzigartig kombiniert sind.

So kann zum Beispiel ein kleiner Junge Empfindsamkeit, Passivität. Ausdruck oder Haltungen zeigen, die sehr »weiblich« sind. Ein kleines Mädchen ist dagegen vielleicht sehr aktiv und drückt seinen Willen durch den Körper aus, was für die »männliche« Kraft als typisch gilt. Diese frühen Verhaltensmuster werden fortgesetzt und verstärkt, während das Kind heranwächst. Der stille, passive männliche Säugling wird vielleicht ein sensibler Fünfjähriger, der gerne zeichnet oder malt, der mit seinem Körper sehr sorgsam umgeht und Pflanzen oder Tiere sorgfältig berührt, während das aktive kleine Mädchen zum sprichwörtlichen Wildfang heranwächst, der auf jeden Baum klettert und auf der Schaukel am höchsten schwingt, der sich immer in den Vordergrund drängt, um den Obermotz zu spielen. Jedes dieser Kinder wird Verhaltensmodelle suchen, die seine Fähigkeiten zum Ausdruck seiner grundlegenden Energiemischungen bestätigen und verstärken. Auch physisch wird sich der Körper so entwickeln, daß die inneren Tendenzen verstärkt werden. Er baut auf den Energien auf, die ihm vom Augenblick der Empfängnis an mit auf den Weg gegeben wurden. So wird vielleicht das eine Kind die Sinne ausgesprochen stark entwickeln, während das andere eher motorisch ausgerichtet ist. Der Körper wird auch einen Stoffwechselmechanismus entwickeln, der ihm erlaubt, die Tätigkeiten auszuüben, die von der vorherrschenden Energie verlangt werden.

Die Pubertät ist die Zeit der großen Wandlung von einer Phase, in der sowohl die Energie als auch der Körper sich ausdrücken, zu einer stärker kristallisierten Form, die im weiblichen oder männlichen Körper wurzelt. In der Pubertät kommen die Hormone ins Spiel, die den Körper zu seiner endgültigen Identität formen. Viele Eltern erschrecken, wenn ihr Liebling plötzlich im Ausdruck aggressiv wird.

Ich werde den Tag nie vergessen, an dem ich im Alter von 13 Jahren plötzlich wie aus einer Trance aufwachte, um zu erkennen, daß ich tatsächlich ein Mädchen war. Ich war sehr stolz darauf gewesen, als Libero im Viertel-Fußballteam das einzige Mädchen und die schnellste Sprinterin zu sein. Ich lief mit dem Ball, als mich zwei Jungen zu Boden warfen. Alle brüllten Hurra, weil sie den Ball zurückerobert hatten, aber ich war plötzlich wütend. Es tat nicht nur meinen erblühenden weiblichen Formen weh, sondern ich empfand die aggressive Absicht als persönlichen Angriff, und meine Gefühle waren ganz schön angeschlagen! Ich entfernte mich vom Spielfeld mit meiner Identität als Wildfang in Scherben, um in die unvermeidliche Welt des Frauseins einzutreten.

Die Stimulation der Hormone, die uns durch die Pubertät steuert, drückt die weibliche Alchimie ausgeprägt aus. Zu verschiedenen Zeiten im Leben verändern sich die Hormonspiegel derart, daß sie tatsächlich die Anlage zum männlichen oder weiblichen Ausdruck beeinflussen können. Ein Mann, dessen Testosteronspiegel niedrig ist, wird viel eher sanft sein als einer, dessen männliche Hormone ihn buchstäblich treiben, diese fordernde Yang-Energie zu entladen. So ist es auch bei Frauen; eine Frau mit einem höheren Anteil männlicher Hormone in ihrem Hormonspiegel wird sich wahrscheinlich in der dynamischeren Art männlichen Vorgehens ausdrücken.

Das Endokrinsystem ist der geheime Entwerfer unserer Persönlichkeit und bestimmt, wie wir uns der Außenwelt darstellen im Sinn unserer vorherrschenden männlichen oder weiblichen Energie. In Zukunft werden wir lernen, Bewußtseinstechniken einzusetzen, um die vom Endokrinsystem freigegebenen männlichen und weiblichen Essenzen solcherart ins Gleichgewicht zu bringen, daß der Alterungsprozeß aufgelöst und sogar die Form und Struktur unseres Körpers beeinflußt werden, die eng mit der Funktion unserer Drüsen im Zusammenhang stehen. Wenn wir anfangen zu verstehen, wie die feinstofflichen Energien der Hauptdrüsen, der Zirbeldrüse oder Epiphyse und der Hypophyse über die Spirale der Materie hinaus bis in die nichtmanifesten Schwingungsebenen der geistigen Essenz reichen, erkennen wir, wie die Seele selbst bei der Formung der Psyche Partner der Einflüsse durch Kultur, Familie und Erbmasse ist.

Es gibt viele interessante »Tricks«, wie sich weibliche Energie durch den Körper ausdrücken kann. Man denke einmal an den großen, breitschultrigen Mann, der so überwältigend aussieht, sich aber beim näheren Hinsehen dann doch als sprichwörtlicher Teddybär mit dem butterweichen Herz herausstellt. Das zarte Gewebe, das runde Gesicht, die Verteilung der Fettpolster, ja sogar die Form der Finger geben uns Anhaltspunkte über die alchimische Mischung und den weiblichen Anteil.

Der Körper in Bewegung zeigt einen der eindrucksvollsten Aspekte des Weiblichen. Es gibt Nuancen und Gesten, die unverkennbar weiblicher Art sind, ob sie nun ein Mann oder eine Frau ausführt. Es sind nicht die affektierten Gebärden der Angeberei, die als kennzeichnend für negative Weiblichkeit gelten, sondern die fließend weichen Bewegungen, die Empfänglichkeit signalisieren – Markenzeichen der Weiblichkeit. Wir alle erkennen die Anmut der weiblichen Bewegung, und wenn wir uns gestatten, uns auf solche Art zu bewegen, empfinden wir die sanften, liebevollen Energieströme, die ein Wohlgefühl auslösen. Jeder will in seinem Leben echten Frieden erleben.

Indem man Sanftheit in den Körperbewegungen übt, kann man tatsächlich sein eigenes Yin/Yang-Gleichgewicht verschieben. Versuche diese Übung: Stehe aufrecht und schließe die Augen, damit dein Emotionalkörper nicht fürchtet, komisch zu wirken. Beginne dann, dich gleitend durch den Raum zu bewegen. Strecke die Arme aus, als ob du die Luft umarmen wolltest. Halte an, hebe die Arme seitwärts an und hoch über den Kopf, bis sich die Fingerspitzen berühren, als ob du eine Tänzerin wärst. Senke nun die Arme elegant, und hebe sie wieder hoch, mehrere Male. Stelle dich jetzt in leichter Grätschstellung auf, und laß deine Arme langsam wechselweise über dem Kopf und nach hinten wie eine Windmühle kreisen. Laß die Kreise weiter werden, indem du mit den Armen immer weiter seitlich ausholst, bis sie vor dem Gesicht kreuzen.

Dies ist eine ausgezeichnete Übung für alle Menschen, die Verantwortung tragen, denn sie öffnet die Schultern, wo wir Fragen der Verantwortung und Fürsorgepflicht im Körper ansiedeln. Indem wir die Kraftrichtung zu einer weiten, kreisförmigen Gebärde der Öffnung ändern, üben wir inhärent Botschaften, die zu Anteilnahme, Mitarbeit und gegenseitiger Lösungssuche anregen: die einzige Wahl, die uns für die Zukunft bleibt.

Lebensstile

Kleidungsstile sind ein sehr unmittelbarer Ausdruck weiblicher Alchimie. Die Fähigkeit, mittels Kleidern die männlich/weiblichen Energien zu kombinieren und ins Gleichgewicht zu bringen oder das innere Wesen der Energie sichtbar auszudrücken, ist eine Möglichkeit, der Außenwelt zu signalisieren, wie wir uns innerlich fühlen. Frauen und Männer haben seit jeher Kleidung benützt, um – womöglich unbewußt – ihren Einklang mit ihrer männlichen oder weiblichen Ausrichtung auszudrücken.

In der heutigen modernen Welt kleiden sich die Frauen oft in männlich inspirierter Mode, weil sie damit männliche Eigenschaften ausdrücken wollen, die ihnen erstrebenswert scheinen: Entschiedenheit, Macht, Autorität, Kompetenz, Beherrschtheit. Was könnte beherrschender sein als ein Kostüm, das den Bewegungsbereich des Körpers praktisch auf das Ausstrecken der Arme nach vorn begrenzt? Man kann in einem Kostüm nicht einmal die Arme über den Kopf hochstrecken, was doch die beste Richtung für Inspiration und Wachstum ist!

Am entgegengesetzten Ende des Spektrums stehen Frauen, die sich verführerisch anziehen, um offenkundig ihre weibliche Energie zu betonen, weil ihr Bewußtsein ganz eng mit ihrem Weiblichkeitsverständnis in seiner sexuellen Auswirkung verflochten ist. Die Frau, die von ihrer Familie gelernt hat, daß sie sexy aussehen muß, ist oft gerade im Zusammenhang mit diesen Attributen am unsichersten, und deshalb konzentriert sie die Aufmerksamkeit auf den Körper im Bemühen, (an)erkannt zu werden. Der Schmerz, nicht akzeptiert zu werden, kann so groß sein, daß sie tatsächlich sehr aggressiv, zornig und im Herzen verschlossen ist – das genaue Gegenteil echter Weiblichkeit. Vielleicht kleidet sie sich sehr modisch oder bevorzugt auffallende, leuchtende Farben, zum Beispiel Rot, um Aufmerksamkeit zu erregen.

Auch Männer setzen Farben ein, um ihre Eigenmeinung auszudrücken. Wenn der Mann anfängt, nach seiner inneren Weiblichkeit zu dürsten, experimentiert er vielleicht mit der Sensibilität weiblicher Farben, mit zarten Rosa- und Pastelltönen, die die zärtlichere Energie in ihm andeuten. Farben sind großartige Boten männlichen oder weiblichen Ausgerichtetseins. Die Yang-Farben Rot und Orange wollen gesehen werden; Braun-, Grau- und Schwarztöne oder Mischungen davon sind Ebenbild der Solidarität, Nüchternheit und Autorität. Die weicheren, gedämpfteren Farben, die sich harmonisch mit anderen verbinden lassen, sind Ausdruck der weiblichen Passivität, einer weniger scharf abgegrenzten, mehr hingebungsvollen Haltung.

Ich erinnere mich, wie ich mich als Kind dagegen auflehnte, daß ich zu Rosa gezwungen wurde, während meine ältere Schwester Blautöne tragen durfte. Ich erkenne jetzt, wie sehr ich aus dem Blickwinkel der Inkarnationslektionen meiner Seele die Erfahrung der Liebe brauchte; daß ich lernen mußte, Liebe auszustrahlen, und Rosa ist die Farbe der Liebe. Da ich sechs Wochen zu früh geboren war und die nächsten sechs Wochen in einem Brutkasten verbringen mußte, kam ich mit der Prägung der Ablehnung, geboren zu werden, zur Welt; die so entscheidende anfängliche Liebesbindung fand nicht statt. Rosa war genau die Farbe, die mir not tat, um das Trennungsloch zu füllen, und doch war es die

Farbe, die ich am meisten ablehnte und der ich widerstand, weil ich unbewußt bereits in jene Ablehnung versteift war. Was wir ablehnen, ist so oft der Schlüssel zur Lektion, die wir brauchen, um seelisch zu wachsen. Sogar an derart einfachen Dingen wie den Kleidern, die wir tragen, oder den Farben, die wir wählen, können wir genau sehen, ob die weibliche Energie akzeptiert und anerkannt wird und welche Schwingungsebenen des Ausdrucks uns offenstehen.

Die Eltern

Unsere allerersten und grundlegendsten Lehren über weibliche Energie empfangen wir von den Eltern, von der Alchimie weiblicher Energie, die sowohl im Vater als auch in der Mutter vorhanden ist, aber auch im Sinne der Reaktionen in der alchimischen Beziehung, beziehungsweise wie sie aufeinander reagieren. Das Kleinkind beobachtet und ahmt die Haltungen und Vorstellungen der Eltern nach, sowohl der Eltern als Individuen als auch, wie sie ihre jeweiligen Attribute innerhalb der Beziehung darstellen. Phrasen wie: »Du bist ein Junge« oder »Mädchen tun so etwas nicht« werden immer wieder geäußert, um den Kindern von Anfang an klarzumachen, was es bedeutet, dem Club des jeweiligen Geschlechts anzugehören. Sowohl der Vater als auch die Mutter verstärken die Verhaltensmuster und Einstellungen hinsichtlich annehmbarer und angemessener Ausdrucksweisen männlicher oder weiblicher Energie, die sie sich gegenseitig zuerkennen, und übertragen sie auf das Kind.

Wir suchen uns unsere beiden Eltern sehr sorgfältig aus und wählen dabei Seelen mit einer bestimmten weiblichen Alchimie, die entweder spiegelt, was uns mangelt und wir lernen müssen, oder was wir haben und überwinden sollten.

Wenn wir dann später die Prägungen unserer Eltern übernehmen, beginnen wir, die Energien in bezug auf unsere eigene alchemische Mischung zu verarbeiten und uns einzuverleiben. Diese Erkenntnis kommt uns natürlich erst, wenn wir erwachsen genug sind, um unser Schicksal als Mann oder Frau bewußt zu betrachten, nachdem wir tonnenweise beklemmende Prägungen aufgenommen haben, wie wir sein sollten und was wir angeblich in der Welt zu tun haben!

Es ist aufregend, sich aus der Perspektive der weiblichen Alchimie klar zu werden, daß wir das Produkt unserer Eltern sind. Indem wir die weiblichen Komponenten und deren Gleichgewicht in den Eltern erkennen, fangen wir an, einen sehr klaren Spiegel unserer eigenen Spielformen zu sehen. In dem Maß, in dem wir mit der weiblichen Energie vertraut werden, können wir in unseren Eltern Elemente erkennen, die wir auf unser eigenes Modell anwenden oder ignorieren, während wir selbst wachsen und männliche und weibliche Energien zu handhaben lernen. Indem wir die ursprüngliche und gleichzeitig göttliche Energetik der weiblichen Energie erkennen, verstehen wir erst ganz, weshalb sie unsere Lehrer sind, die uns Energiekombinationen aufzeigen, die auch die geheimsten Aspekte des Selbst entschleiern.

Eine Wahrnehmung der weiblichen Energien, ein sehr offensichtliches Attribut der weiblichen Alchimie, ist das Gleichgewicht negativer und positiver weiblicher Energien, in dem die positiv feminine Seite hegend, liebend, einsichtig, empfangend, verstehend ist, während die negative Weiblichkeit alle diese Energien mißbraucht. Diese negative Seite wird ausgedrückt durch die vielzitierte Katzenhaftigkeit der Frau, die kritisierende Seite der weiblichen Persönlichkeit, die Neigung zur Geschwätzigkeit, zum Klatschen, Herabmachen, Zerstören oder Manipulieren, indem man die Kraft oder Energien des anderen negiert, oder indem man Wissen und Verstehen, insbesondere aber Sexualität mißbraucht, um andere abhängig zu machen, sie zu beherrschen und am Gängelband zu führen.

Viele Mütter und Ehefrauen verwenden diesen Aspekt des Abhängigmachens in ihren Beziehungen, um ihr Selbst auszudrücken. Es ist ein krasser Mißbrauch der weiblichen Energie, wenn wir zum Beispiel andere umhegen, mit unseren Kochkünsten oder mit Liebesspielen umgarnen und dies in einer Beziehung als Waffe gebrauchen, damit sich der andere – Mann oder Kind – unserem Willen beugt.

Negative Weiblichkeit setzt ständig den Emotionalkörper ein, um die Wirklichkeit aufrechtzuerhalten oder zu manipulieren. Taktiken der Furcht anzuwenden ist eine klassische negativ weibliche Methode. Sowohl Männer als Frauen, die die natürlichen, intuitiven Gaben der Weiblichkeit besitzen, neigen dazu, Partner, Kinder und Kollegen mit negativen Voraussagen zu gängeln, indem sie schlimme Ereignisse und schreckliche Möglichkeiten prophezeien, anstatt durch positive Kanäle nach Problemlösungen zu suchen. Negative Weiblichkeit kennt die Geheimnisse der wahrscheinlichen Realität und verwendet die Kunst der sanften Verführung – wie die Wahrsager alter Zeiten –, um die Strömungen in diesem Sinne zu beeinflussen.

Diese negative Bearbeitung der Wirklichkeit ergibt sich aus dem gefühlsmäßigen Behagen, die Macht hinter dem Thron zu sein oder Einfluß nehmen zu können, ohne die Verantwortung zu übernehmen, sondern vielmehr alle Energien derart zu manövrieren, damit das Gewünschte eintritt. Dieser Wunsch hat seinen Ursprung in der Regel in negativen Emotionen, wie zum Beispiel Rache, Neid oder Ehrgeiz. Er gedeiht bei negativen Beziehungen, Projektionen und der totalen Abhängigkeit vom Rivalen, die den gesamten Emotionalraum ausfüllt.

Die Manipulation der Macht auf diesen feinstofflichen Schauplätzen ist sehr verführerisch, und die Verführung an sich ist eine der negativsten Eigenschaften der negativen Weiblichkeit. Den Emotionalkörper für die psychologische Kriegführung einzusetzen, gehört zur Standardpraxis; sehr oft weiß die Zielperson nicht einmal, was eigentlich geschieht, weil der Hunger, auserwählt oder beteiligt zu sein, ein alles beherrschendes Gefühl ist.

Wir lernen diese Methoden im Überlebensspiel, das uns zu Hause gelehrt wird. Sowohl der Vater als auch die Mutter können komplexe Mischungen der negativen Weiblichkeit aufweisen. Auf jeden Fall stellen beide Eltern stereotype Rollen dar, die die von ihren Eltern gelernten männlich/weiblichen Neigungen nur schwach verschleiern. Wenn wir die Nuancen auf der Ebene der Energieanwendung zu sehen beginnen, können wir anfangen, unsere Eltern und uns selbst tatsächlich zu erkennen.

Vielleicht suchen wir uns einen Vater aus, dessen weibliche Energie sehr stark und positiv ist, damit wir erkennen, wie man mit der im Mann lebenden weiblichen Wirklichkeit kommunizieren und damit eine Beziehung aufbauen kann. Es ist ein großer Segen für einen sensiblen kleinen Jungen, wenn ihm dadurch eine ganze Menge Beschämung und Verwirrung erspart wird, die er erfährt, wenn die Welt diese Energien in ihm nicht unterstützen will. Ein Mädchen, dessen Vater diese weibliche Energie zuläßt, lernt Wege der weiblichen Kommunikation mit dem anderen Geschlecht; dies wird mit Bestimmtheit ihre spätere Wahl eines Gefährten beeinflussen.

Wenn die weibliche Energie in uns stark ist, wir ihrer

gewahr sind und sie bis zu einem gewissen Grad gemeistert haben, brauchen wir diese Energien nicht nach außen zu projizieren, so daß unsere Mütter möglicherweise anfangen, eine weibliche Energiemischung auszudrücken, die mehr männliche statt weibliche Kraft enthält. Das ist in der heutigen Welt häufig der Fall, da die Frauen mehr mit dem Ausdruck ihrer männlichen Energie in Erscheinung treten; dies wiederum verschafft ihren Partnern den Luxus, ihre eigene weibliche Energie vermehrt auszudrücken. Während die Stereotypen von Mann und Frau vor 50 Jahren sehr einfach und klar abgegrenzt waren, sind diese Energien in der heutigen Welt das Produkt einer evolutiven Alchimie, die ein vollständig neues Potential menschlicher Beziehung erschließt.

Unterschiedliche Kulturen

Auch verschiedene Kulturen drücken die vorherrschende und die individualisierte Adaptation der weiblichen Energie unterschiedlich aus. Gewisse Kulturen verwenden die Weiblichkeit als verschlungenen Bestandteil des Familienmusters oder als Komponente des kulturellen Ausdrucks, so daß Kunst, Musik oder Wertgefüge der Kultur auf den Ausdruck des Weiblichen ausgerichtet sind. Dies ist in östlichen Kulturen viel offensichtlicher als in westlichen, die viel eher auf das Männliche ausgerichtet sind.

Frühere Kulturen, die die göttlichen Mysterien von Leben und Tod erkannt hatten, schwangen viel mehr im Einklang mit der Natur und zeigten großes Verständnis für die weibliche Energie. Weibliche Alchimie wurde thematisch in klar verständlichen und erkenntlichen Riten und Beschreibungen ausgedrückt. In vielen Kulturen war die Mutter Ausdruck des Göttlichen; das Mysterium des Gebärens, das Mysterium, Leben in die Welt zu bringen, wurde als Teilausdruck des Göttlichen empfunden. Es gab viele Göttinnen, die ihre Macht der schöpferischen Erkenntnis dieser Mysterien liehen.

Viele der großen klassischen Maler haben das weibliche Prinzip als Grundlage für ihre Arbeit verwendet. Die Körper in ihren Gemälden waren wohllüstig und weiblich und drückten die nährenden, fließenden, (hin)gebenden Energien des Weiblichen aus. Die Statuen, Zeichnungen und Symbole enthielten auch oft graphische Darstellungen der weiblichen Anatomie als Ausdruck der Fruchtbarkeitskraft. Musik galt als Ausdruck der Leidenschaft und der mystischen Elemente des Emotionalkörpers, die schon immer als Teil der weiblichen Sphäre empfunden worden waren.

Viele Arbeiten großer Dichter spiegeln den Hunger nach einer Beziehung mit dem geistigen, weiblichen Lebensprinzip wider. Wenn jemand über die Suche nach der Quelle des Lebenssinns schreibt, ist das immer ein Versuch, mit der weiblichen Energie aus einer universalen Schwingungsebene zu kommunizieren, sie zu berühren und ihr Form zu geben.

Der Geburtsort

Wenn wir unseren Geburtsort aus dem Blickwinkel der weiblichen Alchimie betrachten, ist dies ein faszinierendes Echo der Wärme des Empfangs, der uns bereitet wurde, als wir uns in diesem Körper inkarnierten. Der Ort, an dem wir geboren wurden, steht mit dem Emotionalkörper in Zusammenhang, und mit dem Grad an Pflege, Schutz und liebenden Energien, die wir bei der Geburt erfuhren.

Am *Light Institute* in Galisteo, New Mexico, arbeiten wir am Ausgleich unserer Energien in bezug auf unseren Geburtsort, so als ob dieser Ort, an dem wir das Licht der Welt erblickten, ein lebendiger Mensch oder ein belebtes Wesen wäre. Wenn wir spüren können, daß dies für uns ein nährender, hegender Ort war, der uns hier auf der Erde willkommen hieß, fühlen wir uns erfüllt und können dann unserem Emotionalkörper das Gefühl aufprägen, akzeptiert, erwünscht und Teil von etwas zu sein.

Einer der elementarsten Aspekte des Gefühls, lebenswert zu sein, ist das Wissen um unser Bedürfnis, zu einem Ort, zu einem Menschen zu gehören. Wenn man erlebt, daß der eigene Geburtsort ein magischer, heiliger Ort auf dieser Erde ist, fühlt man eine ganz natürliche Öffnung des Herzens, die sehr heilsam ist. Es ist unwichtig, daß es in einem unpersönlichen Krankenhausbett, in einer übervölkerten Stadt geschah. Das allwissende Höhere Selbst hat es so gewollt und hat dadurch dem Ort die unzerstörbare Reinheit des Lebens selbst geschenkt.

Beobachte einen Augenblick lang deine eigenen Gefühle in bezug auf den Ort, an dem du geboren wurdest! Wenn du dich danach sehnst, mit dem Leben verbunden zu sein, geh dahin zurück und verbinde dich erneut mit deinem Geburtsort aus einem Standort geistiger Anerkennung und Dankbarkeit heraus.

Meistens empfinden sowohl Mutter als Kind, daß dieser Geburtsort etwas Besonderes ist, weil ein Teil unseres Vertrauens in die hegende weibliche Energie, emotional gesehen, sehr stark durch die Geburtsgefühle geformt wird und mit ihnen zusammenhängt. Wenn ein anderer unseren Geburtsort besucht, empfindet er ihn möglicherweise als Ort dunkler Vorahnungen, ja sogar als gefährlich. Wir aber sehen dort die Vegetation, die Pflanzen, die Schönheit jenes Gebiets. Die kindliche Fähigkeit, Schönheit zu erleben, wurzelt gerade in der Verbundenheit mit der weiblichen Energie. Sehr oft sucht sich die Seele den Geburtsort ausgerechnet zur Verfeinerung und Feinabstimmung der weiblichen Energie aus, wenn eine anscheinend männliche oder schwierige Umgebung uns zwingt, für das Zusammenleben in einer Beziehung eine Lösung zu finden.

Weibliche Energie in der Natur

»Mutter« Natur ist ein vortreffliches Beispiel weiblicher Alchimie, der vielschichtigen Möglichkeiten, sich auszudrücken, und der Wirklichkeit, die das Leben in seinem energetischen Gleichgewicht orchestriert. Sich in einer natürlichen Umgebung aufzuhalten, bietet eine großartige Gelegenheit, die weibliche Energie praktisch anzuwenden, denn um ein Naturgesetz zu erkennen, müssen wir uns erst auf die feinen Ebenen einstimmen, die die unsichtbare Ordnung der Welt formen.

Wenn wir die Lebensenergie wahrnehmen, die von den Pflanzen ausstrahlt, erleben wir das unglaubliche Gleichgewicht der Schöpfung, indem die Pflanze Sauerstoff ausatmet, den wir einatmen, und wir Kohlenstoffdioxid ausatmen, das die Pflanze einatmet. Wir müssen diese Beziehung anerkennen, unsere gegenseitige Abhängigkeit voneinander, und dabei ganz direkt, ganz körperlich erfahren, wie die Kommunikation mit der Natur uns nährt, unsere Lebenskraft und unser Potential zur Bewußtwerdung erhöht.

Mit der Natur zu kommunizieren ist gleichbedeutend mit einer Einladung zur Bewußtwerdung. Die Erkenntnis, daß sogar Steine elektrische Impulse aussenden und somit leben, hilft uns, kosmische Energien anzuzapfen, die uns das göttliche Prinzip des Hologramms so greifbar vor Augen führen: Wir sind integrierender Bestandteil eines größeren Ganzen, das von uns geistig erkannt werden muß, wenn das Gleichgewicht der Beziehung erhalten bleiben soll.

Die Natur ist ein großartiger Ausdruck der weiblichen Alchimie in unendlich vielen Formvarianten: all dessen, was saftig und einladend und allumfassend ist, all dessen, was überfließt, Kraft ausströmt und hinausreicht. Durch die vollkommene Alchimie der Natur können wir die Energien durchkämmen und für uns exakt den Ausdruck hegender Sorge auswählen, der uns in jenem Augenblick oder durch lebenslange Verhaltensmuster hindurch entspricht. Jeder von uns kann den gleichen Manöverplan ansehen und dabei Elemente erkennen, die jeder gemäß seiner eigenen gefühlsmäßigen Assoziationen als männlich oder weiblich auslegt. Wir entlehnen unsere Stichworte von der Natur, wenn wir männliche und weibliche Kräfte unmittelbar visuell erkennen. Bezeichnen wir eine Landschaft als »männlich«, beschreiben wir dabei oft Linien oder Silhouetten oder scharfkantige Bereiche, die Kraft ausdrücken. So besitzen beispielsweise hohe Berge eine drängende Energie, die ein Gefühl des Yang vermittelt, während sanft gewellte Hügel, Täler und gemächlich fließende Bäche von uns als nährend und hegend, als Yin, empfunden werden. Jede dieser Landschaften spiegelt sich in der menschlichen Form, in den geraden, kantigen Linien des Mannes und den weicheren Kurven der Frau, die beide die Bewegung, das Wesen der ihnen je innewohnenden Energie ausdrücken.

Ich bin immer wieder erstaunt, wie die Menschen auf Galisteo, den Ort, an dem ich mit meiner Familie lebe und arbeite, reagieren. Viele finden, seine Weite und die kargen

Ebenen seien ein großartiger Ausdruck männlicher Formen. Andere haben das Gefühl, das prächtige Becken umfange sie wie eine Wiege, und sie spüren dabei die beruhigende Wellenbewegung des früheren Meeres, das tief unter der Erdoberfläche immer noch vorhanden ist – die Quintessenz der Erde selbst!

Die Natur selbst eignet sich ganz besonders zur Erkundung des weiblichen Prinzips, weil sie uns eine derart reiche Palette sensorischer Erfahrungen verschafft. Düfte, Farben, Formen, aber auch Strukturen und Geschmacksempfindungen ermöglichen uns, die physische Wahrnehmung der Welt und unserer selbst zu erweitern und zu genießen.

Die gesamte Natur trägt in sich die Prägung jeder Evolution ihrer Formen, aber auch der Erfahrungen an sich, mit denen die Atmosphäre durch alle Lebewesen innerhalb einer Umgebung angefüllt worden ist. Alle Kriege, alle Todesfälle, jedes Lachen, jede Geburt erzeugen einen Widerhall und strahlen zurück von Bäumen, Felsen, von der Erde selbst, weil die organischen Energien an jedem Ort das Leben in sich aufnehmen, festhalten und seine Geschichte aufzeichnen. Dieses Festhalten ist der weibliche Weg.

Ich erinnere mich an ein mystisches Erlebnis dieses Aufzeichnens, das ich in Kalifornien hatte. Ich stieß auf eine großartige Eiche, die schon einige hundert Jahre lang gelebt hatte. Sie stand allein auf einem Hügel, der den Blick auf die ganze, weite Umgebung freigab. Ich empfand derart starke Liebe und Ehrfurcht, als ich unter ihr weites Blätterdach trat, daß ich sie einfach umarmen mußte.

Während ich ihren prächtigen Stamm umarmte, hatte ich das Gefühl, ich sei ein kleines Kind, das die Oberschenkel seiner Großmutter umschließt. Ein warmes, schläfriges Gefühl überkam mich, als ich dort allein verweilte, das warme

Sonnenlicht im Rücken. Die langsam fließenden Säfte des Baumes verursachten eine psychische Resonanz in mir. Ohne es bewußt zu wollen, floß ich ein in den Saft. Indem ich den Fluß der Säfte spürte, war mir, als ob ich durch die Jahresringschichten hindurchsehen könnte, die das Wachstum und die Erfahrungen jedes Jahres in sich aufzeichnen. Die Säfte schienen das Gedächtnismedium des Baumes zu sein. Auf geheimnisvolle Weise wurde ich selbst zu dem Lebenssaft, der die Bilder der Eiche, die sie in den langen Jahren ihres Daseins gesehen hatte, festhielt.

Als eines der ersten Bilder sah ich, wie durch die trübe, klebrige Linse des Saftes, die rotkarierte Jacke eines Beerensammlers. Danach entdeckte ich einen Falken in langsamem Gleitflug, fast als ob er in der Luft stillstünde. Ich empfing jede dieser Figuren, als ob sie aus Trillionen winziger Lichtpunkte zusammengesetzt wären. Das Licht schien die Form zusammenzuhalten, und auf magische Weise kamen bei der Aufnahme des Lichts für die Photosynthese durch den Baum auch die Bilder mit dem Lichtfluß intakt in die Eiche herein.

Darauf beobachtete ich eine Reihe von Menschen, Ureinwohner Amerikas, die sich dem Baum näherten. Sie schienen aus mehreren Jahrhunderten zu stammen, trugen unterschiedliche Kleidungen, mit verschiedenen Mustern und Zeichen. Einige kamen, um Eicheln zu sammeln, andere ruhten sich aus, aber alle nahmen von dem Baum ehrfurchtsvoll Kenntnis.

Tränen netzten meine Wangen, während ich diese Weite des Lebens betrachtete. Doch ich spürte sofort die unterschiedliche Dichte und den Salzgehalt meiner Tränen im Gegensatz zu den Baumsäften, und so holten meine Tränen mich aus den tiefen Bereichen der langsamen Energie im Baume zurück.

Ein paar Tage später wanderte ich wieder durch die Hügellandschaft, diesmal in Begleitung von drei anderen Frauen. Wir kamen an der prächtigen Eiche vorbei und stiegen den Hügel hinab zu einer Stelle, die nach der Überlieferung von den Ureinwohnern Amerikas als Ort heiliger Menstruation genutzt worden war. Viele Naturvölker auf der ganzen Erde betrachteten und heiligten Menstruation als besonders starke »Medizin« des Weiblichen. Die meisten traditionsverbundenen Kulturen behandeln sie als geheiligtes monatliches Geschehen, das entweder nach besonderen Ritualen oder nach einem sozial klar verständlichen Akt verlangt, der sie vom Alltagsleben trennt.

Das Gebiet, das wir betreten hatten, lag am Waldrand in einer kleinen Lichtung. Da stand wieder so eine prächtige Eiche! Mit ihrer unmißverständlich weiblichen Energie erschien sie mir als die Mutter aller Eichen, die ihre Äste über einen beachtlichen Teil der Lichtung ausbreitete. Sie war neben einem großen, flachen Felsblock gewachsen. Hier waren die Indianerinnen zusammengekommen und hatten ihre Monatstage auf dieser kleinen Lichtung verbracht. Eine winzige Quelle trat unter der Eiche aus dem Boden und tränkte saftiges Gras, Brunnenkresse und wilde Blumen.

Als wir anhielten, um auf dem Felsen auszuruhen, kam mir der Gedanke, wie sehr wir diesen Frauen glichen; zwei von uns näherten sich dem Ende ihres Menstruationszyklus, eine war in voller Blüte ihrer weiblichen Fruchtbarkeit und Fortpflanzungskraft, und Alexandra, die wunderschöne Jüngste von uns vieren, befand sich am Anfang des Weges zum Frausein.

Joanna schlug schließlich vor, wir sollten meditieren und die Energie dieses einzigartigen Ortes in uns aufnehmen. Als ich mich auf der Erde niederließ, fiel ich in diesen beglückend leeren Zustand, der mein Wissen mein ganzes

Leben hindurch genährt hat. Mein psychisches Bewußtsein stimmte sich sogleich auf die Prägungen dieses besonderen Ortes ein: auf den Felsen, die Erde, die Eiche, die Wiese in der Lichtung. Ich begann, die Eindrücke all der Frauen wahrzunehmen, die sich seit jeher unter dem Baum versammelt hatten, genauso wie wir es jetzt taten.

Ich stimmte mich auf die Astralenergie all jener Frauen ein, die wie wir im Schatten des Baumes geruht hatten. Es war ein erstaunliches Erlebnis, denn ich weiß, daß ich ihren Gedankenaustausch tatsächlich als Klang *hörte*. Obschon sie natürlich ihre eigene Sprache sprachen, verstand ich sie, als ob sie in meiner Sprache redeten. Ich erinnere mich an die besonders helle, zwitschernde Stimme eines jungen Mädchens. Dies war ihr erster Besuch unter dem Monatsbaum, und sie war einerseits euphorisch glücklich, andererseits ein bißchen ängstlich. Ein anderes, etwas älteres Mädchen wurde von zwei weiteren gehänselt wegen ihres Tändelns mit einem jungen Mann. Ich erinnere mich genau, daß mir dies alles ganz natürlich vorkam, denn das Gespräch hätte in irgendeiner Kultur zu irgendeinem Zeitpunkt stattfinden können, und ich lächelte, als ich an die Möglichkeit dachte, daß es tatsächlich universelle Themen gibt, die in der Familie der Menschheit mitgetragen werden seit der Morgenröte der Gesellschaft.

Die Freude und die Aufregung des Erblühens zur Frau, die bereit ist, die Aufmerksamkeiten eines Gefährten oder Gatten entgegenzunehmen, ist Teil des menschlichen Grundmusters und wird es immer bleiben. Ich werde ihr Lachen nie vergessen, und als ich Joanna, Alexandra und Elisabeth erzählte, was ich erlebt hatte, lächelten wir uns zu im Erkennen jenes allgemeingültigen weiblichen Zeitvertreibs: Ränke zu schmieden, sich zu necken und ins Abenteuer, einen Mann anzulocken, zu stürzen.

Wenn man sich der weiblichen Alchimie bewußt wird, die sich unser ganzes Leben hindurch ausdrückt, kann man verstehen, daß die Erfahrung des Lebens ein großes Geschenk ist und daß so viele unserer emotionalen Perspektiven – ob wir uns genügend geliebt, genügend anerkannt, genügend versorgt fühlen – einzig aus dem Gleichgewicht oder Ungleichgewicht der weiblichen Energien heraus entstehen. Für Männer ebenso wie für Frauen eröffnen die weiblichen Energien um uns die Schwelle zu einer turbogeladenen Wirklichkeit, in der das Selbst wohnt!

Denke an diese Dinge, wenn du deine physische Umgebung schaffst; berücksichtige sie bei der Wahl deiner Kleider, deiner Möbel, die Art deines ureigenen Ausdrucks! Schau dir die Linien an, die Farben, die Strukturen, und empfinde, ob du ein Gleichgewicht der weiblich/männlichen Energien in deiner näheren Umgebung erreicht hast, oder ob sie auf der einen oder der anderen Seite unausgewogen sind.

Wenn du dich jeden Tag, wo immer du dich aufhältst, auf diese weiblichen Energien einstimmst, die in deiner Umgebung vorhanden sind, wirst du dein eigenes Erleben des weiblichen Prinzips verstärken. Sogar in einer Großstadtwohnung können dir eine Pflanze, ein einzelner Stein oder ein kleines Haustier seelische Nahrung schenken und mit dir auf den inneren, weiblichen Wellenlängen kommunizieren, die dein Bewußtsein in den Lebensstrom hinein ausdehnen werden.

3
Masken der Geschlechter

Gesellschaftlich leben wir hinter Geschlechtsmasken, die uns die Orientierung erleichtern, indem wir jeweils die gespielten Rollen sofort erkennen. Jede Gesellschaft hat ihren Verhaltenskodex, der das angemessene Verhalten für Männer und Frauen festlegt. Man lehrt uns, wie diese Geschlechtsmasken angewandt werden, um uns selbst als Mitglieder unseres Geschlechts auszuweisen und um uns zu helfen, in eine Schablone zu passen, durch die wir für andere und uns selbst annehmbar werden. Natürlich kann das, was als männliche oder weibliche Haltung gilt, von einer Kultur zur anderen unglaublich stark voneinander abweichen, ganz einfach weil jede Gruppe von Menschen Umgangsformen entwickelt hat, die das Leben in ihrer jeweiligen einzigartigen Umgebung erleichtern. Es ist nicht so sehr die Frage, *was* nun als weibliches oder männliches Verhalten gilt; es ist vielmehr das kollektive Einverständnis, sich an das als Richtlinie aufgestellte Benehmen zu *halten*, was das ganze System funktionieren läßt.

Es ist interessant zu sehen, daß in vielen Kulturen, in denen die Frau zwar nicht offiziell anerkannt ist, ja nicht einmal gleichwertig gesehen wird, sie doch hinter den Kulissen – im Haushalt – uneingeschränkt herrscht. Ich habe dies immer wieder in Mittel- und Südamerika erlebt, wo die soziale Betonung sehr stark auf dem »Macho«, dem Inbegriff des starken Mannes liegt. Hinter dem Vorhang aber trifft die Frau die wichtigen Entscheidungen: Sie verwaltet das Geld, sie lenkt das Familienleben. Angesichts der echten Macht, die die Frau im Privatbereich ausübt, scheint sie bereit, in der Öffentlichkeit so zu tun, als herrsche der Mann. Eine der schlimmsten Erfahrungen für die Frau, in welcher Kultur auch immer, ist die, sich bewußt zu werden, daß sie eigentlich viel stärker ist als der Mann, der sie doch offiziell beschützen und umsorgen soll. Frauen der ganzen Welt haben mir mit großer Trauer und Verwirrung von diesem Dilemma erzählt.

Ein Teil dieser schwierigen Lage wird durch die kulturelle Betonung der Männer in der Öffentlichkeit verursacht. In dieser Art des Rollenspiels fühlen sich kleine Jungen sehr unsicher in bezug auf die vorgegebene Kraft und die tatsächliche Macht. Von früher Kindheit an lehren ihre Mütter sie, so zu tun, als seien sie der Chef. Natürlich sind sie vollständig von der Bereitschaft der Mutter abhängig, das Spiel weiter zu spielen. Vielleicht ist das ein wichtiger Schlüssel, der erklärt, weshalb die Männer in diesen Kulturen ihre Mütter auf Piedestale erheben, ja sie geradezu anbeten, und zeit ihres Lebens der Mutter ungeheure Bedeutung beimessen, während sie ihre Ehefrauen einfach ignorieren.

Andererseits ist die weibliche Identität nicht fest umgrenzt, sondern fließend, denn die Frau ist gewohnt, nachzugeben, und sie verliert ihre Eigenachtung nicht, wenn die Lage ein Nachgeben fordert. Sogar während sie nachgibt, fühlt sie sich vielleicht sicherer als der Mann, weil sie gewohnt ist, sich zu beugen. Sie erkennt, daß hier ein Spiel gespielt wird. Der Mann ist sich oft nicht bewußt, daß dies ein Spiel ist, und glaubt, er führe das Kommando!

Gerade weil die äußere Darstellung der Frau oft viel verschwommener ist, hat sie gelernt, ihre Gegenwart an den Gefühlen zu messen, die dabei in Bewegung kommen. Sie versteht es, die Welt über das Erkennen der feinstofflichen Energien zu interpretieren, und sie fühlt sich deshalb inmitten des Chaos und ständigen Fließens der Gefühle sicherer in bezug auf sich selbst. Sie kann sich auf die Wut, die Ängste und Hoffnungen hinter den Masken der Menschen in ihrer Umgebung einstimmen; sie ist deshalb in der Lage, zu erkennen und zu verstehen, was tatsächlich geschieht und in welcher Richtung sich die Dinge entwickeln werden. Dieses intuitive Vorgehen ist ein viel zuverlässigeres Maß der Dinge, da sie andere so überzeugen oder beeinflussen kann, ohne sich bloßstellen zu müssen.

In unserer westlichen Welt, in der das Überleben immer weniger eine Sache des physischen Lebenskampfes und immer mehr eine Angelegenheit subtilerer Fähigkeiten wird, müssen Männer und Frauen immer gleichartiger, ja geradezu androgyn werden. Die alte Unterscheidung in Männer, die in der Welt »draußen«, und Frauen, die »drinnen« wirken, ist heutzutage kaum mehr zutreffend. Die Anforderungen an den einzelnen in bezug auf ein erfolgreiches Leben innerhalb der Gesellschaft sind für derartig einfache Unterscheidungen einfach zu hoch.

Heute mißt unsere Gesellschaft dem *tätigen Leben* einen sehr hohen Stellenwert bei. Das gesellschaftliche Geplapper des »Was arbeiten Sie eigentlich?« hat den Hausfrauen derart viel Unbehagen verursacht, daß sie sich auf den Arbeitsmarkt gestürzt haben, um darauf eine Antwort zu finden, die das ganze Familienleben umgeformt und Männer wie

Frauen in einen neuen Tanz der Polarität gestoßen hat, der noch lange nicht seinen rasenden Höhepunkt erreicht hat. Hoffentlich wird das Pendel bald wieder zurückschwingen in einen weiter gespannten Bereich, der wieder Raum läßt für Begriffe wie Weisheit, Sorge, Beieinandersein, Heilen, Lieben und sie als wertvolle Bereicherung ansieht, die mitgeteilt oder nachgeahmt werden sollte, statt der Versteifung in der Haltung, den Ansichten und dem Benehmen getrennter Geschlechter.

Obschon wir liebend gern die Rolle eines »echten Mannes« oder einer »echten Frau« spielen und einander gegenseitig damit hänseln, besteht doch sehr große Verwirrung darüber, *was* wir wirklich sind. Je mehr wir im unklaren darüber sind, *wer* wir tatsächlich sind, um so mehr sind wir abhängig von stereotypen Verhaltensregeln, Kleidung, Lebensstilen, die es uns so leicht als möglich machen, zu erkennen, was von uns erwartet wird und wie man in dieser Welt bequem leben kann. Deshalb klammern wir uns an die Masken der Geschlechter im nutzlosen Bemühen, die Herausforderung zur Selbstentdeckung zu vermeiden oder die Furcht, »aus den Schranken zu fallen«.

Je mehr du die Energien in dir erkennst, die offiziell dem entgegengesetzten Geschlecht beigemessen werden, um so größer mag die Verwirrung in dir hochsteigen, jedenfalls vorübergehend, bis du die Furcht vor den möglichen Folgen dieser Energien aufgibst und sie praktisch anwendest. Es ist oft beängstigend, wenn wir spüren, daß in uns eine Energie lauert, die wir normalerweise dem anderen Geschlecht zuordnen. Wenn du aber in multidimensionaler Form denkst, kannst du diese Energie anerkennen – nicht als Ausdruck einer Hormonverirrung, sondern als wichtigen Teil deiner Ausdrucksmöglichkeiten, die dir sehr viel Freude bereiten und dir sogar eine große, bereichernde Lebenshilfe sein können.

Es ist sehr wichtig, die eigene, persönliche Maske des Geschlechts zu erforschen, sich darüber klar zu werden, wie wir sie einsetzen und was die unterschwelligen Einstellungen hinsichtlich der uns auferlegten Beschränkungen sind. Deine Seele hat deinen Körper gewählt, um dir gewisse Lektionen zu ermöglichen, die leichter mit dem Körper gelernt werden, den du dir für dieses Leben ausgewählt hast. Da es bestimmte Merkmale gibt, die nahezu universell als typisch für die männliche oder weibliche Energie angesehen werden, ist es wichtig, daß wir uns selbst fragen, ob wir uns hinter diesen Merkmalen verstecken oder ob wir sie im eigenen Leben kreativ einsetzen. Versteckt ein stereotyper Mann, von dem erwartet wird, daß er stark, wenig gefühlvoll und verstandesbetont sei, seine Zärtlichkeit, seine Sehnsüchte und die Angst, verletzt zu werden, hinter der Maske des beruflich Tüchtigen oder hinter männlichem Imponiergehabe? Und setzt die Frau, von der erwartet wird, daß sie unterliegt und sich ergibt, Verführungskunst und Unbedarftheit ein, um ihre Entschlossenheit, ihren Willen zu verstecken, die Welt insgeheim zu manipulieren?

Beobachte einmal, wie du das Spiel der weiblich/männlichen Stellungsverteidigung bisher angewandt hast! So zu tun und die Rolle zu spielen, ist nicht nur ein großes Vergnügen, sondern wenn wir das Rollenspiel zugeben und erkennen, können wir auch die Rolle aufgeben und unser Repertoire echt erweitern. Um uns selbst beim Rollenspiel zu beobachten, können wir zur Übung den Unterschied in Qualität und Stil im Umgang mit Vertretern des eigenen und des anderen Geschlechts beobachten. Mit aller Bestimmtheit gibt es da Unterschiede, denn auch ganz kleine Kinder entdecken schon sehr früh, daß Frauen und Männer gegensätzliche

Rollen spielen, daß ein ständiger Kampf um Macht und Einfluß zwischen den männlichen und weiblichen Polen im Gange ist. Diese Erfahrung der Gegensätze meldet den Kindern, daß der Kampf ums Überleben unumgänglich ist, und sie tragen diese Botschaft in sich, bis sie erwachsen sind – manchmal ihr ganzes Leben lang. Wir benutzen diesen Effekt der gegenseitigen Polarität als Resonanzboden, als Wirklichkeit, von der wir immer wieder zurückprallen und uns selbst erfahren können.

Man lehrt uns, in die Fußstapfen der Eltern zu treten, ihnen nachzueifern, und wenn wir die Rolle des gleichgeschlechtlichen Elternteils nachahmen, übernehmen wir auch die Projektionen des Vorbilds, das bestimmte Eigenschaften auf das Gegenüber projiziert. Wenn wir größer werden, befolgen wir meist einfach weiterhin die Verhaltensmuster, die wir als Kinder beobachteten, als ob wir keine andere Wahl hätten. Tragisch daran ist nur, daß Männer und Frauen, wenn sie nicht ein gewisses Maß an Feinfühligkeit und Bewußtheit erreicht haben, derart stark damit beschäftigt sind, sich gegenseitig als Resonanzboden zu gebrauchen, daß sie sich nie richtig kennenlernen. Sie spiegeln und projizieren einfach jene Eigenschaften, die sie als angebracht oder zu erwarten lernten und auf die sie deshalb aus der entgegengesetzten Polarität reagieren müssen.

Da das Kind schon so jung durch die Art der Polaritätsbeziehung als etwas Unsicherem und Riskantem geprägt wird, lernt es, sein eigenes Geschlecht nachzuahmen, da es dies als ungefährliche Reaktion auf die Polarität kennenlernt. Es ist absolut entscheidend, diesen Blickwinkel zu verstehen, weil es dabei um die Kernfrage, das entscheidend Wesentliche der männlich/weiblichen Beziehungen geht.

Wenn deine Mutter oder dein Vater – bewußt oder unbewußt – durch ihr Verhalten, durch sehr subtile psychische Kommunikation gezeigt haben, daß das Duell tatsächlich nie zu Ende ging, dann wird das der Rahmen, in den du jeden Vertreter des anderen Geschlechts stellst, wenn du mit ihm ins Gespräch kommen willst. Dadurch freilich schränkst du gleichzeitig die Qualität und das Potential deiner Beziehungen ganz drastisch ein und setzt sie herab.

Wenn du bereits in deinen Primärbeziehungen lernst, daß das andere Geschlecht etwas Gefährliches ist, wirst du wahrscheinlich kaum imstande sein, deine ureigensten Fähigkeiten in Gegenwart der anderen Polarität auszudrücken, denn Sicherheit ist für unseren Emotionalkörper von hoher Priorität. Du wirst einfach nicht in der Lage sein, hinter der Maske, jenseits der äußeren Erscheinung, der Kleidung, der extremen Haltung in der Polarität, den Menschen zu erkennen mit seinem ganzen Spektrum an Ausdrucksmöglichkeiten – genau wie du selbst.

Wenn männliche oder weibliche Energien durch stereotypes Benehmen ausgedrückt werden, zeigt dies die angeborene Furcht vor tiefgreifenden Erfahrungen. Furcht versperrt uns den Weg zum Wachsen, zur Erkundung tiefer Bewußtseinsschichten. Sie ist der Grund unserer Trägheit; wenn der Selbstausdruck auf Sicherheit beruht, kennzeichnet er sich durch Gewohnheit. Wir werden Gewohnheitstiere im Ausdruck, und je älter wir werden, um so enger ziehen sich die Grenzen unseres männlich/weiblichen Ausdrucks. Er verengt sich trichterförmig und wird defensiver, mit Vorurteilen gespickt.

Wollen wir uns dieser Projektionsmuster bewußt werden, müssen wir imstande sein, sie in Aktion zu sehen. Wenn man sich in Ruhe überlegt, was man in einem Partner des anderen Geschlechts sucht oder braucht, sieht man die unbewußten Projektionsmechanismen an die Oberfläche steigen.

Versuche einmal, diese Punkte für dich aufzulisten! Schreib beispielsweise auf: »Ich brauche einen Mann, der mich erhält, mich schützt, mich leitet, usw.«, oder: »Ich brauche eine Frau, die mich nährt, sich um mich kümmert, mich bewundert.« Erst wenn wir uns jedes dieser Bedürfnisse oder Wünsche bewußt werden, sehen wir, daß wir aus dem eigenen Inneren heraus jene Eigenschaften auf den anderen Menschen projizieren, die uns bislang an uns selbst unbekannt waren. Wir können dann die Projektion auflösen, wenn wir entdeckt haben, daß alle Eigenschaften – gute wie böse –, die wir in jemandem außerhalb unserer selbst sehen oder begehren, bereits *in* uns selbst in Form von Energien vorhanden sind.

Es ist wichtig zu beginnen, diese Aspekte der Projektion im einzelnen auszuloten; denn solange wir sie im Bereich der Polarität ansiedeln, können wir sie nicht als Facetten anerkennen, die uns in uns selbst zur Verfügung stehen. Erst wenn du nicht länger durch Projektionen behindert wirst, kannst du ein einzigartiges Wesen entdecken – keinen Stereotypus, nicht jemanden, den du vergeblich an einem vorgefaßten Bild der gegenüberliegenden Polarität mißt oder mit dem du dich abmühen mußt, um zu überleben oder überhaupt zu kommunizieren.

Es ist leicht, der Welt durch die Geschlechtermaske zu zeigen, daß man auf eine ganz bestimmte Weise gesehen werden will – ob das nun der Macho-Mann oder die verletzliche Frau sein mag. Diese Signale sind einfach zu setzen, beispielsweise schon durch oberflächliche Dinge wie Kleidung und Stil. Um aber das eigentliche Wesen des Mannes oder der

Frau in uns bewußt zu erkunden, um diese essentiellen Energien auszudrücken, müssen wir erst zulassen, daß sie in uns leben und lebendig sind, damit sie geradezu aus unserem Dasein ausstrahlen. Das erfordert eingehende Gewissensforschung, um zu erwachen und sie zu erkennen.

Sobald wir sie klar erkennen können, stehen uns die männlich/weiblichen Grundprinzipien in unzähliger Vielfalt des Ausdrucks zur Verfügung; sie können sich einzigartig vermischen, um einer besonderen Erfahrung oder Situation zu entsprechen, die sich im gegenwärtigen Zeitpunkt zutragen mag. So kann beispielsweise der Ausdruck des männlichen Prinzips in einem bestimmten Moment bedeuten, daß wir verstandesmäßig vorgehen oder in der Außenwelt etwas aufbauen; ein solches Gebäude aber kann gleichzeitig auch die hegenden, schützenden männlichen Energien ausdrükken.

Indem wir die weiblichen, fraulichen Elemente verkörpern, öffnet sich uns ein breites Verhaltensspektrum, das die stereotype Frau nicht bieten kann. Wenn wir uns wie ein kleines Mädchen verhalten, ist uns der Zugang zu unserer psychischen Energie oder zu unseren außerordentlichen Fähigkeiten als Trösterin oder Ratgeberin verschlossen. Wenn wir die Frau als Märtyrerin sind, die von der Außenwelt mißbraucht wird, dann liegt keine Kraft in unserer Unsichtbarkeit, die das weibliche Prinzip so naturgegeben kennzeichnet.

Unser Emotionalkörper bemüht sich dauernd, sein besonderes Bild des Männlichen oder Weiblichen zu verteidigen, und schließlich ergibt er sich dem trockenen, wüstenartigen Drehbuch, in dem nur noch das eine Prinzip herrscht. Echte Merkmale des männlichen oder weiblichen Grundprinzips müssen je in ihrem eigenen Hologramm nachgezogen werden – und dann zusammenschmelzen zu einem einzigartigen Gleichgewicht der männlichen und weiblichen Komponenten. Wir können die uns stützende und helfende weibliche Energie integrieren, indem wir die Weisheit und das Talent der schöpferischen und der beratenden Energie einsetzen, um dann, zusammen mit den männlichen Energien der Strukturierung und Form, all diese Energien miteinander zu verbinden, um etwas gänzlich Neues zu schaffen. Wir können nicht hoffen, Meister des Weiblichen zu werden und es zu integrieren, um unsere irdische Erfahrung zu verändern, ohne uns auf einen Entdeckungspfad zu wagen, auf dem das sogenannt Männliche oder Weibliche eine vollständig neue Bedeutung erlangen. Erst wenn wir die Masken der Geschlechter abnehmen, können wir mit der Quintessenz der männlichen und weiblichen Energien in Berührung kommen, und erst dann können wir deren Komplementarität statt ihrer bisher schmerzvollen Polarität erfahren. Indem wir uns ganz bewußt den Impulsen weiblicher und männlicher Energieströme hingeben, um deren Ausdruck zu betonen, lernen wir, weibliche Prinzipien anzuwenden – beispielsweise Zusammenspiel und Harmonie –, um Erfüllung in unserem Leben zu erlangen.

Die Welt wird kleiner, und wir fangen allmählich an, aus den Masken der Geschlechter herauszuwachsen, ganz einfach weil sie uns nicht ein genügend breites Ausdrucksspektrum gestatten, das mit unserem Wachstum Schritt hält. Überall setzt sich glücklicherweise die Erkenntnis durch, daß inneres Wachstum für Lebenserfolg, erfolgreiche Beziehungen, für Freude und Glück auf allen Ebenen absolut unabdingbar ist.

4 Beziehungskanäle

Wir alle haben gelernt, dem Partner Hinweise und Winke zu geben, wie wir uns gerade mit ihm/ihr fühlen. Wir benutzen die Stimme, unseren Körper und eine unendliche Zahl von fein abgestimmten Signalen, um den anderen wissen zu lassen, ob wir als Sexualpartner, Kollegen, Vorgesetzte oder Freunde verfügbar sind. Wir teilen ihm die anderen stereotypen Kategorien zu, die bei uns selbst ein gewisses Spektrum an Verhaltensmustern auslösen, das sich innerhalb eines gewohnten Bereichs emotionaler, psychischer oder verstandesmäßiger Wirkungen aufeinander abspielt. Dies sind Beziehungskanäle, die wir schon sehr früh erkennen lernen; und den größten Teil unseres Lebens unterhalten wir die Kommunikation mit anderen strikt innerhalb dieser Kanäle.

So wie wir Radio- und Fernsehkanäle wählen lernen, suchen wir auch in der Kommunikation mit einer anderen Person den geeignetsten Kanal aus. Wir beginnen mit einfachen Hauptkanälen, die unsere früheste Wirklichkeit bestimmt haben: Vater, Mutter, Schwester, Freund, Großeltern, Busfahrer, Polizist, Nachbar. Wir lernen sie zu erkennen, und wir verhalten uns zu ihnen in Anlehnung an ihren

Titel, an die Reaktion unserer Eltern auf die betreffenden Personen und gemäß unserem eigenen Gefühl ihnen gegenüber. Wir erkennen sehr schnell, daß zwischen einem Polizisten und unserem Nachbarn ein Unterschied besteht. Wir lernen körperlich und gesellschaftlich Abstand zu halten, was sich uns als »Sicherheit« mitteilt, und wir gewähren nur ganz bestimmten Leuten Freundschaftsvergünstigungen. So eröffnen wir schon bald einem Verkäufer nur einen bestimmten Reaktionsbereich oder eine Kommunikationsebene, die sich stark von der abhebt, die wir einem näherstehenden Menschen zugestehen. All diese Angaben über Distanzhaltung, Berührung, Gesten oder Mienenspiel werden von uns wie in einem Computer gespeichert, verarbeitet und in die entsprechenden Beziehungskästen oder Kanäle eingeordnet.

Wir lernen schon sehr früh von unseren Eltern, Menschen, die in unser Energiefeld treten, gemäß diesen Stereotypen zu sehen, indem wir beobachten, wie unsere Eltern sich ihnen gegenüber verhalten. Wir wissen, wer unseren Eltern genehm ist und wer nicht. Wieviel Energie wir jeweils jedem einzelnen in einem bestimmten Kästchen zukommen lassen, hängt davon ab, ob wir ihn als uns sehr nahestehend oder für unser Überleben wichtig betrachten, ob wir ihn als Fremdkörper in unserem Alltag, für unseren Erfolg oder für unsere Stellung in der Welt empfinden.

Beziehungen sind heute ein Hauptthema auf dem ganzen Planeten. Wenn unsere Bemühungen, einander gegenseitig tief zu berühren, von Erfolg gekrönt sein sollen, müssen wir nicht nur diese Kanäle erkennen, sondern uns auch der verschiedenen Möglichkeiten bewußt werden, die wir haben, um unsere energetischen Ebenen auf die grundlegenden Unterschiede zwischen kulturellen und genetischen

Grenzen einzustimmen. Während wir uns durch die angehäuften Verhaltensmuster bewegen, können wir das Bewußtsein erlernen, die wahren Energien zu umfangen, statt nur Posen einzunehmen, wie es uns die familiären oder sozialen Prägungen so lange erfolgreich gelehrt haben. Die Tatsache, daß wir sowohl männlich als auch weiblich sind, erweitert enorm den Horizont unserer Ausdrucksmöglichkeiten. Diese Wirkung wird noch verstärkt, wenn wir mit anderen in Beziehung treten, so daß unsere inneren Energien mit ihren in Einklang kommen können. Ein Mensch mag die männliche Seite nach außen kehren oder mit jemand anderem eine Beziehung eingehen wegen des gemeinsamen Karma, das sie zusammen abzuarbeiten haben, und dann mit einem anderen Menschen von der gegenseitigen, weiblichen Seite her eine Beziehung haben. Die Möglichkeit der Wandlung ist durch die Bewußtseinsebene bestimmt, von der aus wir erkennen können, *wie* und *weshalb* wir so etwas tun. Vielleicht entdecken wir dabei, daß wir einer Person gegenüber immer aggressiv und bestimmt sind, einer anderen gegenüber katzenhaft weiblich. Wenn wir so die Energien der verschiedenen Menschen kennenlernen und erfahren, wie sie mit anderen zusammenpassen, können wir die ganze Bandbreite absuchen, um die beste Einstellung zu finden. Dann muß auch unser Gegenüber sich wandeln, denn die Verbindung löst sich auf karmischer Ebene auf, und wir passen nicht länger wie früher zueinander. So verschwinden Menschen aus unserem Leben, oder die Beziehungskanäle ändern sich, um auf neuen, erweiterten Ebenen miteinander in Beziehung zu treten.

Der Familienkanal

Vertreter anderer Länder oder Systeme gehören zu Kategorien, denen eine ganz andere Skala kommunikativer Energie gewidmet wird als der Familie und ihren Mitgliedern. Am meisten Energie wird natürlich unseren unmittelbaren Familienangehörigen gegeben – oder ihnen verweigert. Als kleine Kinder lernen wir anfänglich, den Großteil unserer emotionalen Reaktionen in der Beziehung zu unseren Eltern und Geschwistern zu geben. Die Erfahrungen, die wir bei der gegenseitigen Beziehung zu jedem einzelnen Familienmitglied machen, werden gespeichert und unbewußt katalogisiert, so daß wir später im Leben manchmal ein bekanntes Gefühl haben, das mit Mütterlichkeit oder Geschwisterrivalität oder väterlicher Strenge in Beziehung gesetzt wird. Wir projizieren dies dann auf die andere Person, mit der wir es gerade zu tun haben, und verbinden sie unbewußt mit jenen alten Kanälen.

Wenn wir älter werden und unser Ego kampflustiger und unterscheidungsfähiger wird, verwenden wir oft sehr viel Energie darauf, Mitteilungen vor unseren engsten Familienangehörigen zurückzuhalten, in unserem Bestreben, uns von der Familie zu lösen. Dies geschieht vielfach in der irrigen Annahme, wir selbst hätten dann mehr Energie zur Verfügung und wären stärker, wenn wir unabhängig sind. Das ist tatsächlich der Fall zwischen Eltern und Teenagern, wo das Kommunikationsmuster auf Widerstand basiert. Die Eltern beharren auf ihrer Haltung, und der Jugendliche hat das Gefühl, sein Selbst könne sich nicht so ausdrücken, solange noch eine emotionale Bindung an die Eltern besteht. Der junge Mensch hat sich inzwischen vollständig auf die Gruppe Gleichaltriger eingestellt und widersteht häufig den elterlichen Bemühungen um Kommunikation.

Oft gibt es ähnliche Verhaltensmuster in Geschwisterbeziehungen, in denen anfänglich jedes Kind viel Aufmerksamkeit teilte. Wenn die einstigen Kinder heranwachsen, ihre eigene Welt zu definieren und ihren Machtbereich innerhalb der Familie zu umreißen suchen, nehmen sie oft unbewußt eine Haltung ein, die besagt: »Da *ich* die Aufmerksamkeit brauche, werde ich meinen Geschwistern keine Aufmerksamkeit mehr widmen.« Schon sehr früh lernen die meisten Kinder von ihren Eltern, wie man in einer Beziehung selbstsüchtig berechnend vorgeht, die Fähigkeit, zu erkennen, wer wichtig ist, wer von uns Energie braucht, wen wir unbeachtet lassen können, wer nicht so mächtig ist wie wir, von wem wir etwas brauchen oder wollen und wen wir besser meiden sollten.

Diese Gefühle sind die Saat für beschränkte Beziehungen, die wir später im Leben ausspielen. Obschon wir angeblich Lebenspartner sind, sind wir emotional noch in der Suche nach Erfüllung durch andere befangen. Wir wägen ab und messen, was uns gehört und was wir aufgeben müssen, wenn wir das erreichen wollen, was wir uns vorgenommen haben, wobei wir so wenig Energie als möglich aufwenden.

Wir lernen, angemessene Arten des Energieaustausches wahrzunehmen – nicht intellektuell oder geistig, denn die wenigsten dieser Feinheiten werden mündlich gelehrt, sondern sie werden durch die großartigen Kommunikationsmöglichkeiten unserer Aura und durch unsere intuitiven medialen Fähigkeiten vermittelt.

Bewußte Wahrnehmung ist wahrlich das große Erbgut unserer Gattung! Wir haben nicht nur fünf, auch nicht sechs, sondern über siebzig Sinne, die uns helfen können, uns gegenseitig auf sehr tiefen Ebenen zu erkennen! Wenn die Eltern einem Kind das Signal vermitteln, eine bestimmte Person sei wertvoll und für sie von Bedeutung, dann wird diese Mitteilung von den unsichtbaren Sinnen über subtile Wahrnehmungen des Kindes aufgenommen. Die Feinstufen der Akzeptanz, der Liebe, der Nähe sind tatsächlich Sinneswahrnehmungen, die das Kind schon vor seiner Geburt erkennen lernt.

Der Liebes- oder Freundschaftskanal

Beziehungskategorien enthalten nahezu unendlich viele Variationen der Hauptkanäle, wie beispielsweise: Bruder, Kamerad, Liebhaber, Vater, Mutter, Lehrer, Freund, Feind. Zusätzlich gibt es auch die Arten des Energieflusses in einer Beziehung zwischen zwei Menschen, wie zum Beispiel: stärker als, weniger als, geschuldet und vieles mehr. Indem wir all diese Unterteilungen erfahren, stellen wir einen Katalog von Tausenden von Sinnessignalen auf, durch die wir die Kommunikation klassifizieren und auf die wir mit der jeweils entsprechenden energetischen Qualität reagieren können.

Diese Erfahrungen besitzen wir alle. Wenn ich beispielsweise sage: »Schließe die Augen und spüre die Anwesenheit einer kameradschaftlichen Art von Energie. Wir sind gute Freunde. Wir stützen uns gegenseitig. Spüre unsere vertrauensvolle, spielerische Kameradschaftsenergie«, dann würdest du ganz genau fühlen, wie diese Energie beschaffen ist. Wenn ich dich aber bitten würde, sie zu beschreiben, würde deine Beschreibung vielleicht nicht die wahre Bedeutung vermitteln. Denn die Worte für Wärme und Vertrauen sind sehr ähnlich, aber je nachdem, auf welche Beziehung man sie anwendet – Vertrauen zum Kameraden oder Vertrauen zum Geliebten –, so verschieden können ihre Nuancen oder Schattierungen sein.

Wie würdest du das Gefühl des Vertrauens beschreiben? Wenn du es linear, verstandesmäßig fassen wolltest, wäre es ganz einfach ein flacher Bezugspunkt. Sobald es aber auf einen anderen Menschen bezogen ist, weckt es ganz andere Empfindungen in uns. Vertrauen zu einem Geliebten, einem Kind, einem Kollegen spielt sich auf ganz verschiedenen emotionalen Bühnen ab; und doch kannst du jeweils eine ganz bestimmte Energie erkennen, die besagt: »Dies ist die kameradschaftliche Schwingung«. Als Schauspieler in einem Stück, der als Kamerad auftreten muß, wärst du imstande, das sehr exakt darzustellen, so daß die Zuschauer dein Spiel genau als den Energiestrahl der Kameradschaft aufnehmen würden.

Du würdest dabei nicht nur all deine psychischen Signale intuitiv aussenden, sondern dein Körper würde sich auf ganz bestimmte Weise verhalten, tröstend ohne Ansprüche, während du gegenüber einem potentiellen Geliebten sofort wachsam wärst und vielleicht Gesten einsetzen würdest, die einem universell erkennbaren Ausdrucksmuster sexueller Bewußtheit entspringen. So teilen beispielsweise eine bestimmte Art des Lächelns oder Blicke mit, daß der Körper sexuell angezogen ist.

Sind dagegen deine Mutter oder dein Vater anwesend, werden deine Körpersprache, deine Ausdrucksweise, deine Art, dich mitzuteilen, vollständig anders sein. Wenn du mit deinen Eltern zusammenkommst, beobachte einmal, wie dein Körper deine unbewußten Gefühle über deine Stellung in einer Beziehung ausdrückt. Wie hältst du den Kopf? Hältst du dich an deinem Körper fest, kreuzt du Arme und Beine? Diese Gesten sind meist Zeichen der Scheu und des Selbstschutzes. Stehst du oft mit gegrätschten Beinen da, Hände auf den Hüften oder hinter den Kopf gelegt? Das sind Posen des Willens und der Überlegenheit.

Jeder Kanal offenbart eine andere Art Spannung, die aus dem Körper kommt, je nach Art und Intensität der Beziehung. Es ist einer der faszinierendsten Aspekte der Kommunikation, sich dieser Beziehungskanäle bewußt zu werden und zu lernen, wie man sie anwendet. Alle Kommunikationskanäle, die deine Beziehung mit irgendeinem bestimmten Wesen beschreiben, können bewußte Wahlmöglichkeiten werden; du kannst lernen, einen Kanal zu ändern oder zu korrigieren, damit er das widerspiegelt, was du tatsächlich erfahren willst. Schließlich wirst du imstande sein, alle Kanäle zu integrieren, damit deine Beziehungen wahrhaft umfassend werden: Liebhaber, Lehrer, Freund, sie alle können eingesetzt werden, um eine Beziehung zu verstärken, so wie sie alle das Erlebnis der Verschmelzung mit einem anderen Menschen steigern können.

Der Therapeut-Klient-Kanal

Bei jeder ersten Begegnung mit einem Menschen stehen wir vor der Herausforderung, den richtigen Kommunikationskanal zu wählen. Sobald ein Gefühl der Ordnung auftritt, fühlen wir uns meist beruhigt. Die Totempfahl-Struktur ist ziemlich weit verbreitet in den meisten gesellschaftlichen und zwischenmenschlichen Beziehungen unserer westlichen Welt. Sie ist gekennzeichnet durch eine senkrechte Linie der Dominanz, auf der jedermann entweder über oder unter uns eingestuft wird; dann erst nehmen wir gegenseitig Bezug zueinander aufgrund dieser festgelegten Positionen. Es ist phantastisch herauszufinden, daß wir auch ohne strukturelle Richtlinien auf unserer Seelenebene in Beziehung treten können! Erst wenn wir uns bewußt werden, wie fließend wir diese Sprache der Beziehungsklassifikation sprechen, können wir sie einsetzen oder auflösen und damit das Potential unserer Beziehungen und die Klarheit der Kommunikation mit jedem Menschen erhöhen.

Am *Light Institute* in Galisteo befaßt sich ein Großteil der Therapeuten- oder Betreuerausbildung mit der Kunst der Unsichtbarkeit; dabei lernt der Betreuer, wie er mit dem Klienten eine Verständigungsebene schaffen kann, die in keine der stereotypen Kategorien fällt. Er will sich nicht als großer, weiser Lehrer aufspielen, auch nicht als liebevolle Mutter, er ist weder Kumpel noch formeller Fachmann, ebensowenig Elternteil gegenüber einem bedürftigen Kind. Keine dieser Kategorien kann optimale Resultate zeitigen, wenn wir auf diesen hohen geistigen Ebenen arbeiten. Die Verständigung zwischen Helfer und Klient wird eine Kommunikation des Herzens; nicht des emotionalen, mitfühlenden Herzens, sondern des allwissenden, alliebenden Herzens des Höheren Selbst, das sich dadurch ausdrückt, daß der Helfer sozusagen unsichtbar wird. Dadurch kann sich der Klient nicht auf ihn projizieren. Statt dessen wird der Kontakt zwischen dem Klienten und seinem Höheren Selbst gefördert. Der Betreuer ist nur *Werkzeug* des Höheren Selbst, um den Klienten zu den Szenarien und Erweckungen zu geleiten, die die Erleuchtung beschleunigen.

Am *Light Institute* lernen wir, den Kanal auf gleiche Weise abzutasten, wie jemand eine Radioskala absuchen mag, um genau das Programm, den Kanal, jene Energie zu finden, auf die wir uns einstimmen oder die wir empfangen wollen. Genauso können wir unser Verständnis dieser verschiedenen Bezugspunkte in unseren Kommunikationen anwenden, um uns gegenseitig zu helfen, miteinander vertraut zu werden. Wir alle erkennen die Schwingung der Offenheit, die »Freund« heißt, und manchmal kommt es vor, daß jemand über den Partnerschaftskanal die Fühler ausstreckt und einen Gefährten sucht und wir darauf auf dem Freundeskanal antworten.

Wenn wir uns der Absicht oder Wahl klar bewußt sind, können wir jedem in unserer Umgebung diese Absicht oder Wahl ganz klar mitteilen. Gewisse Leute sind im geheimen noch ein bißchen unehrlich, weil sie die Verantwortung für diese subtilen Signale in unserem Aurafeld nicht wahrhaben wollen. Unsere Stimme, unsere Körperhaltungen aber geben den Menschen unserer Umgebung Anhaltspunkte über unsere Gefühle, und dies ist meist viel sicherer, als ihnen diese Gefühle in dürren Worten mitzuteilen.

Weibliche und männliche Kanäle

Es gibt weibliche und männliche Beziehungskanäle, die sich leicht erkennen lassen, weil jeder seinen kennzeichnenden Stil hat. Der weibliche Kanal ist womöglich sanft und passiv, unterstützend oder unterwürfig, vielleicht aber auch manipulativ und schmeichelnd. Ein männlicher Kanal ist vielleicht direkter, befehlender, autoritärer; er drückt sich sachbezogen, zielgerichteter aus. Wir lernen, diese Kanäle anzusteuern je nach dem Kommunikationsstil, der unsere Identität als weiblich oder männlich zeigt.

Dein Emotionalkörper trägt alles in sich, was du als Kind gelernt hast, um dich sicher zu fühlen oder erfolgreich zu überleben. Deshalb läßt er dich manchmal im einen oder anderen dominierenden Kanal erstarren, anstatt die beiden Kanäle in einen zu verschmelzen. Sehr oft halten Menschen die getrennten Kommunikationskanäle nur aufrecht, weil ihr Emotionalkörper sich an diese Spielformen erinnert und sie deshalb gerne wiedererlebt.

Weibliche und männliche Energie sind nicht Energien, die wir zufällig von den Eltern geerbt oder im großen Seelennetz aufgelesen haben, über das wir uns gesellschaftlich und kulturell einstimmen, sondern es sind tatsächlich aufgezeichnete, lebendige, wesentliche Energien, die unmittelbar aus dem großartigen Spielplan deiner Seele stammen. Deine Seele weiß ganz klar, was es bedeutet, männlich oder weiblich zu sein, und welche Erfahrungen sie jeweils gemacht hat, wenn sie sich im einen oder anderen dieser beiden Kanäle ausgedrückt hat und dadurch wachsen konnte. In deinen vielen Inkarnationen bist du *sowohl* männlich als weiblichen Geschlechts gewesen, und die Reste jener Körper und Erfahrungen sind im Zellgeist, der die Geschichte deiner Erfahrungen geerbt hat, anwesend.

Am *Light Institute* wird die innere männliche oder weibliche Energetik als vollständige Umkapselung aller Erfahrungen verstanden, die die Seele im männlichen oder weiblichen Körper gehabt hat. Da die Lektionen und Prägungen dieser Erfahrungen in dir noch nachhallen, ist deine gegenwärtige Wirklichkeit sehr stark von ihnen beeinflußt. Sobald wir mit den Erinnerungen des Inneren Mannes, der Inneren Frau in Kontakt kommen, werden sie zu machtvollen Kanälen, die uns wieder an die männlichen und weiblichen Energieprinzipien anschließen, die weit über den Rahmen der Geschichte unserer körperlichen Erfahrungen hinausgehen und diese Energien in ihrer reinen, allgemeingültigen Form beschreiben und aktivieren.

Männliche und weibliche Kanäle haben verschiedene funktionelle Anwendungen. Wir können beispielsweise den weiblichen Kanal benutzen, um Zugang zu schöpferischen Beschäftigungen zu finden oder Beziehungen auszuloten. Wenn du aber der Ansicht bist, dein Gegenüber sollte eine deiner Ideen akzeptieren, wirst du in dem Gespräch viel eher bestimmt oder formell auftreten, um ein Gefühl der Überlegenheit vorzuspiegeln. Das wiederum, um den anderen zu veranlassen, dir zuzustimmen, nicht so sehr, weil ihr tatsächlich einer Meinung seid, sondern weil du dem anderen Angst einjagst, um dich durchzusetzen. Diese Gewohnheit der »Überzeugung« durch Beherrschung ist die entscheidende Grundlage der negativen Kommunikationsmuster zwischen ganzen Nationen auf unserer Erde. Erst wenn wir sie auf persönlicher Ebene auflösen können, werden sie auch auf globaler Ebene verändert.

Wenn wir einmal mit diesen Energien und Erinnerungen des männlichen oder weiblichen Prinzips in uns in Berührung getreten sind, werden sie zu einem mächtigen Kanal, der uns an die reinen, wesentlichen Energien anschließt, an Weiblich und Männlich im Sinne von Yin und Yang, quintessentielle Energien, die vom Inhalt her über die Geschichtlichkeit menschlicher Erfahrungen hinausgehen.

Eine Übung, die unser Bewußtsein fördert, besteht darin, jeden Meinungsaustausch genau zu beobachten und uns klar zu werden, welchen Kanal wir gerade benutzen. Sehr bald erkennen wir das eigene weiblich/männliche Gleichgewicht. Wie du diese Kanäle jeweils anwendest, schenkt dir einen tiefen Einblick, welche Meinung und Macht dein Emotionalkörper über dich hat.

Gekreuzte Kanäle

Du entwickelst im Lauf deines Lebens nicht nur gewisse Gewohnheitskanäle; du wählst auch aus deinem eigenen Repertoire, ob du den Mann bei einer bestimmten Person hervorkehrst, die Frau mit einer anderen; ob du Kind oder Lehrer sein willst, je nachdem, was dir zweckdienlich erscheint. Das können ausgezeichnete Fertigkeiten sein, wenn du dir ihrer bewußt bist; sehr oft aber ist der Zweck – aus der Perspektive des Emotionalkörpers gesehen – nur der, in Sicherheit zu sein oder zu überleben. Deshalb mißbraucht er sie oft und tut so, »als ob«, anstatt direkt aus dem Kanal des Herzens heraus zu sprechen. Solange der Emotionalkörper nicht geläutert ist, hat er große Schwierigkeiten damit, das »ehrliche« Herz in sich aufzunehmen.

Es ist faszinierend, bei uns selbst zu beobachten, wie wir im Alltag diese verschiedenen, in uns vorhandenen Energien einsetzen, um mit unseren Mitmenschen zu kommunizieren. Wenn wir zu verstehen suchen, weshalb wir in bestimmten Beziehungen Schwierigkeiten haben, und dann unsere Kommunikation unter die Lupe nehmen, werden wir erkennen, daß die Störungen durch die verschiedenen Rollen verursacht sind, die wir spielen. Es gibt den sogenannten Kanalisierungseffekt, Effekt der gekreuzten Kanäle, bei dem wir unsere Frequenzen mit anderen schlecht abstimmen; daraus wiederum ergeben sich erstaunliche Zusammenspiele. So hat ein Mann beispielsweise die Tendenz, negative Gefühle auf seine Frau zu projizieren und sie zu behandeln, als ob sie seine Mutter wäre; dabei bezieht er sich von seinem Kleinjungenkanal aus auf sie. Frauen schaffen sich oft diese Art von Beziehung mit ihren Lebenspartnern, weil es ihnen scheinbar ein gewisses Maß an Sicherheit und Beherrschung gewährt. Eine Frau reagiert möglicherweise auf ihren Mann aus ihrem Kleinmädchenkanal heraus, tut, als ob er ihr Vater wäre, damit sie weiterhin das Gefühl haben kann, sie sei beschützt, und um in ihrem Mann umsorgende Gefühle zu wecken.

Diese gekreuzten Kanäle werden noch komplizierter,

wenn wir einen Kanal wählen, der für uns selbstverständlich ist – beispielsweise den männlichen Kanal in einem männlichen Körper –, wir aber mit der männlichen Energie eines anderen in einem weiblichen Körper in Beziehung stehen. Dann sind es eigentlich zwei Männer, die miteinander kämpfen, während die leibliche Frau und der leibliche Mann einander lieben! Man hört so oft: »Wir streiten die ganze Zeit, aber wir hängen doch sehr aneinander.«

Ich nenne dies unterbewußte Polaritätsenergie, die unseren wichtigsten vier inneren Kanälen entspricht: dem Inneren Mann, der Inneren Frau, den Inneren Eltern, dem Inneren Kind. Wenn wir das eine zu sein scheinen, jedoch die Eigenschaften eines anderen emotional ausleben, begeben wir uns auf Projektionsebenen, die Kommunikation verunmöglichen. Die daraus entstehende Reibung kann eine Kombinationsform verschiedener Eltern-Kind-Rollen sein; oder aber die männliche Energie in einer Frau konkurriert mit der männlichen Energie im Mann, und die weibliche Energie im Mann prallt an der weiblichen Energie in der Frau ab.

Eines der größten Beziehungsprobleme ist das Gefühl der Konkurrenz statt der Zusammenarbeit, das sich ergibt, wenn wir unseren Willen durchsetzen oder den anderen beeinflussen wollen. Wir erkennen allmählich, wer da miteinander kämpft. Es könnten zwei Männer sein: der Innere Mann einer Frau fordert den Mann heraus und kämpft mit ihm um die Vorherrschaft. Oder die Innere Frau eines Mannes versucht, die andere Frau zu dominieren. Es könnten zwei Kinder sein, die miteinander um Aufmerksamkeit wettstreiten, um ihre Bedürfnisse zu befriedigen, wobei jedes verlangt, das jeweils andere solle seine Ansprüche aufgeben und sich endlich um seine Bedürfnisse kümmern.

In vielen Familien spielt ein Kind die Rolle der Eltern oder des Friedenshüters, der sich um die Harmonie innerhalb der Familie kümmert. Wenn ein Kind gelernt hat, daß es die sicherste Stellung in der Familie ist, die Rolle des Vaters oder der Mutter zu spielen, wird das wahrscheinlich später die überwiegende Spielform seiner Persönlichkeit. Und auch wenn dieses Kind dann erwachsen ist, wird es weiterhin vor allen Menschen diese Rolle spielen. Das mag zwar für bestimmte Leute angemessen sein, aber bei anderen kann es eine unangenehme Wirkung haben und ein Ungleichgewicht in der Beziehung hervorrufen, weil der Kanal, in dem sich der eine am wohlsten fühlt, einfach nicht dem Kommunikationskanal des anderen entspricht. Das Gegenüber findet dann wohl, es werde wie ein Kind behandelt, statt die Stärke zu schätzen, die der eine ausstrahlt, um dem anderen das Gefühl der Sicherheit zu vermitteln. Vielleicht hat er in der Anwendung dieser Technik die Grenze überschritten, wo sie nur zur Beherrschung und nicht mehr zur Kommunikation gebraucht wird.

Nehmen wir zum Beispiel eine Frau, die man gelehrt hat, auf dem mütterlichen Kanal zu spielen; sie hat es möglicherweise schwer, einen Mann zu finden, der stark genug ist, um ihr Partner zu sein. Sie durchläuft dann eventuell eine Reihe von Partnerschaften mit Männern, die eine Mutter suchen und für die sie ständig die Verantwortung übernehmen muß. Schließlich empfindet sie Groll darüber, daß kein Mann bereit ist, mit ihr in eine Erwachsenenbeziehung zu treten, und sie merkt nicht, daß sie keine solchen Männer anzieht aus dem einfachen Grund, weil der Kanal, den sie benutzt, nur Männer anziehen *kann*, die bemuttert werden wollen.

Wenn in einer Beziehung die Partner wachsen, begeben sie sich in eine Rolle, die ihrem eigenen Gleichgewicht dienlich ist, sich aber nicht mit dem Partner verträgt. Eine Frau erforscht womöglich ihre männliche Energie, während sich ihr Mann nach der Sicherheit der Kindheit zurücksehnt. Dann wird die männliche Energie vielleicht sehr ungeduldig mit dem Kind. Das sind diese Beziehungen mit gekreuzten Bedürfnissen, die so häufig vorkommen. Wenn man dem Mann Gelegenheit gibt, sein Inneres Kind zu heilen, ist er vielleicht wieder bereit, seine Liebe als Mann oder Vater auszudrücken. Nimmt er Kontakt zum Inneren Kind auf, kann er dessen reine Energie wieder erleben, die noch eng mit der Seele verbunden ist; so kann er sich an die kindliche Kraft erinnern, statt an das dreidimensionale Bedürfnis, von den Eltern verhätschelt zu werden.

Jemand, der den schützenden Vater spielen will oder als Kind gezwungen oder gelehrt wurde, sich so zu verhalten, hat vielleicht eine Meinung von sich entwickelt, die nur diesem einen Kommunikationskanal entspricht. Irgendwann einmal wird er sich ausgesogen, erschöpft fühlen, weil seine Umwelt sich an ihn wendet in Erwartung seiner Fähigkeit, alle Bedürfnisse zu befriedigen und alle Probleme zu lösen. Er muß erleben, daß auch *er* empfangen und dadurch Frieden finden kann, da ihm Hilfe und Liebe entgegengebracht werden.

In dem Maß, in dem unsere Emotionalkörper heilen und wir unser Bewußtsein erweitern, um mehr und andere Kommunikationskanäle zu benutzen, werden all unsere Beziehungen starke Wandlungen durchlaufen! Wenn Frauen die machtvollen Aspekte der weiblichen Psyche genießen können – Intuition, mütterliche Wärme, die Fähigkeit, eine gute Gefährtin zu sein –, dann fangen sie auch an, die Gesellschaft anderer Frauen zu genießen, statt wie bisher mit ihnen zu konkurrieren.

Das kosmische Kichern meldet sich, wenn zwei Frauen um einen Mann wetteifern und die männlichen oder Yang-Seiten in sich verwenden, um die Rivalin aus dem Feld zu schlagen. Früher oder später müssen sie die kosmische Wahrheit erkennen und verstehen, daß Beziehungen nicht errungen werden können, sondern daß sie uns zukommen aufgrund unserer Bereitschaft, sie zu erleben. Wir wählen Liebe, Einsamkeit gemäß unserer emotionalen und karmischen Neigungen; Beziehung ist nicht die Suche, sondern nur der Hintergrund für die Lektion der Seele. Wetteifern um Liebe ist eine alte – veraltete – Gedankenform, die uns für neue Lektionen motiviert. Allzu oft ist der Mann eigentlich nur eine Nebensächlichkeit in einem Kampf, bei dem die »andere Frau« die Hauptfigur der Beziehung ist. Die Zeit ist gekommen, daß alle Frauen ihren Inneren Mann auf lohnendere, schöpferische Weise einsetzen.

Ähnliches gilt natürlich auch für die Beziehung der Männer untereinander. Tragischerweise schränken die Männer die Tiefe ihrer Beziehung zu anderen oft ein, weil sie glauben, sie müßten die alte Gewohnheit des Wettstreits aufrechterhalten; ständig müssen sie ihre Männlichkeit und ihre Vorherrschaft unter Beweis stellen oder die Fassade ihrer Unabhängigkeit bestätigen. Sie geben dies nur gegenüber dem anderen Mann vor, denn Frauen wissen sehr wohl, wie leicht Männer abhängig werden.

Wenn ein Mann imstande ist, seine weiblichen Eigenschaften, seine medialen, intuitiven Seiten einem anderen Mann gegenüber auszudrücken, besteht eine Möglichkeit für eine viel tiefere, beglückendere Beziehung. Stellen wir uns einmal vor, was mit der Welt geschehen kann, wenn Männer einmal ihre Aufmerksamkeit von der äußerlichen Betrachtungsweise nach innen verlegen und von den nährenden, schöpferischen weiblichen Ebenen aus kommunizieren! Der Wunsch nach dieser Art von Nähe ist einer der Faktoren für die Zunahme der Homosexualität – das Bedürfnis, den offenkundigen Mann wieder ins Gleichgewicht zu bringen. Sie richten die Energie auf sich selbst zurück. Die Männer leiden wegen der gesellschaftlich auferlegten Entfremdung von ihren Emotionalkörpern. Die oberflächlichen Kommunikationsebenen, die ihnen noch offenstehen, die nur ein Gespräch über ihr äußerliches Auftreten in der Welt zulassen, bereiten den vielen Männern zunehmenden Streß. Die Dampfkochtopfwirkung, die sich aus der Unterdrückung ihrer wahren Gefühle ergibt, fordert ihren Tribut von allen Männern auf der ganzen Welt.

Wenn ein Mann nicht mehr das beengende, stereotype Bild seiner selbst – oder der Dinge, die er von jemand anderem entgegennehmen darf – aufrechterhalten muß, kann er die Begrenzungen loslassen, die sein Wachstum und seine Erfüllung verhindern. Sind Männer erst bereit, sich auf Seelenebene mitzuteilen und miteinander zu teilen, wird es keine Kriege mehr geben. Wenn diese Yang-Energien durch eine Flut schöpferischer Ausdruckskraft gemildert werden, können wir unsere zerstörerischen Energien abschwächen, indem wir unsere Gegensprechanlage auf einen neuen Kanal einstimmen, der weniger störungsanfällig ist, der vom anderen klar empfangen wird.

Es ist Aufgabe der Mütter und Frauen, dieses Ungleichgewicht abzuschwächen, indem sie den Männern helfen, ihre Kommunikationskanäle auszuweiten, um ihre inneren Emotional- und Geisteswelten mit einzubeziehen. Die einzige Gefahr ist die Frau, die ihre eigene Innere Frau weggesteckt hat und dem Ausdruck der Energie zynisch gegenübersteht, weil man sie gelehrt hat, Emotionalität sei gleichbedeutend mit Schwäche. Sie fürchtet sich deshalb vor ihren eigenen Gefühlen und wird Angst empfinden, wenn sie sie an ihrem männlichen Partner entdeckt. Eine derartige Beziehung ist zur Trockenheit verurteilt und wird vermutlich scheitern. Die Frau muß zuerst den Zusammenhang zwischen inneren Gefühlen und göttlichem Wesen entdecken.

Tatsächlich sehnen sich die meisten Frauen nach einem Mann, der ihnen seine zarte Seite, sein weibliches Selbst zeigt. Viele Frauen finden diese Eigenoffenbarung sehr aufregend und anziehend. Dies ist eine höhere Schwingungsebene des Frau/Frau-Kanals; es ist der göttlich/weibliche Kanal, der mit sich selbst eins wird.

Wenn man in einem männlichen Körper lebt und nicht zuläßt, daß diese Innere Frau sichtbar wird, bleibt der Seele eine Energie vorenthalten, die ein beherrschender Aspekt des versteckten Selbst ist. Indem man die Innere Frau über die Wahrnehmung – statt verstandesmäßig – sucht, kann man Zugang zu diesen Energien finden und sie so anwenden, daß die Möglichkeiten für Beziehungen unserer Wahl bereichert werden und der Ausdruck des göttlichen Selbst möglich wird. Der Innere Mann oder die Innere Frau wollen sich ausdrücken und beeinflussen im geheimen unsere Kommunikation mit der Außenwelt. Je weniger uns diese Energien bewußt sind, um so mehr Verwirrung werden wir in unserem Gefühlsleben erfahren.

Eine Frau, die negative Erinnerungen an die Innere Frau mit sich herumträgt, vielleicht eine Angst vor dem Gebären oder eine negative Erfahrung in bezug auf die Ausdrucksweise der weiblichen Energie, mag unbewußt diese weibliche Energie in sich ablehnen; sie kompensiert das, indem sie sich im männlichen Bezugsrahmen aggressiv, verstandesbetont oder rechthaberisch ausdrückt. Ihre unbewußte Erinnerung an die weibliche Kraft beinhaltet vielleicht eine

Erfahrung, in der diese ihren Tod verursacht hat. Sowohl ihr physischer als auch der Emotionalkörper tragen in sich Aufnahmen dieser Erfahrungen, und ohne zu wissen, wieso, wird sie sich dagegen sträuben, mit dieser Energie wieder in Kontakt zu geraten, weil sie die negativen Erinnerungen nicht wieder erleben möchte, die von ihrem Unterbewußten als Schlußfolgerungen gespeichert sind. Solange sie diese Erfahrungen des Emotionalkörpers nicht wieder aufsuchen kann, kann sie auch ihre unbewußten Gefühle nicht ändern, die sich einfach über alle Neigungen zu diesem weiblichen Wissen, diesen weiblichen Energien hinwegsetzen werden.

Es ist klar, daß jeder Mensch ein ganz spezifisches Hormonsystem hat, und oftmals scheinen viele der Schwierigkeiten, an denen wir im Urogenitaltrakt oder im Sexualbereich leiden, auf hormonalen Störungen zu beruhen. Die moderne Wissenschaft kennt noch keine Methode, um zu beobachten, was die Hypophyse, was das Endokrinsystem beeinflußt, die Hormone zu produzieren und freizusetzen, die unsere Persönlichkeit sowie unsere physischen Körper und Emotionen beeinflussen. Es ist aber eine Tatsache, daß der Körper – wenn die Yin-Energie zugelassen wird – darauf reagiert und die Hormone absondert, die mit dem weiblichen Ausdruck in Zusammenhang stehen. Wenn sich etwas vor dieser weiblichen Energie fürchtet oder sie ablehnt, dann wird der Körper biochemische Einflüsse einer Energie unterbinden, die vom Unbewußten als gefährlich empfunden wird.

Deshalb ist es so wichtig, unser Bewußtsein einzusetzen, um unseren Körper zu beeinflussen. Nur so können wir ihm vermitteln, daß die Produktion oder Ausscheidung von Hormonen, die das männlich/weibliche Gleichgewicht beeinflussen, innerhalb seiner sicheren Grenzen liegt.

Jeder besitzt seine höchst persönliche Mischung männlich/ weiblicher Energien, die sich körperlich, emotional und geistig ausdrückt. Sie wird dir nicht aufgezwungen, sondern vielmehr von deiner Seele entworfen, um dir bei deiner Reise zum universalen Bewußtsein zu helfen. Wenn du beginnst, auf die Beziehungskanäle zu achten, die du für verschiedene Menschen in deinem Leben wählst, wirst du mit diesen Energien eng vertraut; und du kannst allmählich lernen, deine gewohnheitsmäßigen Fehlverbindungen abzulegen. Indem du den Beziehungskanal des Widerspruchs wechselst, kannst du Verständnis und Kommunikation mit den Menschen um dich erleben, als ob sie vollständig neue Wesen wären.

5

Die Inneren Wesenheiten in uns

Suchen wir die Bedeutung unserer mehrdimensionalen Wirklichkeiten zu verstehen, müssen wir erkennen, daß die primären Beziehungen, die wir eingehen, auch aus der inneren Perspektive heraus als Chance zur Aufdeckung der Erinnerungen und Prägungen der Seele auf ihrem Weg zu erleben sind. Erleben wir zum Beispiel das Dilemma des Elternseins aus eigener Erfahrung, sehen wir auch die eigenen Eltern allmählich mit Mitgefühl. Vielleicht schienen uns unsere Eltern lange Zeit sehr fremd, aber wenn wir die eigenen Spielformen des Elternseins erforschen, entdecken wir die prinzipiellen Energien, die durch diese verschiedenen Rollen dargestellt und ausgelebt werden, von innen heraus und sind in der Lage, sie ins Gleichgewicht zu bringen. Diese »Inneren Wesenheiten« führen zu unzähligen Möglichkeiten des Ausdrucks; so können wir jeweils den Inneren Vater, die Innere Mutter, den Inneren Mann, die Innere Frau wählen.

Alle diese spezifischen Energien können von deiner Bewußtseinsstruktur abgelesen und auf vitale Weise wieder so integriert werden, daß sich deine Wirklichkeit verändert.

Die Erkenntnis, daß in deinem Körper ein lebendiger Paritätskörper steckt, ist das umwälzendste innere Erwachen, das ich erlebt habe – mit unmittelbarer Wirkung auf die Persönlichkeitsstruktur, das Verhalten, unsere Gewohnheiten, und für die tiefe, geistige Erkenntnis des wahren Selbst. Es ist eine unglaubliche Erleichterung, sich selbst zu gestatten, die Gefühle auszudrücken, die man vorher in sich zurückbehalten hat.

Wenn wir diese Energien über das Format mehrfacher Inkarnationen zu erkennen suchen, schafft das die Chance für eine tiefgreifende Wandlung: Diese Erfahrung kann unser Bewußtsein entscheidend erweitern. Und sie macht unheimlich viel Spaß! Es ist, als ob man wieder Kind sei und alle Kleider anprobiert, die man finden kann. So gibt uns diese Erfahrung die Kraft, Gefühle abzulegen oder zu wählen, Gaben oder Charakterzüge zu entwickeln, die uns entsprechen, und *gleichzeitig* bewußt die zu erkennen, die uns nicht entsprechen. Wir können alle Sinne einsetzen, um Energien zu fühlen und zuzulassen, die wir sonst außerhalb von uns auf andere projiziert hatten. Es kommt zu einer phantastischen Integration unbewußter Gefühle und Gedankenformen, unbegrenzter Assoziationsbogen, die sich synchronistisch zusammenschließen, wenn wir unser Selbstgefühl über die beschränkte Ansicht hinaus, wir hätten nur dieses eine Leben, ausdehnen. Vollzieht sich diese Erkenntnis, können wir Zugang finden zu den Erfahrungen des Mutter-, Vater-, Mann-, Frauseins, um die Dynamik des Selbstausdrucks tiefer in uns aufzunehmen.

Selbst wenn du jetzt in einem weiblichen Körper lebst, steckt auch ein Mann und ein Vater in dir. Bittest du den Inneren Mann oder die Innere Frau, Form anzunehmen, und läßt du zu, selbst an all den Erfahrungen teilzunehmen, die du in jeder dieser manifesten Wirklichkeiten angesammelt hast, dann spürst du ein Kribbeln – das Lebenskribbeln! –, das dir erkennen hilft, wer du wirklich bist!

Die Erforschung der Inneren Wesenheiten wird dir die versteckte Dynamik emotionaler Projektion eröffnen. Du kannst die Wirklichkeit jedes Körpers aus nächster Nähe sehen, nicht nur die Projektion, die du geschaffen hast, indem du sie von außen betrachtest. Es ist faszinierend zu erleben, wie du die Erfahrungen aus verschiedenen Leben auf den Körper beziehst, der gleichen Geschlechts war wie dein jetziger, im Gegensatz zu den Inkarnationen, in denen du im gegengeschlechtlichen Körper mit all seinen typischen Themen gelebt hast. Du wirst dem anderen Geschlecht ganz andere Gefühle entgegenbringen, wenn du dich erinnerst, ebenfalls solch einen Körper gelebt zu haben.

Eines der schmerzhaftesten Hauptthemen für Frauen ist das Verlassenwerden. Betrachten wir diese ganze Szenerie aus dem Blickwinkel des Mannes, beginnen wir zu verstehen, wie die Frau den Mann dazu bringt, sie zu verlassen. Nur selten sondieren diese Frauen tief genug, um zu erkennen, daß sie unbewußt allein sein wollten oder die Gelegenheit brauchten, um ihre eigene Yang-Kraft zu entfalten. Ohne den Ausgleich der männlichen Erfahrung hat die Frau die Neigung, sich Hilflosigkeit und Depression aufzuprägen, während sie sich in die formlosen Aspekte der weiblichen Energie zurückzieht. Wenn sie all ihre weiblichen Erfahrungen wieder durchlebt, besteht die Gefahr, daß sie sich sehr stark in eine einseitige Wirklichkeit verstrickt, die alle Kämpfe und weiblichen Standpunkte zusammenfaßt. Erst wenn diese aber bewußt gemacht werden, können sie losgelassen werden, um die wahre weibliche Kraft und Anmut an die Oberfläche zu lassen und ihre Erfahrungen im Hier und Jetzt beeinflussen können.

Ähnliches gilt für den Mann, der die Akascha-Chronik-Protokolle seiner weiblichen Körper wegspült. Ohne das Gegengewicht der weiblichen Perspektive wird er die Yang-Energie bis zum letzten ausdehnen; er kann zum Killer werden oder, wenn er die Energie auf sich selbst zurückrichtet, der Verzweiflung, der Impotenz verfallen. Impotenz tritt auf, weil kein inneres Gerüst – weibliche Energie – vorhanden ist, das den Stoß nach außen stützt. Wenn keine gegengerichtete innere Energie vorhanden ist, bleibt die äußere Darstellung ohne Inhalt. In der chinesischen Medizin heißt das »leeres Chi«. Es ist wie der Papiertiger, der vorgibt, etwas zu sein, was er nicht ist.

Findet die Frau erst den Zugang zum Inneren Mann, beginnt sie zu strahlen, Vertrauen auszuströmen, weil sie dann die tiefen Geheimnisse hervorbringen kann, die bisher wie ungehobene Schätze in ihr geschlummert hatten. Der Mann, der seine Innere Frau umarmt, kommt in Berührung mit etwas, wonach sich jeder Mensch sehnt: das intuitive Wissen, das uns erlaubt, von Herzen zu geben und unseren Selbstschutz, unsere Abwehrmechanismen genügend abzubauen, um Liebe wirklich empfangen zu können.

Dies scheint das göttliche Flüstern unserer Art zu sein: Frau und Mann kommen zusammen, werden eins und müssen sich in endlosen Variationen und Ausdrucksmöglichkeiten neu formen. Dies ist auch ein neues Konzept: Unsere Verschmelzung könnte ein schöpferischer Akt sein, statt nur ein Akt der Abhängigkeit!

Wenn unser Emotionalkörper nicht mehr von jemandem außerhalb von uns abhängig ist, ändert sich unser Verständnis der anderen Menschen vollständig. Zum ersten Mal im Leben können wir sie als vollkommene, ganze Menschen sehen statt nur als Verlängerung von etwas in uns selbst, das wir nicht erreichen können und deshalb kritisieren und verführen müssen. Der Mensch, der sich selbst genügt, der ganze Mensch, verfügt über die Fülle der Liebe, ist frei vom Soll-und-Haben-Denken, das für viele Beziehungen so typisch ist. Erkennen wir diese geschlechtsspezifischen Erfahrungen, lösen sich viele der bislang lähmenden Vorurteile und Befürchtungen über das andere Geschlecht ganz einfach für uns auf.

Die Frau und ihr Innerer Mann

Die am tiefsten eingeprägten Eindrücke der Männer stammen aus den Verhaltensmustern, die kleine Mädchen von ihren Müttern gelernt haben. Macht die Mutter beispielsweise Einwände, manipuliert, verachtet oder untergräbt sie ihren Mann, wird das kleine Mädchen später das gleiche tun. Lernt es von seiner Mutter, daß Frauen nur in engen Grenzen funktionieren können, versucht es vielleicht von frühester Jugend an die Männer nachzuahmen, um eine Möglichkeit zum Ausdruck seines Machtbedürfnisses zu finden.

Oft sucht sich das Männliche durch die Kraft der Wut, durch passive Aggression oder direkte Angriffslust zu bestätigen. Meldet es sich in der Frau, kann sie es vielleicht nur anwenden, indem sie um sich schlägt oder die Energie in einer Arena der Wut ausspuckt. Hat sie bis dahin ihr wahres Selbst versteckt, tritt sie nun vielleicht beim Klären ihrer Yang-Kraft allzu aggressiv auf. Das geht aber bald vorbei, wenn es ihr gelingt, die Energie auf einen bestimmten Brennpunkt zu richten, beispielsweise bei körperlicher Betätigung oder in schöpferischem Bemühen.

Ist die Frau vom männlichen Element in sich getrennt,

erlebt sie womöglich die ganze Angst des Verlassenwerdens oder der Hilflosigkeit, weil sie nicht erkennt, daß sie sich selbst beschützen und ihr eigenes Ziel allein erreichen kann. Dies ist eine Art Yin-Impotenz, die Depression und Handlungsunfähigkeit verursacht. Interessanterweise lenkt der starke Beschützerinstinkt vieler Mütter sie von diesen Gefühlen ab und wendet ihre Aufmerksamkeit den Kindern zu. Dies geschieht sehr oft nach Scheidungen, wenn sich die Frau zwar verlassen fühlt, aber für ihre Familie die männliche Rolle übernehmen muß.

Es vollzieht sich eine unglaubliche Wandlung, wenn eine Frau ihren Inneren Mann entdeckt und erlebt, daß alle Attribute und Eigenschaften, nach denen sie sich im Mann gesehnt hat, in ihr selbst zu finden sind. Sie erfährt, daß sie tatsächlich die Kraft und die Fähigkeit hat, andere zu beschützen, Fülle hervorzubringen oder selbst etwas in Gang zu bringen: Plötzlich findet sie die Attribute, die sie in ihrem männlichen Partner gesucht hat, in sich selbst. Dann erst ist sie frei von den früheren Verhaltensmustern, die in der Abhängigkeit von Männern in ihrem Leben begründet waren.

Viele Frauen fürchten sich vor Männern. Wenn sie aber einmal sich in einem männlichen Körper erleben, verlieren sie ihre Angst davor, durch deren körperliche Größe oder eine verborgene sexuelle Kraft überwältigt zu werden, und sie fangen an, Männer auf Ebenen »zu erreichen«, die von Bedeutung sind. Fürchtet zum Beispiel eine Frau die männliche Dominanz, erkennt sie vielleicht, daß sie selbst in einem anderen Leben einen männlichen Körper hatte und damals Frauen dominiert oder zerstört hat; Überreste jenes Lebens sind eben der Grund, weshalb sie jetzt den Männern mißtraut. Sie kann dem Inneren Mann nicht vertrauen, denn sie weiß, zwar unbewußt, aber doch aus unmittelbarer Erfahrung, um dessen zerstörerisches Potential.

Kann sie dann diese Erfahrungen des Inneren Mannes freisetzen, indem sie sie aus ihren Körperzellen herausspült, wird sie frei, um mit den Männern in ihrem Leben ohne versteckte Überlebens- und Beherrschenstaktiken umzugehen. Sie lernt zu lieben und ihren Inneren Mann einzusetzen; ihre Liebesfähigkeit allen anderen Männern gegenüber wird erweitert. Sie wird anfangen, männliche Energien und Persönlichkeiten um sich zu scharen, die die höchsten Eigenschaften der Yang-Energie widerspiegeln. Indem sie die negativen Erfahrungen in ihrem männlichen Körper läutert, wird sie schließlich in ihrem Leben die Kraft der Yang-Energie zum Positiven anwenden. Indem sie sich an diese machtvollen, positiven Eigenschaften erinnert, wird sie ein heilender Katalysator morphischer Resonanz und Seelenkommunikation, der es allen Männern dieser Erde leichter macht, in einem höheren Verständnis der männlichen Kraft mitzuschwingen.

Die Frau und ihre Innere Frau

Es ist für eine Frau immer wieder faszinierend, ihre Innere Weiblichkeit zu erleben. Viele Attribute der weiblichen Energie sind verborgen, eingeschlossen im Unbewußten, um sie vor sich selbst zu beschützen. Vielleicht trägt sie eine erschreckende Erinnerung in sich, an etwas, das geschah, als sie früher die Innere Frau ausdrückte. Der letzte Zweitausendjahreszyklus ist für Frauen nicht leicht gewesen. Von der Geburt an, im Verlauf ihres Wachstums, beim Dienen und Überleben der Anfeindungen von Körper und Geist, hat die Frau einige ziemlich subversive Taktiken entwickeln müssen, um in einer Welt zu bestehen, die kein Ohr hatte für ihre besonderen Bedürfnisse oder nicht merken wollte, daß sie solche überhaupt besaß. Wenn sie den ganzen Spielplan der weiblichen Erfahrung erforscht, beginnen die Themen sich in unbewußtes Material zu verwandeln, das Teil ihrer jetzigen Struktur und auf ihre jetzige Erfahrung anwendbar ist. In der »Vergangenheit« liegt die Quelle der Anpassungsmechanismen begraben, die geklärt werden müssen, wenn sie jetzt ehrlich und kraftvoll leben will!

Viele Schattierungen des Körpers werden durch diese Erfahrungen mehrfacher Inkarnationen ausgedrückt, so daß die Frau direkt den Zusammenhang erkennen kann zwischen ihren Gefühlen über ihren Körper und der Möglichkeit zur Neustrukturierung durch die Verlagerung von Energien, die ihr gegenwärtiges Verbundwesen aus dem Bodensatz vieler weiblicher Leben geschaffen haben. Indem sie die negativen Erfahrungen – Mißhandlung, Vernachlässigung, Schmerz und Tod –, die sie in anderen Leben als Frau erlitten hat, auflöst, wird ihr Körper auf wunderbare Weise gestärkt, gelabt und für Prägungen ehrenvoller, würdiger Art empfänglich. Und weil die weibliche Energie tief verbunden ist mit der schöpferischen Quelle, die in der heutigen Welt so not tut, verstärkt sich auch ihr Gefühl der Sicherheit und Freude über ihr Dasein in einem weiblichen Körper.

In dem Maße, in dem sich ihr weibliches Repertoire erweitert, wird sie im Ausdruck des Weiblichen immer kraftvoller, denn sie kann ja dabei auf eine ganze Reihe von Leben zurückgreifen; es ist, als ob ihr die Kollektiverfahrung aller Frauen geschenkt würde – mittels ihrer eigenen Geschichte mehrfacher Inkarnation. Sie wird eine echte Expertin, Magierin und Alchimistin dieser weiblichen Energien, die sich dann spielerisch mit den Energien vermischen und zusammen erklingen, die sie jetzt in sich trägt.

Eines der wichtigsten Themen für Frauen bezieht sich auf

die Illusion, sie wären als Mann geboren, reicher, mächtiger und freier. Durchkämmt aber eine Frau die unendlich vielen Ausdrucksmöglichkeiten weiblicher Macht und weiblichen Wissens, dann beginnt sie in ihrem tiefsten Wesen zu verstehen, was Frausein bedeutet. Die ihr direkt gegebenen Möglichkeiten, um die sie sich nicht bewußt bemühen muß, stehen ihr zur Verfügung, um die Spannweite ihrer Ausdrucksmöglichkeiten zu vergrößern.

Bejahung und Hingabe sind zwei machtvolle Verbündete des schöpferischen Ausdrucks. Wenn wir uns verpflichten, den Körper zu benutzen, den wir haben, beginnt dieser Körper auf magische Art zu funktionieren, und die Erfahrung unseres eigenen Potentials steigert sich maximal.

Der Mann und sein Innerer Mann

Erfährt ein Mann den Inneren Mann, kann er einen unglaublichen Energiereichtum hervorbringen, um zu verwirklichen, um zu »tun«. Er beginnt, alle Themen auszutragen, die mit äußerlicher Erscheinung, Struktur, Wissen oder Form zu tun haben. Im Lauf der Jahrhunderte hat sich der Ausdruck der männlichen Energie gewandelt von der Billigung, ja der Notwendigkeit ungebändigter Kraft zu einer viel subtileren Kraft der Beherrschung. Die Körpererinnerung an rauhere Zeiten beeinflußt womöglich immer noch das Verhalten des Mannes, der diesen alten Bodensatz nicht unterdrücken kann und dadurch in Schwierigkeiten gebracht wird. Vielleicht ringt ein Mann mit seinem Jähzorn und ahnt noch, daß in früheren Inkarnationen das Überleben von seiner Fähigkeit abhing, andere zu überwinden oder zu lenken. Diese Eigenschaften können ihm und anderen zum Erfolg verholfen haben, und so sind sie in seinem

Unterbewußtsein noch unentwirrbar mit einem selbstgerechten Gefühl verbunden. Der Anführer zu sein war gleichbedeutend mit befehlen, anleiten oder sogar mit zwingen. Diese Methoden und Einstellungen sind mit Sicherheit in unserer heutigen Gesellschaft nicht gleicherweise angebracht und beliebt; auch und gerade ein Mann sollte heute vergeistigter, subtiler und weniger gewaltsam vorgehen. Wenn er aber seine Erfolge, sei es auf körperlicher oder anderer Ebene, nochmals durchlebt, kann er diese starke Energie jetzt anwenden, ohne nach altem Muster Gewalt anzuwenden. Dann kann er eine natürliche Führerpersönlichkeit werden.

Der Mann und seine Innere Frau

Eine weitverbreitete Angst und auch ein tatsächliches Problem der Männer ist heute die Impotenz; Impotenz auf sexueller, emotionaler und anderen Ebenen. Sehr oft liegt der Grund darin, daß die Yang-Energie nur ein Teil des äußeren Ausdrucks ist, der aber nicht auf der inneren Überzeugung beruht, so stark zu sein, wie er vorgibt; oder aber der innere Kern fehlt, der die Stoßkraft seiner Angeberei auffangen könnte.

Die weibliche Energie heilt den Tun-als-ob-Geist, da sie die sanfte Fähigkeit hat, sich auf den anderen Menschen einzustellen, auf ihn einzugehen und mitzuerleben, was er erlebt. Sobald ein Mann die geistig-seelischen Ängste losläßt und die Körperenergien mit seinem sinnlich-weiblichen Kern zu spüren beginnt, übernehmen die natürlichen Körperfunktionen die Leitung. Es scheint ironisch, daß gerade die Eigenschaften der weiblichen Wahrnehmung das Gegengift gegen Versagen auf männlicher Ebene sind, wenn die Furcht, nicht Mann genug zu sein, ursprünglich diese Fehlfunktion verursacht hat!

Die offensichtlichste, unmittelbare Wandlung zeigt sich nach Sitzungen im *Light Institute*, in denen Männer die weibliche Energie in sich erleben. Es ist eine Energie, die sie wegen der kulturell gefärbten Begriffe von weiblich und männlich abgelegt haben. Nachdem alle verborgenen Winkel weiblicher Ausdrucksformen entweder aus ihrem System gefiltert oder aktiv aus ihnen entfernt worden waren, bis sie das Erwachsenenalter erreicht hatten, erschüttert sie die geistige und emotionale Erfahrung, wenn sie tief in sich drin ein ganz intaktes Reservoir weiblicher Energie wiederentdecken.

Bei Persönlichkeitsbezügen, in denen ein Mann sich auf den reinen Ausdruck der Yang-Energie beschränkt hat – er hat nie Zärtlichkeit oder Emotionen gezeigt –, wird er im Augenblick der Aufdeckung seiner tieferen Gefühle zum Kind in sich zurückkehren; denn das ist für ihn der Bezugspunkt zur Sanftheit. War er in der Yang-Energie abgeschottet, braucht er diese Erfahrung der Inneren Frau sehr, denn dadurch kann er sein Verhältnis zur Welt, zu Geben und Nehmen, wieder ins Gleichgewicht bringen. Manchmal ist seine Innere Frau derart geschädigt, verletzlich oder zerbrechlich, daß er panische Angst davor hat, zu dieser Energie zurückzukehren. Er denkt dann vielleicht: »Wenn ich mein Yin ausdrücke, werde ich nicht überleben.« Wenn die Yin-Energie in sein Bewußtsein strömt, kann es vorkommen, daß die Fähigkeit, Erinnerungen auszuwählen, die diese Gefühlsströme in neue Bahnen leiten, sogar die Persönlichkeit selbst vollständig neu konstituiert. Er kann jetzt vielleicht in seinen Beziehungen Zärtlichkeit ausdrücken, weil er jene furchterregenden Erinnerungen durch andere ersetzen kann, die ihm große Erfüllung gebracht haben. Er muß lernen, die Yin-Energie nicht nur aus der Stellung des Erwachsenen, sondern aus der Stärke des Geistes heraus auszudrücken. Er kann die Schleusentore dieser überströmenden, prinzipiellen Energie durch Meditation, das Höhere Selbst und direkt durch die Innere Frau öffnen.

Die Inneren Eltern

Am *Light Institute* ist die zweite Sitzungsserie der Klärung der Eltern gewidmet. Wir erforschen die Leben, die wir mit ihnen verbracht haben, damit wir ganz genau verstehen, *weshalb* wir diese Eltern gewählt haben, die zu unserer körperlichen, emotionalen, geistigen und seelischen Struktur beigetragen haben, indem sie uns Eigenschaften weitergaben, die uns den Rahmen bestimmter Wachstumsmöglichkeiten setzten.

Nachdem die äußeren Menschen geklärt worden sind, auf die du in deinem Leben projizierst – deine leiblichen Eltern –, ist nun die beste Möglichkeit gegeben, an den Inneren Eltern zu arbeiten – den Eltern *in* dir.

Erlebst du mütterliche oder väterliche Energie außerhalb deiner selbst, wendest du die kennzeichnenden Aspekte der Projektion an, durch die du dich im Spiegel deiner Eltern siehst. Das ist das Persönlichkeitsselbst oder Ego, das Selbst, das überlebt, abwägt, mißt, bewertet und sich selbst anhand seiner Beziehung oder Spiegelung der Eltern beurteilt.

Beginnen wir den Inneren Vater oder die Innere Mutter zu erforschen, bereiten wir den Boden dafür, alle Eigenschaften und die Wirklichkeit der Eltern in uns selbst zu erleben. Wir müssen die Sucht nach dem Syndrom des »behinderten Kindes« aufgeben, bei dem wir unser eigenes

Potential anhand der Beschränkungen und Schwierigkeiten beurteilen, die uns von den Eltern auferlegt worden sind. Die geistige Erkenntnis, daß wir uns unsere Eltern selbst ausgesucht haben, befreit uns von dieser gefühlsmäßigen Verstrikkung und läßt uns die Kraft und Weisheit unserer Wahl auf der Seelenebene erkennen. Direkte Kontakte mit unseren Eltern über viele Inkarnationen hinweg lassen uns unsere geistige Wirklichkeit erfassen und Mitgefühl empfinden, statt weitere emotionale Projektionen aufkommen zu lassen.

Indem du deine eigene innere Erfahrung deiner Eltern eingehend betrachtest, schaffst du eine Beziehung mit dem Nicht-Faßbaren, das den Raum für die Expansion bringt; dabei wandelt sich die Art und Weise, in der dein Körper, deine Persönlichkeit, ja sogar deine Seele sich in bezug zur Außenwelt bewegen können. Du gestaltest deinen Platz in der Welt neu, weil du deine Erfahrung, deinen Beziehungsrahmen, der mit der Welt kommunizieren kann, derart ausgedehnt hast. Diese Arbeit schafft einen klaren Punkt, einen zentralen Angelpunkt, der unbeweglich ist und bleibt, weil er nicht aus dem Bedürfnis zu spiegeln entstanden ist. Dies ist buchstäblich der *ruhende Punkt*, durch den die Seele in deinem leiblichen Selbst ein Zentrum schafft, das den Lebenssinn – somit den Fortschritt deiner Seele – nährt und stützt.

Die Erforschung der Inneren Eltern bedeutet ein elektrisierendes Erwachen aus den Fesseln der Kultur. Sie führt aus der Beengung durch kulturelle Einstellungen zurück zu den reinen Prinzipien des Elternseins, die zum Erfolg der Menschheit beitragen.

Beginnen wir die Erfahrungen und Gedankenformen zu erkennen, mit denen wir die Energie der Inneren Eltern in Zusammenhang bringen, können wir anfangen, sowohl kollektive als auch Einzelprägungen abzuschälen, die mit Überleben, Erfolg oder Gewährenlassen zu tun haben. Und wir lernen, wie diese prinzipiellen inneren Energien ausgedrückt, geklärt und geläutert werden.

Jemand besitzt vielleicht Prägungen aller Eigenschaften, die einen guten Vater ausmachen. Erforschen wir die verschiedenen Kulturen, in denen dieser Mensch die Erfahrung des Vaterseins gemacht hat, können wir alle Prägungen auflösen, die nur Gedankenformen bestimmter Kulturen sind, die sich womöglich gegenseitig widersprechen oder die unangebracht sind für die Zukunft. In einer Kultur lebt der Vater vielleicht ganz getrennt von seinen Kindern, oder er darf ihnen seine Liebe nie mit Worten ausdrücken, sondern seine Sorge um die Familie allein in komplizierten Ritualen oder kulturellen Verhaltensmustern zeigen. Vielleicht ist seine erweiterte Familie genauso wichtig wie seine engste Familie, während in anderen Kulturen der Vater sich tatsächlich mit der Kinderpflege befaßt.

In bestimmten Kulturen erlebt der Vater physisch die Geburtswehen der Mutter, wenn diese im Kindbett liegt. In bestimmten Gegenden, in denen ich selbst gelebt habe, wie zum Beispiel in El Salvador, zu jener Zeit ein Land mit landwirtschaftlicher Monokultur, blieben die Männer zu Hause und kümmerten sich um die Kinder, wenn es nicht gerade die Zeit der Kaffeelese war. Die Frauen aber reisten durch das Land und übten eine Reihe von Tausch- und Handelstätigkeiten aus, um den Unterhalt für die Familie zu beschaffen.

Erlebt ein Mensch unterschiedliche kulturelle, ja sogar rassenmäßig verschiedene Perspektiven des Elternseins, stößt er immer weiter vor zur wesentlichen Energie, die mit der Natur der Liebe zu tun hat. Erst wenn wir erkannt haben, daß, unabhängig von äußeren Ritualen und Verhaltensmustern, nur die grundlegende, wesentliche Elternenergie für die Seele wichtig ist, dann ist die Art, wie diese Liebe ausgedrückt wird, nicht mehr so wichtig. Je umfassender wir das Elternsein erlebt haben, umso liebevoller und absichtsloser können wir es gewähren, ungeachtet aller kulturellen Verhaltensmuster. So verschmelzen alle Brasilianer, Russen und Afrikaner deiner früheren Leben zu einer energetischen Matrix, die ein viel breiteres Spektrum der tiefen Elternerfahrung und des Ausdrucks der Liebe zwischen den Seelen vermittelt!

Wenn du die Inneren Eltern erlebst, suchst du nach dieser Art von Fäden oder Wesenszügen. Du entdeckst, was es für dich in all deinen Inkarnationen bedeutete, Vater, Mutter, Eltern zu sein. Wie hast du deinen Kindern diese Prägungen weitergegeben? Welche dieser Prägungen schränken jetzt dich und deine Kinder ein, so daß ihr diese Elternenergie nicht richtig spüren könnt?

Indem du diese einschränkenden Prägungen losläßt, ja sie sogar neu mischst, hilfst du dem Energiereservoir der Erde, die komplexen Fragen aufzulösen, die Verwirrung und Trennung verursachen. Wenn wir diesen Weg beschreiten, stärken wir den Zugang zu den geistigen Quellen, die uns allen gehören, und bringen sie dadurch in bewußte Nähe, so daß in Zukunft Elternsein als Ausdruck des Göttlichen erfahrbar wird.

Kommst du mit diesen Energien reinster Liebe, mit der Fähigkeit zu hegen und zu pflegen, zu lehren und allen anderen Aspekten des Elternseins in Berührung, erlebst du das Strahlen und die bedingungslose Liebe. Dann bleibst du nicht länger den beschränkten Reaktions- und angelernten Verhaltensmustern verhaftet, die den Ausdruck deiner Seele so lange beengt haben.

Der Mann und die Erfahrung des Gebärens

Es ist sehr lohnend, mit dem gegenpoligen Körper zu arbeiten, weil er holografische Bezugspunkte schafft, die uns zu erkennen helfen, *wer* wir sind und *wie* wir uns unseren Kindern gegenüber ausdrücken. Eine der aufwühlendsten Erfahrungen für Männer ist, wenn sie sich als Gebärende erleben. Durch alle Zeiten hindurch hat so viel Geheimnistuerei die Geburt umgeben, daß sie eine zentrale Rolle in der Trennung der Geschlechter gespielt hat.* Die männliche Kraft, die an der Geburt nicht teilnehmen konnte, benutzte ihre aggressive, dominierende Energie, um vorzugeben, die Geburt sei gar nicht etwas so Mysteriöses und Besonderes, wie sie es in Wahrheit ist. In der heutigen Welt haben die Männer die Instrumente der Technik ins Bild gebracht, um sicherzustellen, daß sie ihren Platz bei der Geburt haben; dabei verdrehen sie freilich wiederum das geistige Mysterium, statt sich ihm hinzugeben: Es ist das Mysterium der Seele, die beschließt, geboren zu werden! Gebären ist eine Erfahrung, die die Frauen wieder für sich beanspruchen müssen, um sie dann mit den Männern zu teilen, damit diese die Geburt miterleben können – aber nicht aus einer Stellung der Kontrolle, sondern vom weiblichen Prinzip des Einbezogenseins her!

Während der Sitzung im *Light Institute*, in der Männer die Innere Mutter erleben, läßt der Betreuer den Gebärprozeß länger werden; er läßt sozusagen die Kamera langsamer laufen, damit der Mann sowohl auf körperlicher als auch auf gefühlsmäßiger und geistiger Ebene damit Berührung aufnehmen kann. Das hilft insbesondere den Männern, die

* Vgl. Chris Griscom: Meergeboren. Geburt als spirituelle Einweihung, Goldmann Hardcover.

später nach Hause gehen und ihren Frauen bei der Geburt zur Seite stehen; haben sie erst einmal selbst diese Erfahrung durchlebt, wollen sie sehr viel lieber ihren Partnerinnen dabei helfen.

Ich habe den Eindruck, daß die Weckung der Zellerinnerung an das Gebären für Männer eine der aufregendsten und lohnendsten Erfahrungen ist. Sehr oft können die Männer ihren Emotional- und physischen Körper erst dadurch wirklich loslassen; sie weinen und geraten in Ekstase, sie fühlen, daß sie wieder ihre geistige Quelle angezapft haben. Es ist der weibliche Aspekt des Göttlichen, von dem sie so vollständig getrennt gewesen waren, daß sie oftmals ihre geistige Energie nicht mehr spüren konnten. Der Akt des Gebärens – Gefäß und Träger eines neuen Lebens zu sein, es zu nähren und zu hegen – hat etwas Göttliches und Heiliges an sich. Die Männer vergessen es nie!

Besonders beglückend ist dieses Erlebnis für einen Mann, der von der Liebe seiner Mutter getrennt war, vielleicht weil er von der Mutter nicht gestillt oder liebevoll in den Armen gehalten wurde. Wenn er dann beschreibt, wie er *selbst* ein Neugeborenes säugt, wenn er die Empfindungen in *seinem* Körper spürt, dann heilt diese Erfahrung seine Sehnsucht, die er so lange getragen hat. Das schmerzhafte Gefühl, nicht geliebt, nicht willkommen und gehegt zu sein, löst sich auf, wenn er selbst zum Pfleger und Ernährer wird, zum Menschen, der das neue Wesen willkommen heißt.

Das ist das kosmische Energieprinzip: Wir heilen uns, indem wir andre heilen; wir erhalten, indem wir geben. Jeder Mensch trägt in seinem Herzen den tiefen Wunsch, zu geben, beizutragen, gebraucht zu werden. Die Erfahrung des Mutterseins eint die Männer wieder mit dem heiligen Mysterium des Lebens und bringt sie unweigerlich in Kontakt mit ihrer eigenen Spiritualität auf eine Weise, die ihnen vordem verschlossen war; denn für viele ist Spiritualität noch immer im Bereich der Religion, im Mentalkörper des Dogma, statt in der reinen Energie, nach der wir alle auf Zellebene hungern.

Allzuviele Männer ersticken bei der Geburt ihrer eigenen Kinder das Gefühl von Eifersucht, die Angst, hoffnungslos getrennt und unwürdig zu sein, wenn sie sehen, wie das Stillen als neues Band der Zusammengehörigkeit Mutter und Kind verbindet. Hat ein Mann dagegen diese Rolle selbst erlebt, kann er sich ebenfalls über die Geburt seines Kindes freuen. Sein Mitgefühl mit seiner Frau, deren Körper während der neunmonatigen Schwangerschaft und in den Wochen nach der Geburt umwälzende Veränderungen durchlebt, ist dann unendlich viel mehr als nur das Gefühl eines Beobachters, der vergessen hat, daß auch er Lebensspender ist.

Wege des Inneren Energieausgleichs

Ein Neuanfang, ein Ausgleich zwischen Yin- und Yang-Energie ist auf dem ganzen Planeten in Gang. Dies ist zum Teil der Sinn der Schwierigkeiten, die unsere Beziehungen heute kennzeichnen. Wir müssen das Männliche und Weibliche in uns anstatt im Spiegel anderer Menschen suchen und erkennen! Die Spiegelprojektion ist für unsere Seele ein sehr langsamer Wachstumsprozeß; es kann so mehrere Leben dauern, bis wir endlich erkannt haben, daß wir den anderen nur brauchen, um über uns selbst etwas zu lernen.

Es beeindruckt mich immer wieder zu sehen, daß sogar in relativ traditionsreichen Gesellschaftsformen Scheidungen oder Trennungen zunehmen. Diese Erfahrungen zwingen die Menschen, die polaren Energien in sich selbst zu entdekken und zu nutzen.

Trennungen haben eine starke Wirkung auf die Familienstruktur, insbesondere auf die Kinder. In den meisten Gesellschaften bleiben die Kinder bei der Mutter, seltener beim Vater, obschon die Männer, je mehr sie Zugang zu ihrer eigenen Weiblichkeit finden, immer öfter den Wunsch äußern, die Kinder großzuziehen, zumindest aber aktiver an deren Erziehung teilzunehmen.

Es ist faszinierend, daß die Möglichkeit zum Ausdruck der Inneren Wesensart das Ergebnis der Trennung ist. Das Kind, das vom leiblichen Vater getrennt lebt, muß lernen, den Vater *in* sich zu finden. Dadurch wird die männliche Energie ganz anders aktiviert; das Kind wird sozusagen eher in das Bewußtsein der Yang-Emotionen, in körperliche Aktivitäten und verstandesbetonte Konzepte hineinkatapultiert.

Sind Väter mit ihren Kindern in konzentrierten Zeitblocks zusammen, müssen sie gleichzeitig Mutter, Vater, Freund und Lehrer sein. Das erlaubt ihnen, ihre Spielmöglichkeiten zu erweitern, so daß sie ihre inneren Gefühle den Kindern gegenüber ausdrücken können. Man stelle sich einmal vor, man habe plötzlich einen ganzen Tag lang für ein Kind zu sorgen, das man vorher nur morgens und abends oder nachts gesehen hat! Dann muß man plötzlich einen Weg finden, um mit dem Kind zu kommunizieren, während man vorher mit ihm im gleichen Haushalt gelebt haben mag, ohne daß man sich eigentlich wirklich gekannt hat. Das Kind hat vielleicht nach der Trennung zu Hause gewisse männliche oder väterliche Aufgaben übernommen. Es ist deshalb nicht mehr so abhängig wie bisher vom Vater, sondern hat vielmehr begonnen, mit ihm auf universelleren Ebenen in Beziehung zu treten.

In dem Maße, in dem jedes Familienmitglied die starren Grenzen seiner familiären Rolle auflöst, beschleunigen und verstärken sich die Gemeinschaft und der Verkehr aller. Mit dem Instrument der Inneren Wesenheiten steht jedem von uns der Weg offen, Yin- und Yang-Eigenschaften zu verstärken und so eine neue, hochfunktionelle Persönlichkeit im Rahmen einer Gruppe zu werden. Wenn wir uns zum Beispiel stärker selbst behaupten wollen, können wir den Inneren Mann bitten, sich zu melden und uns eine Farbe zu geben, die es uns leichter macht, die Energien sinnvoll anzuwenden. Es ist immer wieder aufregend zu entdecken, daß wir Dinge erreichen können, die wir uns früher niemals zugetraut hätten – einfach, indem wir diese latent in uns vorhandenen Energien einsetzen!

Wird dem Körper Gelegenheit gegeben, eine Erfahrung nochmals zu durchleben, löst dies Veränderungen in seiner gesamten Biochemie aus; sogar die Drüsenausscheidungen, die wir als typisch weiblich oder männlich ansehen, können sich ändern. Warst du in einem früheren Leben ein Mann, der seine Familie beschützte oder geistig arbeitete, und du durchlebst dies, wird es dein Unterbewußtes prägen; du wirst dich im jetzigen Leben wohl fühlen, wenn du dich auf die gleiche Weise ausdrückst. Deshalb kann auch eine kleine, zarte Frau sehr bestimmt oder körperlich aktiv sein. Ihr Körper erinnert sich, wie man sich in der alten Weise bewegt.

Unsere Persönlichkeit wird durch die Erinnerung an verschiedene Yin/Yang-Ausdrucksweisen beeinflußt. Es ist eine Illusion zu glauben, sie bleibe im Verlauf von unzähligen Leben die gleiche. Das stimmt nicht. Unser Ego verändert sich bei jeder Lebenserfahrung, denn es ist der Schauspieler auf der Bühne, und jede Rolle, die wir spielen, gibt uns die Möglichkeit, das Hologramm besser zu erkennen.

Beginnen wir mit der Inneren Frau, dem Inneren Mann, dem Inneren Vater, der Inneren Mutter in uns zu arbeiten, beeinflussen wir aktiv die Bewegung unserer Seele in der jetzigen dreidimensionalen Wirklichkeit. Es ist ein wunderbares Instrument, in einem Übergangsstadium begriffen zu sein, Beziehungen einzugehen oder sie aufzulösen, neue Stellen anzutreten, umzuziehen! Die Variationen der Persönlichkeit, des Körpers oder Lebensthemas zeigen uns, daß wir sicher sind und etwas Neues wagen können, wenn wir erst die alten, überholten Gewohnheiten abgelegt haben.

Die Arbeit mit deinen Inneren Wesenheiten wird dich empfänglich machen für die Feinheiten im Ausdruck kosmischer Energien. Die Art der Gefühle, die du für jemanden als typisch empfindest, werden dir genau zeigen, wo du im Sinne der Yin/Yang-Energetik in diesem Augenblick stehst. Wenn wir mit den Inneren Eltern ins Gespräch kommen, lösen sich die »festgefahrenen« emotionalen Vorurteile, was »weiblich« oder »männlich« heißen muß.

Das Höhere Selbst ist absolut brillant in seiner klaren Vermittlung dieser Energien, so daß wir sie verstehen lernen. Die folgenden Beispiele beleuchten wichtige Botschaften, die während verschiedener Sitzungen am *Light Institute* aus geistigen Schwingungsebenen durch die Bilder der Inneren Wesenheiten zu uns gelangt sind.

Fallbeispiele aus der Arbeit am Light Institute

DIE INNERE MUTTER:
Ein sechsjähriger Junge

Sie erscheint in einem dunkelroten, stark bewegten Meer; energisch, aber weder furchterregend noch zornig.

Botschaft: Elfen spielen in einem Baum. »Amüsier dich«, sagt sie.

Die Elfen fragen: »Wie entstand das Meer?« Die Innere Mutter antwortet: »Es entstand aus heißer Lava.«

Nach dem energetischen Austausch trat die Mutter durch die Augen ein.

Kommentar: Die Innere Mutter hängt mit der noch rohen, ungebildeten Kreativität des Jungen zusammen. Er braucht genügend Freiheit, diese Kraft im Rahmen seiner Spiele zu erforschen; ein großes schöpferisches Talent wird sich herauskristallisieren.

DER INNERE VATER:
Eine 26jährige Frau

Ein aufgedunsener, schlampiger Mann mittleren Alters, in Samt gekleidet, Fett trieft von seinem Kinn, während er einen Hähnchenschenkel in den Mund stopft. Er packt alles in Reichweite und verzehrt es: Frauen, Reichtum etc. Er hat Frauen und Kinder, die er nie besucht, es sei denn, um sie zu mißbrauchen.

Botschaft: Dies ist deine eigene Erinnerung; du selbst warst dieser erbärmliche Mensch. Dein Urteil über jene Erfahrung veranlaßte dich, dir in diesem Leben einen Vater zuzulegen, der dir sowohl körperlich als auch gefühlsmäßig fern war. Du trägst immer noch so viel Verachtung in dir, daß du dir von deinem Vater nichts sagen, dir von ihm nichts bieten läßt. Entlasse ihn aus dieser Bindung, dann wirst du deine Weisheit an die Menschen um dich herum weitergeben können.

Kommentar: Diese Person hat eine riesige, unausgedrückte Wut auf ihren Vater. Obschon sie mehrere Jahre lang als Beraterin gearbeitet hatte, versucht sie nun, etwas zu kompensieren, das sie verpaßt zu haben glaubt.

DER INNERE MANN:
Eine 47jährige Schriftstellerin

Eine Asiatin in einem weißen Kimono, deren Energie um ihren Körper herum und aufwärts kreist, durch den Scheitel und weiter hinauf.

Sie gibt einen Fächer als Geschenk, mit dem sie Leben fächelt, um das Herz und die oberen Chakren zu ventilieren. Der Fächer tritt durch den Mund und die Nase in ihren Körper. Sie spürt diese Energie sehr stark und beginnt zu vibrieren und wie ein Fächer zu atmen.

Botschaft: Du weißt alles, was du wissen mußt. Sie erhält das Bild eines Buches mit leeren Seiten. Die obere rechte Ecke war als Lesezeichen an vielen Seiten eingeknickt.

Kommentar: Sie hatte an einer »Schreibblockade« gelitten. Nach der Sitzung ging sie nach Hause und beendete das Buch, das sie mir später schickte. Es war voller Weisheit.

DER INNERE MANN:
Eine 53jährige Frau

Ein Wikinger, groß und robust, eine Hand emporgestreckt. Er besitzt die Energie eines Abenteurers. Er lacht, steckt voller Leben, und seine blauen Augen funkeln. Ich fühle mich allein bereits durch seine Anwesenheit belebt. Er berührt meine rechte Brust in spielerischer, aber doch erotischer Weise.

Botschaft: Er zieht sein Schwert und setzt einen Helm auf. Er beginnt etwas kreuzweise zu zerschneiden. Verlier deine Zeit nicht mit ausgefransten Rändern, nimm dir direkt das Herz der guten Sache. Er explodiert in einen goldenen Kometen, der in meiner Vision von unten links nach rechts oben aufsteigt. Ich fühle mich unheimlich stark!

Kommentar: Diese Frau ist in verschiedenen Unterfangen sehr erfolgreich, aber sie ist immer noch etwas scheu, ihre starke Energie wirklich freizusetzen. Der Innere Mann ermutigt sie, dem Abenteurer freie Hand zu geben, um ihr zu helfen, ihre Zurückhaltung aufzugeben. Die Vitalität, die er zeigt, wird ihr eigenes kraftvolles Bild noch verstärken.

DAS INNERE KIND:
Ein junger Mann

Ein ungeborenes Kind in der Gebärmutter. Bernsteinfarbenes und rosarotes Licht. Es nimmt meine Hand, und ich spüre, wie es durch meinen Arm hindurchgeht. Es bittet um eine neonblaue Pyramide. Das Kind sieht jetzt wie eine ovale Maske aus, mit großen weißen Röhren als Augen. Es schenkt mir Wahrheit, dargestellt als Schöpflöffel mit schlankem Stiel und einer runden Scheibe am Ende. Es geht in mein Herz hinein und besitzt die Eigenschaft von Weihrauch, was mich sehr entspannt.

Botschaft: Das Bild eines großen Leguans, der mich ernst anblickt. Er sagt zu mir: »Nimm deine Kraft ernst. Du mußt dir vergeben, was du getan hast.« Der Rückstand sitzt im Nacken. Die Scheibe löst ihn auf. Seine Augen sind weit geöffnet, er tritt ein in meinen Körper, und ich spüre überall Wärme.

Kommentar: Diese Verbindung zum Inneren Kind ist für das Wachstum dieses jungen Mannes sehr wichtig, da er sein bedeutendes geistiges Wesen noch nicht einmal ansatzweise anwendet. Er hätte mit Leichtigkeit in ein anderes Leben gehen können, das ihn jetzt beeinflußt, wie durch die Pyramide und die Maske des Inneren Kindes angedeutet. Vergeben wird den Damm brechen, mit dem er seine Kraft zurückhält, denn sein Inneres Kind ist jetzt geboren.

6
Praktische Anwendung und Erleuchtung

Wenn wir die weiblichen Bewußtseinsebenen in unserem Alltag auf die praktische Anwendung konzentrieren wollen, müssen wir das Formlose heranziehen, damit es mit dem Offenbaren in Kontakt kommen kann, Yin und Yang sich umarmen und *eins* werden können. An dieser Schnittstelle bricht die reine Energie aus der absoluten Erkenntnis hervor, wird mit Materie durchsetzt, mit Gedanken und Absicht vermengt und zu einer erkennbaren Form modelliert.

Bewußtsein läßt sich auf jede Millisekunde unseres Lebens, unserer Zukunft, ja sogar unserer Vergangenheit anwenden. Wir Menschen sind stark genug, Energie lange genug zu halten, um alle Möglichkeiten zu erkennen, die uns durch das Hologramm gegeben sind.

Wenn wir jede neue Situation, die sich uns bietet, als Chance betrachten, um unsere Brennweite auszudehnen und alle möglichen Verzweigungen mit zu betrachten, würden wir sie in ihrem innersten Kern verstehen.

Nur durch diese Art von Verständnis können wir uns selbst wandeln oder durch Kurzsichtigkeit verursachte Irrtümer vermeiden. Die Herausforderung geht an unsere Fähigkeit, die Brennweite des gesamten Spektrums abzudecken, damit wir den Dialog mit den Gesetzen von Ursache und Wirkung aufnehmen können. Sonst sind wir nur Kräfte, die sich gegenseitig aneinander reiben, weil wir nicht genügend Perspektive besitzen, um eine Lösung zu finden.

Integration

Die meisten von uns führen ein peinlich genau abgezirkeltes Leben, in dem wir eine Reihe von Rollen spielen, die manchmal die Skala gänzlich verschiedener Persönlichkeiten beinhalten. So kann zum Beispiel der »Pantoffelheld« ein Bürotyrann sein, oder die dienstfertige Sekretärin kommandiert zu Hause ihre Kinder herum wie ein aufgebrachter Feldwebel.

Die Komplexität unseres Lebens versetzt uns in das Dilemma, uns um Integration zu bemühen; dabei müssen wir die nicht zusammengehörenden Enden unserer Erobe-rungszüge in der Welt einsammeln und sie miteinander verknüpfen. Für die meisten von uns scheint Integration ein unmögliches Ziel zu sein, und statt uns darum zu bemühen, unterteilen wir uns durch äußere Tätigkeiten, getrennt von inneren Nuancen, so als ob wir in jeder Rolle ein vollkommen anderer Mensch wären. Wenn wir auf gesellschaftlicher Ebene versuchen, Leute außerhalb ihrer gewohnten Kulisse zusammenzubringen, endet dies in der Regel mit einer Katastrophe. Eine Wirklichkeit ist unsere Identität in der Yang-Welt, im Geschäft oder bei der Arbeit außer Haus, eine andere sind unsere Beziehungen daheim. Wir müssen auf jeden Fall einen Bezugspunkt finden, der diese beiden Welten transzendiert und die Trennung zum Verschwinden bringt. Der einzige Punkt, von dem alle diese Dinge ausgehen, ist der geistige Sinn unserer Seele. Wenn wir zum wahren Selbst vordringen, können wir eine innere Energie tief in uns drinnen nach außen bringen und sie als Konstante unseres Seins in jeder beliebigen Situation festhalten.

Es ist die altbekannte Frustration, wenn wir unsere gesamte Energie in einer Rolle verbrennen und keine Kraft mehr haben, die wir anderen weitergeben könnten. Dies ist der klassische Fall eines Menschen, der den ganzen Tag arbeitet und dann nach Hause kommt, wo die Familie sehnlichst auf irgendeinen liebevollen, intimen Austausch wartet. Doch dies scheint viel zu selten zu geschehen, weil sich sämtliche Emotionen im Kontakt mit Vorgesetzten, Mitarbeitern und Fremden erschöpft haben, die den ganzen langen Tag unser Wettbewerbsverhalten und unsere Überlebensenergien aktivieren.

Menschen, die drei Leben führen – Mutter, Karrierefrau, Ehefrau; Vater, Geschäftsführer, Ehemann –, müssen eine weitgefächerte Vielfalt von fremden Ansprüchen unter einen Hut bringen, wenn sie innerhalb eines laut tickenden Zeitquadranten funktionieren sollen. Die Integration freilich kommt zustande, sobald unser Emotionalkörper das Bedürfnis zu überleben loslassen kann. Wenn wir bereit sind, alles zu riskieren, weil wir erkannt haben, daß jede Erfahrung die Chance in sich birgt, bewußter zu werden, dann gibt es weder Gewinn noch Verlust für uns; dann gibt es nur noch das sich dauernd erweiternde Bewußtsein und die Erkenntnis, wie das holografische Puzzle zusammenpaßt. Wenn wir Ursache und Wirkung erkennen, können wir anfangen, die notwendige Verschmelzung zu schaffen, die hervorbringt, was wir hervorbringen wollen.

Leben wir erst aus dem Zentrum des Hologramms heraus, können wir durchaus mehrere Gedanken über unterschiedliche Bereiche gleichzeitig denken. Es ist wichtig, dem Gehirn ganz bewußt zu befehlen, jede nützliche Information sofort in den Vordergrund des Bewußtseins zu tragen. Das ist die berühmte »Think-Tank-Technik«, die von großen Unternehmen und Bildungsinstitutionen angewandt wird. Der einzige Unterschied besteht darin, daß wir nicht eine Reihe von Wissenschaftlern, Soziologen, Wirtschaftsfachleuten zusammenbringen, sondern deren Gesichtswinkel – die alle in uns leben – in uns selbst aktivieren. Es ist aufregend, das Hologramm abzutasten und sich klar zu werden, daß man es von den verschiedensten Blickrichtungen sehen kann.

Der Trick liegt darin zu erkennen, daß es möglich ist, sich gleichzeitig verschiedenen Dingen zu widmen, ohne sich verwirren zu lassen. Hier haben wir die Möglichkeit, das ganze Hirn synchronistisch zu nutzen! Wir können beispielsweise den Tag damit beginnen, gedanklich eine Liste aller Dinge anzufertigen, die auf den verschiedenen Bühnen unseres Lebens getan werden müssen. Dann bitten wir unser Höheres Selbst, Form anzunehmen. Nehmen wir die Energie wahr, bitten wir das Höhere Selbst, sein Licht auf diese geistige Tätigkeitsliste zu werfen. Wir stellen sie uns von Licht umgeben vor und holen anschließend das Bild des Höheren Selbst in unseren Körper.

Fühlen wir uns schließlich von dieser großartigen Energie aufgeladen, fangen wir mit der Meditation an und lassen zu, daß diese umfassende Energie uns nährt, bevor wir hinaus in die Welt gehen und selbst Energie ausstrahlen. Das Bewußtsein, energetisch genährt zu werden, hilft uns ganz unglaublich bei der Bewältigung des Tages. Unser Höheres Selbst wird die Ereignisse synergistisch ordnen; somit stellen sich die Lösungen, Ideen und Geschehnisse zur richtigen Zeit ein, und unsere Leistungsfähigkeit kann sich verdreifachen.

Wer so seine seelischen Kanäle offenhält, empfängt auch

Informationen im Zusammenhang mit emotionalen Bildern oder Menschen und Orten. Wenn wir gelernt haben, Energie auszusenden, sind wir mit unserem Leben zufriedener, weil wir unseren eigenen Wert und die Aufgabe erkannt haben und dies aus unserer Erfahrung als Energiekanal überquillt!

Die Zeitfalle

Wir sind mehrdimensionale Wesen, und unser menschlicher Geist kann sehr gut mit synchronen Schwingungsebenen umgehen, wenn wir ihm beibringen, daß er sich nicht zu sorgen braucht, sondern statt dessen über die Begrenzungen der Kategorien hinaussehen muß. Statt sich durch Organisation einzuschränken, sollte er vielmehr die Gabe des Dirigierens entwickeln. Weibliche Energie ist sehr begabt im Dirigieren, wobei wie beim Orchester alles synergetisch zusammenklingt. Wenn wir alles gleichzeitig leben, können wir nicht in der Zeitfalle gefangen werden.

Die Zeitfalle schnappt zu, wenn wir die Wirklichkeit in aufeinanderfolgende Segmente unterteilen, die immer weniger Energie besitzen. Zuletzt haben wir schließlich keine Energie mehr – und dennoch keine Zeit. Den größten Teil unseres Zeitdrucks schaffen wir uns selbst, denn wir haben unseren Blick immer auf zukünftige Tätigkeiten gerichtet und schröpfen damit unser Potential des Augenblicks.

Wenn wir die Zeit multidimensional einsetzen, haben wir stets genügend Zeit. So wird zum Beispiel unser erweitertes Bewußtsein während des Schlafs alle Einzelheiten, alle zusätzlichen Informationen und alles Wissen ansammeln und zusammenstellen. Und wenn wir morgens erwachen, fühlen wir uns fit und wissen genau, was wir tun wollen. Die Schlafenszeit ist die beste Zeit dafür, weil das Bewußtsein dann nicht durch die Zweifel unseres Verstandes behindert wird. Im Rahmen des erweiterten Bewußtseins ist Integration sehr leicht.

Sowohl die Traditionen des Kahuna wie der Silva-Mind-Control-Methode* haben bewiesen, wie der Zeittrichter ausgedehnt werden kann, indem man dem Geist aufträgt, die Antwort zu finden, sogar wenn man seine Aufmerksamkeit woanders hinwendet. Es ist sogar wichtig, das Ziel loszulassen, sobald man die Absicht kundgetan hat, damit es die verschiedenen ätherischen Ebenen durchwandern und die geeignete Energie einsammeln kann, bevor es zu einem zurückkehrt. Man *muß* es den unbekannten Mächten überlassen, damit der Prozeß beginnt. Nur wenn man dem Geist erlaubt, sich holografisch auszudehnen, wird er uns helfen, Probleme zu lösen. Wenn du dir ganz bewußt sagst: »Morgen beim Erwachen habe ich die Antwort. Ich spüre, daß sich mir die Lösung dieses Problems zeigt«, dann wird der Geist das auch tun. Er wird nicht nur die ganze eigene Datenbank durchkämmen, sondern, während du schläfst, seine Fühler ausstrecken und die Antworten von jenseits des Schleiers holen.

Der Unterschied zwischen Erfolg und Mißerfolg liegt zum größten Teil in der Kunst der zeitlichen Planung. Es geht darum, daß wir uns nicht von der Außenwelt unseren Zeitplan diktieren, sondern uns von unserem inneren Selbst das Tempo bestimmen lassen. Alle Facetten unseres Energienetzes sind an verschiedene Matrizen subtiler Indikatoren angeschlossen, die zur Manifestation mit dem Augenblick

* Vgl. José Silva/B. Stone: Der Heiler in dir. Goldmann Tb Nr. 12069

synergistisch zusammenfallen. Wir besitzen einen Instinkt dafür, den Augenblick zu unserem Vorteil zu nutzen. Wir können uns unserer Fähigkeit bewußt werden, den Moment zu »spüren«, wenn die Energie stimmt, um etwas zu erreichen. Wenn sie nicht stimmt, dauert alles doppelt so lang, weil wir dann »gegen den Strom schwimmen«.

Man muß mehrfach facettierte Energie verwenden, um nie im zeitlichen Bezugsrahmen einer anderen Person eingesperrt zu sein. Willst du beispielsweise ein Video produzieren, weißt du genau, daß es zu einer bestimmten Zeit fertig sein muß. Wenn dein Verstand ständig sagt: »Ich muß diese Aufnahme und jene Aufnahme machen, damit es zustande kommt«, wirst du immer außer Atem sein. Wenn du statt dessen das Ganze betrachtest und dein Höheres Selbst bittest, dir bei der Orchestrierung zu helfen, brauchst du es nicht nacheinander zu machen. Es hat nichts mit Vertrauen zu tun. Es geschieht nicht im Verstand. Es ergibt sich aus dem Leben. Gewisse Menschen haben dieses Gespür, genau im richtigen Augenblick an der richtigen Stelle zu sein. Jeder von uns hat Gespür in verschiedenen Bereichen.

Die gleichzeitige, synchronistische Art von Energie liegt nicht in der Planung, sondern im Magnetismus. Du magnetisierst Energie; wenn du jemand anderer wärst, hättest du das Fenster verfehlt; du hast es aber nicht verpaßt, weil du eben *du* bist. Es ist *dein* Schicksal, dieses Programm zu produzieren. Wenn du Mühe hast, hier jemanden zu finden, der dir bei der Durchführung hilft, gehst du anderswo hin und machst es auf andere Art und Weise. Dann nimmt es feste Form an. Es ist die Fähigkeit, sämtliche kleinen Teile zusammenzubringen und zu wissen, daß alles im richtigen Moment zu einem Ganzen verschmilzt. Das nennt man »kritische Masse«. Man achtet auf sämtliche Einzelheiten, und wie durch Feenhand sind es plötzlich viele; bei Berührung verbinden sie sich miteinander und werden zur kritischen Masse. Es kommt zur Verschmelzung.

Der richtige Zeitpunkt ist der Tanzpartner des erfolgreichen Menschen. Er weiß um die Zusammenhänge, die weit über die zeitlichen Einschränkungen hinausreichen. Es ist ein mächtiges Hilfsmittel, zu wissen, daß der Zeitpunkt bei allen Dingen eine Rolle spielt; daß es eine Energie gibt, die sich zur kritischen Masse aufbaut. Wenn wir jedoch mit Yang-Kraft etwas vor der Zeit zu erzwingen suchen, erschaffen wir uns derart starken Widerstand, daß wir unser Ziel nicht erreichen. Lassen wir dagegen jede Energie frei pulsieren, bis die kritische Masse erreicht ist und treten erst dann in Aktion, schaffen wir das Ziel ohne Widerstand und ohne große Mühe.

Den richtigen Zeitpunkt zu erkennen, ist Teil der weiblichen Energie. Das Erkennen der Synchronizität kann nur geschehen, wenn wir in uns selbst ruhen und uns fragen: »Ist es für mich richtig, dies jetzt zu tun?« Diese Einstellung ruft die Genialität herbei, die jeder von uns besitzt, um Probleme zu lösen.

Elternschaft

Ein großes Dilemma für viele der modernen Eltern ist, daß sie so wenig »qualitative Zeit« haben, die sie mit ihren Kindern verbringen können. Säuglinge und Kleinkinder werden in Kinderkrippen und Horte gesteckt, können viel zu selten zeitlich unbegrenzte Aufmerksamkeit und Liebe ihrer Eltern genießen. Ein einziger Blick auf die reichlich beziehungsunfähige Jugend von heute läßt uns innehalten, um zu fragen, ob das eine so gute Idee war, auch wenn sie auf der Ratio scheinbarer Notwendigkeit beruht. Großes

Unbehagen und ein Gefühl von Schuld lasten auf uns, während wir nach einer Lösung suchen. Das Ergebnis davon ist, daß wir zuviel Energie darauf verwenden, uns um unsere heimatlosen Kinder zu sorgen, und wenn wir am Abend zusammenkommen, haben wir keine Energie mehr, die wir mit ihnen teilen könnten – oder sie mit uns!

Leider nützt es unseren Kindern und Ehepartnern nichts, wenn wir uns sorgen, und ich kann dir versichern, daß sie auf seelischer Ebene deine Verwirrung und Schuldgefühle, die die Verbindungen belasten, deutlich wahrnehmen. Sie möchten Geborgenheit und Unterstützung, die aber nur durch klare Absicht und energetische Übertragung zustandekommen! Dies ist die Antithese des »Kümmerers«, der sich immer darum sorgt, was andere tun. Sich sorgen hilft niemandem, der Hilfe braucht, und es verzehrt unheimlich viel Energie. Unter den ganzen Beweisen steckt immer unbewußte Schuld: Schuldgefühle, weil wir etwas tun sollten, daß wir verantwortlich sind oder daß irgendwelche Mißgeschicke durch oder wegen uns passieren. Schuld wird zum Teil durch unsere negativen Gedanken und Gefühle verursacht, die in unseren Köpfen herumspuken, weil wir befürchten, sie könnten sich eines Tages bewahrheiten: Wir sind gelähmt vor Angst, man werde uns dann die Schuld daran zuschieben.

Wir müssen die Schnur des äußeren Tadels durchschneiden und lernen, Liebe und gute Energie zu geben, anstatt ständig negative Gedanken auszusenden. Es ist nur eine Sache des Trainings, das Bewußtsein die Universalsprache des Symbolismus zu lehren. Wenn du eine Farbe sendest, wartest du nicht auf irgend jemand, der dir die Erlaubnis dazu erteilt, noch läßt du dich von emotionalen Auseinandersetzungen überfluten, wer denn was wann verdiene.

Vor langer Zeit, als ich mich mit der Frage »Berufstätigkeit oder Hausfrau« auseinandersetzte, lehrte mich mein Höheres Selbst das Prinzip, daß »weniger mehr ist«. Ich erkannte, daß es nicht so sehr darauf ankommt, wieviel Zeit die Mutter mit dem Kind verbringt oder die Frau mit ihrem Mann. Es ist vielmehr entscheidend, *wie* sie miteinander verbunden sind. »Weniger ist mehr« bedeutet mit anderen Worten, daß du körperlich von deinem Kind entfernt sein magst, wenn du dem Kind aber Energie sendest, wird es deine Gegenwart immer spüren. Die psychische Verbindung wird so nie unterbrochen, und es leidet keinen Verlust.

Meine Babysitter haben sich immer gewundert, daß auch meine ganz kleinen Kinder selten nach mir weinten, wenn ich an der Arbeit war, obschon ich sie noch stillte. Mein Geheimnis ist, daß ich ihnen, auch wenn ich arbeitete, dauernd Energie sandte. Manchmal schickte ich ihnen meinen Geruch oder meine Wärme, so daß sie im Schlaf meine Nähe spürten. Ich wußte immer genau, wann sie meine Brust suchten, und so schickte ich ihnen seelische Assoziationen des liebevollen Stillens, während sie schliefen. Ich habe einfach die Verbindung genutzt, die sie kannten, wenn sie nahe bei mir waren. Leute sagen oft, daß sie meine Gegenwart ganz nahe spüren, und ich bin ihnen auch nahe, weil mein liebendes Bewußtsein bei ihnen ist.

Wahrlich, wir sind alle durch das psychische und karmische Netz der Beziehungen miteinander verbunden, ob es uns bewußt ist oder nicht! Wenn du plötzlich an jemanden denkst, frage ihn in Gedanken, welche Farbe er braucht, und sende sie ihm. Wenn du diesem Menschen Energie geschickt hast, bist du wieder frei und kannst weitermachen, und er wird spüren, daß er von dir erhalten hat, was er brauchte.

Überall auf der Welt kehren Kinder nach der Schule in leere Häuser zurück. Dies ist der richtige Augenblick, sie anzurufen und für fünf Minuten über ihren Tagesablauf mit ihnen zu plaudern, bevor das Fernsehen sie gefangennimmt und sie in die Krallen der Tatenlosigkeit hineinschlittern. Auch ein Anruf über das Seelentelefon wird gerne entgegengenommen! Man kann mit den Kindern spielen und sie raten lassen, welche Farbe man ihnen jeweils am Nachmittag sendet. Dieses Spiel erinnert sie daran, daß man liebend an sie denkt, und es hilft, die engen Beziehungen zwischen Eltern und Kind zu verstärken.

Noch beglückender für die Kinder ist es aber, wenn *sie* der Mutter oder dem Vater Farbe senden dürfen! Kinder sind oftmals Zeugen der Frustration oder Traurigkeit der Erwachsenen, ohne die Möglichkeit, ihnen zu helfen oder sie zu heilen. Wenn wir unseren Kindern zeigen, daß wir gerne etwas von ihnen empfangen, fühlen sie sich stark und glücklich. Sie helfen gerne, und sie denken an dich! Wenn du dein Kind lehrst, daß es keine Angst zu haben braucht, wo es ist und was geschieht, sondern daß es vielmehr ständig mit uns geistig-seelisch in Verbindung bleiben kann, dann haben wir einen Riesenschritt in Richtung einer neuen Generation in sich ruhender Erwachsener gemacht. Dies ist eine wirkungsvolle, leichte Methode, ihnen zu zeigen, wie man das macht. Kinder sind hervorragende Heiler, weil ihre Energie grenzenlos ist, und Geben ist für sie etwas Natürliches. Wenn Kinder schon von klein auf lernen, ihre Energie auf andere zu fokussieren, sind sie imstande, von der Ebene des Mitgefühls aus wahrzunehmen, anstatt von der Ebene des nackten emotionalen Überlebens.

Wir brauchen uns nie um jemanden zu sorgen, mit dem wir diese Art von Verbindung haben; wenn jemals etwas nicht stimmt, wissen und spüren wir das sofort. Wenn alle seelischen Verbindungen so positiv funktionieren, können wir unsere Aufmerksamkeit auf die anstehende Arbeit konzentrieren, ohne durch negative Ängste behindert zu werden. Der Erfolg läßt nicht lange auf sich warten.

Heute sehen sich viele Kinder vor der Herausforderung, sich selbst Vater und Mutter zu sein. Ist es deshalb verwunderlich, wenn sie anscheinend so schnell erwachsen werden? Wenn wir ihnen andererseits zu verstehen geben, daß sie um so glücklicher sein werden, je mehr sie sich selbst helfen, werden sie stolz sein auf ihre Unabhängigkeit und nicht mehr diese unstillbare Sehnsucht nach den Eltern spüren, die so selten da sind. Wenn sie unsere Abwesenheit als Verlassensein auslegen, werden sie dies in jeder folgenden Beziehung durchspielen, genauso wie sie es mit uns getan haben! Wenn wir dagegen das Kind lehren, die Innere Mutter, den Inneren Vater zu betrachten, wird es sehr viel weniger Projektionen und sehr viel mehr echte Kommunikation zwischen Eltern und Kind geben.

Schließlich ist die Aufgabe der Eltern viel weniger, all die kindlichen Bedürfnisse zu erfüllen, sondern sie hat vielmehr mit dem menschlichen Thema der Kameradschaft, der Einswerdung und des Einsseins zu tun. Erforschen wir unsere Beziehungen zu unseren Kindern aus der spirituellen Perspektive der Seele, verstärken wir die Möglichkeit, uns zu finden und den gemeinsamen Weg zurück zur Quelle zu erleichtern.

Eine der größten Lücken in unseren Beziehungen zu unseren Kindern liegt im Bereich der Ehrlichkeit. Unsere Kinder erleben unsere mangelnde Integrität und praktizieren sie, wenn sie älter werden. Oft betätigen sie sich mit Dingen, von denen sie wissen, daß sie nicht gut für sie sind, aber sie tun es trotzdem – sei es aufgrund von Gruppenzwängen, sei es aus Rebellion. Wenn wir unsere Kinder lehren, auf ihre innere Stimme, ihr Höheres Selbst zu hören, wird der ganze Bereich der Disziplin geöffnet. Wenn beispielsweise unsere Tochter im Teenageralter ausgehen möchte, führt ein Verbot nur zu Widerstand und dem Gefühl, wir versuchten sie zu unterdrücken oder zu bestrafen. Wenn der junge Mensch aber sein Höheres Selbst konsultiert, hat er das Gefühl, sein Schicksal selbst zu bestimmen und für seine eigene Wahrheit verantwortlich zu sein. Oft ist das Höhere Selbst sehr viel konservativer als du oder ich zu sein wagen würden.

Wir entwöhnen unsere Kinder heute in jeder Beziehung zu früh. Der Irrtum liegt darin, daß wir sie hinaus in die Welt stoßen in der Überzeugung, ihnen damit einen Vorsprung im Leben zu gewähren, statt ihre Innenwelt zu stärken, damit sie dem unvermeidlich rauhen Wind des Außens widerstehen können. Wir scheinen den Schritt vom primären Besorger zu einer weitergespannten Beziehung mit unseren Kindern nur schwer zu schaffen. Unsere Verbindung verkümmert, sobald wir unsere »Kleinen« nicht mehr hochheben oder direkt füttern müssen. Wir gehen von der körperlichen Ebene direkt über zur Verstandesebene, ohne die wichtigste der Stufen, die Seelenebene, bewußt zu durchschreiten. Ja, unser Herz ist wohl da, aber wir drücken unsere Liebe durch den Dunst der materiellen und verstandesmäßigen Ebenen aus. Unsere Gespräche mit unseren Kindern drehen sich meist darum, was *sie* denken oder tun. Nur ganz selten teilen wir mit ihnen *unsere* inneren Gefühle oder geistigen Erfahrungen und Einsichten. Nun mal ehrlich: Hast du deinem Kind je einmal etwas von deinen intuitiven oder spirituellen Erlebnissen berichtet? Ohne unsere Bestätigung, daß diese Ebenen wichtige Teile des Lebens sind, verurteilen wir unsere Kinder zu einem leeren Leben in spiritueller Isolation.

Werden unsere Kinder dann älter, lassen wir uns sogar von ihnen regelrecht einschüchtern. Allzuvielen Eltern ist es gar nicht wohl, wenn sie an ihre Heranwachsenden denken, und so nutzen sie die Schule als Pufferzone und verlagern die Verantwortung für die Beziehung auf die Lehrer. Die Menschen, mit denen sie täglich so viele Stunden zubringen, werden natürlich ihre Hauptbeziehungspersonen, viel mehr als wir, zu denen sie abends nach Hause kommen, und mit denen sie meist nur ein eiliges Mahl und das Fernsehprogramm teilen.

Obschon sich viele Menschen der nachteiligen Wirkung des Fernsehens auf die Psyche bewußt sind, ist die Verlokkung einer derartig passiven, mühelosen Existenz zu groß, wenn sie das Bedürfnis haben, den allzu starken Zwängen des Alltags zu entfliehen. So treffen wir gegenseitige Abmachungen mit unseren Kindern, in denen wir insgeheim übereinkommen, einander in Ruhe zu lassen, damit wir ja nicht irgend jemand Energie zukommen lassen müssen.

Erziehung

Wer glaubt, Fernsehen mache klug, der ist in einem tragischen Irrtum befangen. Passives Gewahrsein wird uns nie zu Großem führen! Wir müssen imstande sein, über das Zusammentragen von Informationen hinauszugehen, Daten zu integrieren und dann auf alchimistische Weise etwas Neues zu schaffen: Das ist die Oktave des Genies.

Einerseits mag uns die Tatsache, daß wir uns umfassend über Weltereignisse informieren können, dazu verhelfen, uns selbst als Bürger des Planeten Erde zu erkennen. Andererseits hat das Betrachten von Nachrichten voller Angst und Katastrophen eine drastisch schädliche Wirkung auf die menschliche Psyche. Alle diese Bilder werden im Unbewußten gespeichert. Sie verschmutzen unsere innere Klarheit, und dadurch glaubt unser entsetzter Emotionalkörper, er müsse interferieren, weil ihn das alles so erschreckt. Einer der häufigsten Gründe von Schlafstörungen ist die Notwendigkeit, alle diese negativen Eindrücke loszulassen, die durch die emotionalen Reaktionen im Körper festgehalten werden. Heute halten eisern ganze Familien durch Horrorfilme und Tagesschauen durch, ohne mit der Wimper zu zucken, und doch erleben sie dabei große gefühlsmäßige Erschütterungen, ohne sich Rechenschaft zu geben, daß da ein Zusammenhang besteht.

Hast du dich schon öfters mit deinen Kindern vor den Fernsehapparat gesetzt und scheinbar »harmlose« Zeichentrickfilme angeschaut? Vielleicht habt ihr lauthals über den »Woody Woodpecker« oder »Tom und Jerry« gelacht, wenn diese von ihrem »ehrbaren Gegner« außer Gefecht gesetzt wurden. Man mag das vielleicht als harmloses Abreagieren von Aggressionen entschuldigen, aber es legt ein Muster der Selbstgerechtigkeit fest, weil das Verhalten als Reaktion auf etwas oder jemanden außerhalb von uns selbst gesehen wird. Die Zeichentrickfilme, die als die aufregendsten gelten, sind jene, in denen die Bösen immer die Unschuldigen verfolgen. Das sind aber keine angemessenen Botschaften für Kinder – oder für irgendwen sonst –, weil sie das Überlebensspiel des Emotionalkörpers noch verstärken.

Auch Kinder wissen, wie man Gewalt hinter der Fassade des »So-tun-als-ob« vernunftmäßig abhandeln kann. Solange man nicht tatsächlich Gewalt anwendet, ist alles in Ordnung. Tatsache ist aber, daß Gewalt immer Gewalt ist, sei sie verbal, emotional oder körperlich ausgedrückt. Wenn die Absicht besteht, Gewalt anzuwenden, dann ist es energetisch gesehen dasselbe, ob man vorgibt, es zu tun, oder es einfach tut. Wir glauben, wenn wir nur vorgeben, es zu tun, hätten wir damit keine Probleme. Beide Arten aber beruhen auf dem gleichen Gefühl. Obschon es wichtig ist, negative Gefühle ausdrücken zu können, muß dabei stets ein Gleichgewicht mit dem Vermitteln liebender Gefühle bestehen. Betrachten wir unsere Kinder dabei, wie sie das Leben in ihren Spielen nachahmen, dann erkennen wir leicht, wie schwer negativlastig sie sind. Unsere Kinder spielen meist keine Spiele des Glücks und des Miteinanderteilens, weil sie uns nie diese Spiele spielen sehen!

Kinder führen das auf, was wir Erwachsenen nur phantasieren oder symbolisch zulassen. Ich werde nie vergessen, wie mein Dreijähriger erstmals fernsah. Er schaute einer Schießerei in einem Western zu, drehte sich nach mir um und sagte mit niederschlagender Endgültigkeit: »Männer schießen.« Meine Erklärung betreffs Zeitverschiebung und Wildem Westen beeindruckte ihn nicht. Von jenem Augenblick an wollte er unablässig ein Schießeisen haben. Später im gleichen Jahr, als wir eine Freundin in einem sowjetischen Dorf besuchten, entdeckte er ein altes Gewehr, das dort an der Wand hing. Er bettelte, sie möge es ihm geben, und als sie ihn damit spielen ließ, lief er im ganzen Haus herum und »schoß« auf jeden. Erstaunt schüttelte sie den Kopf, und sogar noch bei meiner nächsten Reise nach Rußland sprach sie immer von seiner »Gewalttätigkeit«. Die Verstandesschleier waren für mich faszinierend. Für sie war die unheilvolle Wirkung des Gewehrs sicherlich neutralisiert, weil es für sie nur noch ein »Ding« war, das an der Wand hing. Dort hörte ihre Überlegung auf, weil sie wußte, daß sie es nicht seinem eigentlichen Zweck entsprechend verwenden würde. Es war, als ob sie dessen Zweck von der Form getrennt hätte. Doch für den kleinen Jungen waren

Form und Zweck eins. Er konnte ihren Tadel nicht verstehen, denn er gab ja nur vor, das zu tun, wovon er annahm, sie billige es – denn *sie* hatte ja ein Gewehr an der Wand!

Es gibt allzuviele Prophezeihungen der großen Weltreligionen, die uns weismachen, dies sei das Zeitalter der Kriege, des Hungers, der Zerstörung. Ob wir sie in unserer modernen Überlegenheit nur als »Geschichten« verstehen, ist irrelevant, denn unsere Urgroßeltern glaubten daran, und so ist dieser Glaube in unseren genetischen Prägungen eingelagert. Wir manifestieren stets unsere Prophezeihungen! Deshalb betrachten so viele Menschen stoisch die Weltereignisse, als ob sie sähen, was sie zu sehen erwartet hatten. Und das ist auch so!

Wir müssen erkennen, daß unser kollektives Bewußtsein die Zukunft formt. Wir können es beeinflussen, indem wir die Quelle des Konflikts an der Wurzel erkennen und ihn aus der Welt schaffen. Wir müssen unsere Kinder lehren, ihre periphere Sicht anzuwenden und das Hologramm wahrzunehmen, damit sie bewußt alles, was sie geerbt haben, auf allen Ebenen ändern können. Wenn eine Bedrohung vorhanden ist, läßt sie sich nicht durch Angst, Aggression oder Verleugnen abwenden. Wir müssen ihr vielmehr mit Weisheit und Energie begegnen, die die verstopften Punkte durchlässig machen und Möglichkeiten zu einer Antwort und Handeln eröffnen.

Ich habe die *Nizhoni-Schule für globales Bewußtsein** ins Leben gerufen, um diese Art von Bewußtsein in Kindern aller Altersstufen zu fördern. Ohne sich durch Lebensjahre,

* Vgl. Chris Griscom: Der Weg des Lichts. Spiritualität und Erziehung. Goldmann Hardcover

nationalen oder familiären Hintergrund beeindrucken zu lassen, begeben sich diese jungen Menschen auf eine großartige Reise, um eine Nische in der Welt zu finden. Sie studieren sich selbst durch die vielen Schichten ihrer persönlichen Psyche und ihr höheres Bewußtsein, durch den Körper der Menschheit, der Erde und der Galaxie. Sie untersuchen die sich überschneidenden Angelpunkte zwischen allen Dingen, ob erlebt, geträumt oder selbst gestaltet. Sie lernen Techniken kennen zur Kristallisierung und willentlichen Schaffung von Energie und Materie.

In der Vergangenheit wurden alle Oktaven des Wissens in Mysterien – geheime Energien – gehüllt. Heute können wir das Wissen ohne Scheu, auf ganz praktische Weise auf unser Alltagsleben anwenden. Intuitives und spirituelles Verständnis machen einen großen Unterschied für unsere Lebensweise aus. Es ist dringend notwendig, diese Yin-Energie aus dem Mysterium hervorzuholen und in die weltliche Sphäre zu bringen.

Der entscheidende Schlüssel für diese Umwandlung ist der Wille, unsere Fähigkeiten sichtbar und offenkundig zutage treten zu lassen, denn es ist die Sichtbarkeit, die ihre Anwendung erst möglich macht. Die großen Menschen dieser Welt, ob auf geistigen, erzieherischen oder beruflichen Ebenen, haben die Weisheit angewandt, die sie in vielen Leben angesammelt haben, um zu beweisen, daß sie über Energie und Wissen verfügen, die weit über die Grenzen des linearen Verstandes hinausgehen. Jeder von ihnen hat versucht, uns auf seine Art die Quelle seiner Genialität zu zeigen, obschon wir sie nicht hören konnten; man denke an Einstein und seine mathematischen Traumfelder!

In einer Welt derartiger Komplexität steht der Beweis des Wissens analog zu Ehre und Wahrheit. Ich erinnere mich, wie entsetzlich ich mich quälte, meinem staunenden Algebralehrer zu erklären, daß die Gleichung aufgehen würde, ihm aber nicht zu zeigen vermochte, wie. Er wußte, daß ich nicht gemogelt hatte, aber keiner von uns konnte erklären, was eigentlich vorging. Statt mich zu ermutigen, zog er vor, seinen Geist vor dem Unergründlichen zu verschließen, und mit einer argwöhnischen Bemerkung zerstörte er für immer meine Freude am Zauber der Gleichung. Ohne eine klar verständliche Erklärung war ich zur Schande verdonnert, und ein heller Stern am mathematischen Firmament fiel unwiderbringlich vom Himmel!

Wissenschaft und Quelle

Es gibt keine echte Bildung, die die Quelle nicht miteinbezieht. Die gesamte heutige Wissenschaft beruht auf dem Eindringen in unsichtbare Welten, und doch hält sie sich noch immer fern von der geistigen Quintessenz. Es ist eine tragische, krampfhafte und erzwungene Trennung, denn wie Yin und Yang, so muß auch die Wissenschaft letztlich die Gottesquelle als Brunnen aller Erkenntnis anerkennen. Wir sind sehr nahe daran, diese beiden Pole zu verschmelzen, denn sobald einmal der Schleier zum Unbekannten gelüftet ist, haben wir das Reich der Göttlichen Quelle unweigerlich betreten und müssen es mit all unseren Fähigkeiten umarmen. Je weiter draußen im Universum wir suchen, um so mehr gewinnt unser Bewußtsein an geistigem Verständnis. Ist es nicht bezeichnend, daß die Astronauten starteten, um mit ihrem Verstand die Galaxie auszuloten, um schließlich tief erfüllt von Spiritualität heimzukommen?

Wenn wir in der Erziehung erkennen können, daß das Durchbrechen des Schleiers uns gestattet, Quelleninformationen zu sammeln, ohne sie intellektuell zu verstehen, sondern einfach, indem wir sie aus dem Nichtmanifesten hervorholen, würden wir die Lernbegeisterung stark bereichern.

Wir brauchen nicht alles auf die engen Grenzen des linearen Denkens zu beschränken. Zuerst müssen wir dem Höheren Verstand erlauben, im Alpha- und Thetazustand der Gehirnströme relevante Rohinformationen zusammenzutragen, die dann zu einem Ganzen, etwas absolut Neuem synthetisiert werden können. Die Fähigkeit, Wissenspartikel, Erkenntnisstufen zusammenzufügen und neue Weisheit und Verständnis zu schaffen, ist die eigentliche Funktion des Lernens. Wissenschaft ist der Leim, der allem Halt gibt, es bestehen und Teil unserer Welt werden läßt. Der Ablauf ist so, daß wir uns zuerst einer realen Sache bewußt werden müssen und dann zulassen, daß sie uns etwas lehrt. Das ist das Wesen der Wissenschaft: Indem wir beobachten, lernen wir.

Die Kraft der weiblichen Verschmelzung ist diese Fähigkeit, alles mit einzubeziehen, Erfahrung in uns aufzunehmen und zu verarbeiten. Erfahrung ist die einzige Wahrheit, der einzige Lehrer. Wenn wir fragen: »Wie kann ich diese neue Energie in meinem Alltag anwenden?«, müssen wir auch spüren können, wann wir die weibliche Energie, den geistigen Trichter, eingeschaltet haben. Spüren wir die Führung des inneren Wissens, vermindert sich die Angst, nicht in Ordnung zu sein, etwas nicht fließend erklären zu können oder nicht intelligent genug zu sein, um das Gesuchte zu erkennen.

Gedanken schaffen Materie. Wir sind frustriert und limitiert in unserem Leben, weil wir nicht über den Gedanken hinauskommen. Wir phantasieren oder wälzen die Dinge in unserem Kopf herum, wenn wir eigentlich die Energie zum

Leben erwecken sollten. Wir müssen dem Gedanken energetisch folgen, die Qualität dessen spüren, was er schafft. Auch hier spiegeln sich Ursache und Wirkung: Wenn wir anfangen, etwas zu schaffen, haben wir Zugang zur reinen Energie. Dann können wir ihr in alle Richtungen folgen, in die sie sich bewegt, und spüren die Wege im Herzen. Dieses Phänomen nennt man gerne »Intuition«, »Vorauswissen« oder »Hellsichtigkeit«. Alles, was uns so mysteriös vorkommt, ist aber in Wirklichkeit nur Fluß der Dinge. Wenn wir den Verstand loslassen, wird er hinauseilen und die Quelle suchen.

Sobald der menschliche Geist sich ausdehnt, trifft er auf kosmische Energie, und dann können wir plötzlich durch Wahrnehmung das Höhere Bewußtsein erleben, das das Potential eines Genies besitzt. Intelligenz ist eigentlich ein Maß für die Fähigkeit, mit allem kommunizieren zu können.

Bewußtsein auf der Stufe des Genies ist ein Empfinden im Kopf, im Körper, das vom Wissen absorbiert wird und dadurch das begrenzte Selbst mühelos auflöst. Wir haben in jedem Augenblick die Wahl, uns auf das Problem oder auf die Lösung zu konzentrieren. Wir müssen zurückgehen zu den Ebenen des Staunens und den Höheren Verstand wekken. Die Antwort ist bereits in jeder Frage enthalten; sie ist nur vor uns verschleiert, weil wir in der Illusion leben, wir könnten uns nicht genügend ausweiten, um sie zu erfassen; weil wir befürchten, wir könnten gleichzeitig nur eine Facette ansehen – was natürlich für den linearen Verstand zutrifft. In allen von uns aber schlummern unglaubliche Fähigkeiten, die unser angeborenes Recht sind. *Jeder hat das Potential, ein Genie zu werden.*

An der *Nizhoni-Schule für globales Bewußtsein* lehren wir die Schüler, die großartige Vielfalt des Lebens zu umspannen, indem sie holografisch denken lernen. Alle Studien werden persönlich relevant gemacht, indem der Schüler sich selbst inmitten eines Bildes sieht – ob es sich um historische Prägungen, Sprache oder mathematische Gleichungen für eine saubere Umgebung handelt. Unsere drei Gymnasialebenen haben beispielsweise miteinander einen regen Austausch, um die Probleme aus globaler Perspektive zu lösen. Die *Akademie für Ökologie und Energie* gibt das praktische Thema vor, um etwas zu unternehmen. Die *Global Business School* arbeitet eng mit der *Schule für Ausdruckskunst* zusammen, und so wird ein umfassendes Paket geschaffen, in dem jeder Schüler durch sein eigenes Wissensgebiet eine Beziehung zum Ganzen hat und der Welt etwas Sinnvolles geben kann. Durch ihre gegenseitige Zusammenarbeit lernen die Schüler die unzähligen Einzelteile zu verstehen, die zusammenpassen, um das Ganze zu bilden.

Die heutige Erziehung hat vielfach versagt und befindet sich womöglich am Abgrund einer Katastrophe. Entweder lernen unsere Kinder nichts, oder sie werden in starre Formen gepreßt, die unsere Existenz letzten Endes nicht aufrechterhalten können, denn die Kinder lernen dabei nicht, wie man die universelle Wahrheit entdecken kann. Ihre Erkundung auf eigene Faust wird unterbunden, weil die Lehrer irrtümlicherweise glauben, sie wüßten alle möglichen Antworten. Doch die Antworten stehen nicht in Schulbüchern.

An der *Nizhoni-Schule* lehren wir die jungen Menschen »zu suchen«. Die Rolle des Lehrers ist die eines Führers, nicht die eines Richters und Prüfers. *Nizhoni*-Schüler lernen, das Wissen eines jeden zu ernten, dem wir begegnen, denn jeder hat im Laufe seines Lebens Perlen der Weisheit gesammelt. Die Kunst, diese Perlen hervorzuholen, lehre ich persönlich in meinem Kommunikations-Kurs. Sie beginnt mit der Einstellung, nach dem Wissen des anderen zu suchen, nicht nach seinen Blindstellen.

Kommunikation sollte eine der Kernfähigkeiten sein, die an Schulen unterrichtet werden. Sie besitzt eine unglaubliche Vielfalt von Modalitäten, die für Erfolg unabdingbar sind: wie wir Kopf und Herz zusammenbringen. Wie wir Opposition auflösen. Wie wir über die Verstandesebene hinaus – jenseits von Sprache und Kulturen – miteinander kommunizieren können.

Wie können wir von Lehranstalten, die keinen Anhaltspunkt dafür bieten, wie man das Leben erleben oder erkunden soll, erwarten, daß sie erfolgreiche und nützliche Absolventen in die Welt hinausschicken? Wir zögern nicht nur, Kindern etwas über die Psyche zu erzählen, sondern wir scheuen uns sogar davor, überhaupt anzudeuten, daß die Seele Geheimnisse birgt, die unerklärlich, dennoch aber unabdingbar für unsere menschliche Sinnsuche sind.

Wir dürfen bei den großen Lebensfragen nicht zurückschrecken, denn sie allein führen uns unweigerlich zu geistigen Gesprächen. Viele Lehrer haben Angst davor, über tiefere Fragen zu sprechen, denn die Eltern könnten ja mit dem Finger auf sie zeigen, weil sie den gefährlichen Boden der Religion betreten. Sie brauchen sich aber nicht zu fürchten. Man kann auch total Untraditionelles in traditionelle Worte kleiden. So darf zum Beispiel in New Mexiko kein Lehrer irgend etwas tun, das als »Meditation« ausgelegt werden könnte, ebensowenig darf er »visualisieren«; hingegen darf er sehr wohl über den Körper sprechen. Man kann also sagen: »Frage deinen Körper, wo er die Angst festhält!« Man tut etwas, was Visualisieren und Meditation bewirkt, aber man tut es auf eine Weise, die niemanden bedroht.

Die *Nizhoni-Schule für globales Bewußtsein* ist sehr erfolgreich. Wir haben viele ausgeklügelte Techniken, um die Lernfähigkeit zu erhöhen. Ein wichtiger Punkt im Lernprozeß ist, Angst abzubauen. Die Angst vor Versagen oder Bloßstellung wird für viele Kinder schon früh im Leben zu einem Dauerstreß. Wenn wir an der *Nizhoni-Schule* mit der Arbeit anfangen, klären wir zuerst den Bodensatz der Angst aus dem kindlichen Körper und schaffen bewußte Kanäle, um Zugang zu den Informationen zu finden, die in unserem Gehirn gespeichert sind. Sobald die Furcht abnimmt, steigt die Lernkurve steil an.

Nizhoni bietet auch kurze Intensivkurse für Lehrer an, um ihnen bei der Überwindung ihrer eigenen Angst auf der Suche nach echter Erkenntnis zu helfen. Statt gleich zu Anfang gegen die Schranken zu stoßen, die unserer Lehr- und Ausdrucksfähigkeit im Klassenzimmer gesetzt sind, können wir für uns das äußere Spektrum unseres Potentials erforschen, das uns verfügbar wird, wenn unser Bewußtsein sich erweitert. Auch und gerade derart tiefe Geheimnisse und Betrachtungen lassen sich ohne weiteres in das Klassengespräch einbringen, ohne daß sie dort als Bedrohung gesehen werden. Vielleicht unterrichtet man eine Klasse in Grammatik und stellt provozierende Fragen, wie: »Wer bin ich? Wozu bin ich hier?« Diese Denkanstöße werden bei den Schülern eine tiefgreifende Wandlung bewirken, und die Antworten sind nicht nur Worte, sondern ertastbare Strahlen, die die Schüler auf den Pfad der Weisheit führen. Wenn wir vertrauen, daß die Kinder ihr innerstes göttliches Wesen in reinster Form ausdrücken können, fördern wir den Ausdruck des Schöpferischen und verschonen sie vor dem Joch überlieferter religiöser Herrschaft.

Religion

Ein Bereich, der besonders dringend der weiblichen Verschmelzung bedarf, ist die Religion. Die Übersetzung aller göttlichen Aspekte in die Gesetze und Dogmen, die von Männern ausgearbeitet worden sind, hat das heilige Leben in die gefährlichen Krallen der Gruppenparanoia und des Sektierertums getrieben. Dies ist die Yang-Kraft in ihrer isoliertesten Ausdrucksform. Obschon sie Liebe predigt und ausführlich erklärt, wie wichtig die alleinige Ausrichtung auf Gott ist, balgen sich ihre Vertreter wie Hunde um einen Brocken Fleisch. Als ob nur einer Gottes Gunst gewinnen könnte und alle übrigen ausgemerzt werden sollten, hat die Religion sich in einen zwecklosen Machtkampf um Gebiete eingelassen, die niemals nur den Menschen oder nur einem kleinen Teil des Universums gehören können!

Die Welt ist zu klein geworden, um noch derart engstirnige Perspektiven zuzulassen. Allzuoft versteckt sich die reine Machtlust in den Falten des Gewandes religiöser Rechtschaffenheit. Die Menschheit hat zu sehr in der Auslegung der göttlichen Absicht geschwelgt. Bei unseren Versuchen, das All zu definieren, indem wir eingrenzten, was heilig und was nicht heilig ist, haben wir die Feuer des religiösen Fanatismus entfacht; alles nur, weil jeder von Gott anerkannt werden will. Was würde geschehen, wenn wir Gott nicht mehr als einen »Menschen wie dich und mich«, mit all unseren Emotionen, sehen würden? Wir könnten uns dann als unendliche Form und Energie erfahren.

Wir haben Gott in Ritualen und verstandesmäßigen Konzepten stilisiert, in kniffligen Gedankenabläufen, eingehüllt in Pomp. Zu viele unserer Gespräche über Gott ersticken in geistigen Zwangsjacken oder bleiben gefangen in endlosen Meditationen.

Himmel, Nirvana, Höchstes Bewußtsein, Nichts sind nur ein kleiner Teil all dessen, was verfügbar ist. Jede Religion hat uns so viel zu bieten zur Erweiterung unserer Ausdrucksmöglichkeiten, unserer Hingabe, der Verherrlichung der Göttlichen Quelle. An der *Nizhoni-Schule* erkunden wir die nahezu unendliche Vielzahl faszinierender Manifestationen, um unseren Wortschatz des Heiligen zu bereichern. Es ist sehr wichtig, daß wir unser gemeinsames göttliches Erbe erweitern, anstatt es zu verringern!

Es ist leicht, Bewußtsein durch die Beschränkung einer Definition zu kristallisieren. Doch Erleuchtung geht weit über die Verwirklichung geistiger Ziele hinaus, denn wenn wir uns um »Gottes«-Bewußtsein bemühen, wird die Gotteserfahrung über die Peripherie des Augenblicks hinausgestoßen. *Gott wächst durch uns*. Alle Götter des Universums werden von uns als Abkapselungen der materiellen Welt verstanden, die nie statisch, sondern immer unendlich ist. Nur der hungrige Emotionalkörper beharrt darauf, daß die Beziehung auf die engen Grenzen des Homo sapiens beschränkt bleibt.

Begeben wir uns auf immer neue Ebenen kosmischen Bewußtseins, öffnen wir uns und empfangen immer mehr. Wir können die Lücke zwischen universalem Bewußtsein und der Menschheit überbrücken, indem wir uns darauf konzentrieren, das Göttliche in die dreidimensionale Welt zu übertragen.

Stellen wir uns zum Beispiel vor, wir trügen den göttlichen Funken und durch uns komme er in die Welt! So veranlassen wir das Bewußtsein, auf eine Erkenntnisebene zu gehen, die die Körperenergie verändert. Sobald der Höhere Verstand fordert: »Sprich jetzt wie Gott; ich übe mich darin, Gott zu sein«, prägen wir Gott unserem ganzen Wesen auf. Wir entwickeln ein spezielles Drehbuch, in dem wir dauernd den göttlichen Gedanken schaffen, der Gott erneut erstehen läßt. Wenn wir wie Gott sprechen, spricht Gott wie wir.

Das ist die Macht der Absicht, die tatsächlich das Weltall durch uns verändert! Dies ist von großer Heilkraft! Statt uns dauernd vorzuwerfen, wir seien nicht gut genug für Gott, beginnt unser Leben sich auf einer Aufwärtsspirale zum Licht hin zu bewegen, sobald wir Gott mit einschließen. Wir fürchten uns nicht mehr vor der Ausweitung, sondern strekken die Hand aus, um zu empfangen; und wenn wir empfangen, empfangen wir alles als Gott. Der große indische Guru Baba Muktananda hat das so schön gesagt: »Wir erkennen Gott ineinander.«

Das ist der Weg des Herzens, die lauterste Wahrheit. Es ist das weibliche Prinzip des Umfangens: Ausdehnung durch Miteinbeziehen. Die Zeit drängt, das Weibliche, die Yin-Energie endlich in das religiöse Leben einzubeziehen. Wenn die Familie der Menschheit endlich die Glückseligkeit erkennen könnte, die darin besteht, Gott miteinander zu teilen, dann könnten wir die Ebene des Ringens unserer gegenwärtigen Existenz transzendieren. Sobald das weibliche Prinzip in die Struktur der Religionen Einlaß gewonnen hat, werden die Religionen sich gegenseitig als Geschenk empfinden, anstatt sich zu bekämpfen.

Am *Light Institute* leiten wir die Menschen an, die göttlichen Energien direkt zu erfahren, ohne sich in ihnen als Persönlichkeit zu verschanzen. Das gestattet uns, auf kosmische Bewußtseinsebenen, ja sogar über den menschlichen Bereich hinaus aufzusteigen.*

Die Einbeziehung ist nicht nur einer der wichtigsten Bezugspunkte, sondern dabei empfangen wir auch eine neue

* Vgl. Chris Griscom: Zeit ist eine Illusion. Goldmann Tb Nr. 11 787

Art von Energie. Es ist die Energie der Menschen, die ganz sind, die deshalb zu Klarheit und Mitgefühl gelangt sind. Es sind voll entfaltete Liebesenergien. Alle Menschen – Männer, Frauen, Kinder – haben als Kern ihres Wesens, als Angelpunkt, Liebesfähigkeit.

Wenn wir diese Energie anwenden, um uns herum Fülle zu schaffen, geschieht alles mühelos. Wenn jeder Mensch mit den Energien in Berührung kommt, die Herzensgüte und Liebesfähigkeit ermöglichen, dann wird jeder von uns zum Heiler. Der Heiler, der Priester, der Lehrer, der Schutzgeist – das sind alles Aspekte unseres Selbst, die uns aufrufen, sie zu erkennen und anzuerkennen.

Zum Heiler werden

Eine der großartigsten Gelegenheiten, das transzendierende Potential des weiblichen Prinzips zu erfahren, ist der Bereich des Heilens.* Der eigene Körper ist der beste Ort, wo wir die Kunst der spirituellen Verbindung üben können. Du selbst bist der erfahrenste Fachmann der Mechanismen, Gewohnheiten und Bedürfnisse deines großartigen biologischen Instruments!

Krankheit und Leiden entstehen, weil Energie blockiert ist, die dann eine Fehlfunktion im sonst undurchdringlichen Verteidigungssystem des Körpers verursacht. Der Unrat, der sich in den Zellen ansammelt, stört das elektromagnetische Gleichgewicht, bis sogar die Elektronen der Atome desorientiert und dadurch empfänglich für zerstörerische Energien werden, die überall im inneren und äußeren Umfeld zirkulieren. Bakterien, Viren und andere Mikroorganis-

* Vgl. Chris Griscom: Leben ist Liebe. Goldmann Tb Nr. 12125

men sind für einen Organismus im Gleichgewicht keine Gefahr, weil dieser ein weitgespanntes Verteidigungssystem hat.

Fühlen wir uns krank, meldet uns unser Körper, daß sein Energiefeld irgendwo unterbrochen ist. Vielleicht ist der Emotionalkörper aus dem Gleichgewicht, weil sein unersättliches Verlangen nach Bestätigung einen Dauerstreß verursacht. Gewähren wir uns dann einen Augenblick der Meditation, können wir leicht die inneren Ängste beschwichtigen; unser Körper kann dann auf einen klaren Befehl das »böse Chi« – wie die fallenden Energien in der chinesischen Medizin heißen – überwinden.

Da der Verstand den Emotionalkörper nicht steuern kann, müssen wir ihn mittels Kommunikation mit unserem spirituellen Körper ändern. Der physische Körper ist jedoch für Befehle des Verstandes sehr empfänglich. Wenn wir deshalb die Botschaft analysieren, die unser Körper vermittelt, wenn wir uns schlecht fühlen, ist es erstaunlich, wie schnell wir uns erholen, sobald wir dem Körper mitteilen, die Zeit sei gekommen, sich wieder wohl zu fühlen!

Dazu fokussieren wir unser Bewußtsein in den Körperteil, der Schmerzen oder Ungleichgewicht signalisiert, und fragen ihn, was er aussagen will. Dann atmen wir tief ein und entleeren den Verstand, damit der Körper zu uns sprechen kann. Die Gedanken und Einsichten, die aus dem Körper zu uns kommen, sind faszinierend. Wir wenden dann Farbtechniken an, um uns auf unseren Körper einzustimmen und ihn wieder ins Gleichgewicht zu bringen, indem wir eine Farbe in den entsprechenden Körperteil ziehen. Mit ein bißchen Übung reagiert der Körper fast augenblicklich auf unseren Befehl.

Wenn wir den Körper motivieren oder aktiv verändern können, stellt sich ein wunderbares Gefühl der Befriedigung ein. Wir spüren, daß wir im eigenen Schicksal eine Rolle spielen. Es verändert unser Leben total, wenn wir spüren, daß wir uns aktiv schützen können, indem wir innerlich mit dem Körper in Beziehung treten. Dies ist vorbeugende Medizin in ihrer reinsten, vollkommenen Form. Wir müssen diese Techniken unsere Kinder möglichst frühzeitig lehren, damit sie eine natürliche Widerstandskraft gegen sich eindrängende Energien entwickeln können.

Wir sind fast ständig in einem mörderischen Kampf mit resistenten Bakterienstämmen und Viren begriffen, die ihre Moleküle der ständig erhöhten Stärke unserer Antibiotika anpassen. Die gedankenlose Anwendung von Antibiotika hat eine weltweite Bedrohung geschaffen, da immer virulentere neue Stämme rascher entstehen, als wir neue Gegenmittel entwickeln können. Es ist die gleiche Botschaft, die auf anderen Spielplätzen des Lebens anklingt: »Alles Machtvolle muß von innen kommen.« Der bewußte Körper kann Negativität überwinden und abwerfen, wenn er dazu angewiesen wird!

Wenn wir erkannt haben, daß Krankheit keine Strafe, sondern die Herausforderung ist, mit unserem Körper zu kommunizieren, der ja unsere Erfahrungen verarbeitet und beim Lernprozeß der Seele mithilft, können wir die Verantwortung übernehmen und tätige Heiler werden. Die meisten der großen Heiler haben schwerwiegende Krankheiten erlitten und sie überwunden; so konnten sie ihre Lebensaufgabe anpacken, andere zu heilen.

Wir alle haben das Recht und die Fähigkeit, die Gesundheit anderer Menschen positiv zu beeinflussen. Wir können sie zwar nicht gesund machen, noch sie von ihren Krankheiten befreien, wir können ihnen aber sehr wohl heilende Energie zukommen lassen, die sie dazu verwenden können, sich selbst zu heilen. Jeder von uns weiß, wie schwierig es ist, sich zu konzentrieren, wenn man Schmerzen hat. So kann die beruhigende, liebevolle Energie eines anderen Menschen dabei helfen, die Aufmerksamkeit zu fokussieren, so daß der Körper den klaren Auftrag erhält, was er tun muß, um sich selbst zu heilen.

Bei einer Heilung müssen wir die höhere Frequenz der Energie aufrufen, damit diese den Hilfesuchenden aufrichten kann. Schaffen wir den geeigneten Rahmen dafür, daß der Kranke sich mit Sinn und Zweck seiner Krankheit befassen kann, wird er erkennen, daß er sich in einem Prozeß befindet, daß er aber nicht selbst der Prozeß ist. Empfängt der Kranke die Energien der höheren Schwingungsebenen, die wir ihm verfügbar machen, erkennt er sich selbst auf diesen Ebenen. Dies ist die Schwelle der Kraft. Wir spüren dann das Bewußtsein zweier göttlicher Wesen, die miteinander Energie teilen.

Wir können dies auch aus der Ferne für jemanden tun. Der entscheidende Faktor dabei ist, in einem meditativen Zustand die betreffende Person um Erlaubnis zu bitten, ihr zu helfen. Ich frage sie zum Beispiel, welche Farbe sie braucht, um sich selbst zu heilen. Sobald ich die Farbe erkenne, fange ich an, sie dem Kranken zu schicken, bis ich spüre, daß er ganz erfüllt von ihr ist.

Ich erinnere mich an eine Frau, deren Vater seit vielen Monaten schwer krank darniederlag. Es verursachte der ganzen Familie unendlich viel Gram, zuzusehen, wie er litt und langsam starb. Als sie ihn auf Seelenebene zum ersten Mal fragte, welche Farbe er brauchte, um sich wohl zu fühlen, bat er sie um Rosarot und lächelte ihr selig zu, wie sie ihn seit Monaten nicht mehr hatte lächeln sehen. Sie ging zu Bett mit dem Gefühl, endlich etwas getan zu haben. Frühmorgens wurde sie durch einen Telefonanruf geweckt. Das Krankenhaus meldete, ihr Vater sei während der Nacht friedlich entschlafen. Anfänglich sorgte sie sich, etwas Falsches getan zu haben. Ich aber erklärte ihr, daß ihr Vater ganz im Gegenteil nur dieses Rosa der Liebe gebraucht hatte, um zu verstehen, daß seine Aufgabe hier erfüllt war und er loslassen konnte. Sein friedlicher Tod war eine große Erleichterung für die ganze Familie.

Wenn jemand erkrankt, so werden oftmals alle um ihn herum von unangenehmen Schuldgefühlen erfaßt. Es ist so, als ob wir durch unsere Negativität irgendwie an seiner Krankheit mitschuldig wären. Tief im Innersten wissen wir, daß unsere Gedanken und Absichten dem anderen gegenüber manchmal von der Schattenseite unserer Persönlichkeit geprägt sind. Es gibt keinen Menschen, ob Erwachsener oder ein Kind, der nicht irgendwann jemandem den Tod gewünscht hätte – zumindest während eines Wutanfalls. Stößt dem anderen tatsächlich etwas zu, machen wir uns Vorwürfe wegen unserer unaussprechlichen Gefühle und Gedanken. Irgendwo und irgendwie wissen wir, daß der andere diese Dinge spürt, ja wir erwarten geradezu, deswegen bestraft zu werden. Manchmal sind wir sogar wütend auf den Kranken, weil wir sein Kranksein als Mittel sehen, uns etwas heimzuzahlen. Es ist die »Tyrannei der Schwachen«, wenn jemand, offensichtlich durch Krankheit geschwächt, die Entscheidungen, Gespräche, ja das ganze Leben anderer Menschen vollständig beherrscht. Könnten wir in dieser Lage doch mit Mitgefühl reagieren statt mit verhaltenem Groll!

Manchmal schenken wir in einer Krisensituation anfänglich Liebe und Unterstützung, doch allzubald verfliegt oftmals die Energie der helfenden Hand, wir werden ungeduldig und wollen zu unseren eigenen Angelegenheiten zurückkehren. Der Mangel an Durchhaltevermögen rührt aus unserem Glauben, wir könnten nur eine bestimmte Menge geben oder wir schuldeten dem anderen nur einen begrenzten Teil – fast als ob liebende Sorge eine Ware wäre und keine karmische Chance! Je negativer die inneren Gedanken, um so mehr Groll fließt wie Öl ins Feuer dieses Teufelskreises.

Wenn wir einem anderen heilende Energie senden, lassen wir die eigene Schuld diesem Menschen gegenüber los und lösen sie auf. Es ist befreiend, der Gebende zu sein, und wir können dabei erleben, wie wir von den anderen freigelassen werden, wenn wir ihnen das winzige Bißchen geben, das sie von uns beanspruchen.

Haben wir gelernt, heilende Energie auszusenden, fassen wir vielleicht den Mut, auch den anderen Familienmitgliedern vorzuschlagen, ihre wenig produktiven Sorgen ebenfalls durch diese aktive Form des Heilens zu ersetzen. Es könnte ein wunderbares Band zwischen Freunden und Familienangehörigen entstehen, die sich alle auf einen geliebten Kranken einstellen.

Beglückend ist es auch, als Gruppe zu üben, heilende Energie zu spenden. Schicken mehrere Menschen gleichzeitig heilende Kraft aus, sind die Ergebnisse manchmal äußerst beeindruckend. In meiner Kleinkinderschule, der *Escuela galistena*, haben wir erlebt, wie an Zysten erkrankte Ziegen innerhalb von zwei Tagen durch die von den Kindern geschickte Energie vollständig geheilt wurden!

Wenn jeder von uns die Verantwortung für seine eigene Heilung übernimmt, wird sich die ganze Orchestrierung heilender Energie auf unserer Erde total wandeln; denn anstatt parasitäre Organismen zu überwinden oder negative Viren zu bekämpfen, werden wir unsere Aufmerksamkeit auf die Quelle des Lebens richten und dadurch die Lektion lernen, den geistigen Grund für jedes Ungleichgewicht zu erkennen.

Wir müssen weg von der Krankheitstechnik, die auf der Erregertheorie beruht, weil diese keine Piattform bietet für eine Heilung im Einklang mit unserer tiefen Verbindung zum eigenen Körper. Das Heilungspotential stammt aus der Kraft unseres Selbst, seinen Weg zu wählen, und aus der Weisheit des Körpers, dies zu erkennen. Heilen könnte eine vollständig andere Art von Tun werden, eine Aktivität, an der sich alle beteiligen, einschließlich der kleinen Kinder. Sobald wir die weiblich-spirituelle Erkenntnis aller Erfahrungen anwenden, haben wir die Möglichkeit, die Zukunft zu ändern, indem wir diese Erkenntnis an die kommenden Generationen weitergeben.

Schon ein kleines Kind kann erkennen, daß es etwas bedeutet, sein Knie aufzuschlagen; daß sein Körper ihm eine ganz bestimmte Botschaft zuflüstert. Es beginnt auf diese Botschaft zu hören und das Ergebnis durch die Art zu beeinflussen, wie es sich in seinem Körper bewegt. Statt als Opfer des physischen Körpers aufzuwachsen, kann das Kind so Heilen als Teil der Einweihung ins Leben erfahren, als Freude, die unsere ganze Aufmerksamkeit und Kraft entzündet.

Geschäftsleben

Nirgends ist das Potential für den weiblichen Weg größer, nirgends gibt es phantastischere Möglichkeiten für die Manifestation des Weiblichen als gerade in der Geschäftswelt. Hier läuft alles persönliche Streben kopfüber in den Konkurrenzstrom hinein, wo die Instinkte uns in den Wirbel des Erfolgs hineinziehen oder uns mit der Stoßkraft der Macht gegen die Felsen der Habgier schleudern.

Im Mittelalter wurde die Alchimie angewandt, um alles zu formen, was der Persönlichkeit zweckdienlich war. Der alchimische Prozeß ist die Fortsetzung des persönlichen Willens, Materie in eine zweckdienliche Form zu zwingen. Vielleicht hat jeder von uns irgendwann einmal im Laufe unserer Seelenentwicklung Alchimie praktiziert, und doch müssen wir nun erkennen, daß es besser ist, unsere Kraft in Zusammenarbeit mit anderen zum Wohle *aller* anzuwenden. Heute muß Manifestation frei von eigensüchtigen Absichten geschehen; wir müssen zulassen, daß alle Teile zusammen verschmelzen, eins werden, ohne einem einzelnen exklusive Besitzrechte einzuräumen.

Heute bieten sich uns revolutionäre Möglichkeiten, weit über persönliche Grenzen in Ebenen der Zusammenarbeit vorzudringen. Die weiblichen Künste – Einbeziehen und Zusammenarbeit – finden mehr und mehr Einlaß in der globalen Geschäftswelt. Eines der wichtigsten Konzepte ist heute der Zusammenschluß verschiedener Unternehmen, ja sogar ganzer Wirtschaftsbereiche. Das wirtschaftliche Klima in Ost- und Westeuropa ist im grundlegenden Wandel begriffen, da sich allmählich eine neue Form symbiotischer Verbindung herausbildet.

Zu erkennen, daß etwas gemeinsam benutzt oder aufgegeben werden kann ohne Konkurrenzkampf, ohne Krieg, zum Wohl des Ganzen, ist exakt die Lektion, die wir alle jetzt lernen.

Es gibt ein klassisches Beispiel dafür, wie wir geistige Energie im Leben anwenden können. Stoßen wir auf Widerstand und fordern den andern nach dem Muster des bösen Berggeistes heraus, sind die Wahlmöglichkeiten eingeschränkt. Dann kann nur einer siegen – du oder ich. Wenden wir dagegen die geistige Energie an, um zur Quelle des Widerstands zu gelangen, können wir ihn überwinden. Ist es eine Person? Weshalb widersteht dieser Mensch? Vielleicht hat er Angst. Es ist so einfach, vorzugeben, wir könnten via künstliche Intelligenz, Kalkulationstabellen oder komplizierte Unternehmensstrukturen miteinander kommunizieren; all dies aber sind nur die Handlanger menschlicher Beziehungen und Seelenreisen. Wir werden nie aus den Lehren herauswachsen, die wir einander vermitteln.

Wir müssen abwägen, wer hinter der Wirtschaftsmaschinerie steckt, und die karmische Verbindung mit ihm/ihnen anerkennen. Wir können die Energie, die ihnen ihre Furcht aufzulösen hilft, in eine bestimmte Richtung bringen, indem wir ihnen zeigen, wer wir sind, und sie dann unterstützen. Sind sie erst frei, werden sie dich passieren lassen! Du brauchst sie nicht mehr zu erobern oder zu überwältigen. Du mußt sie nur auf die nächste Ebene heben.

Wenn man in einem Sitzungszimmer argumentiert, um die Führung zu übernehmen, dann ist man für die Einschränkung der Möglichkeiten verantwortlich. Werden wir uns dagegen des Energiepotentials bewußt, das von allen Anwesenden ausgeht, können wir die Energien auf einen Brennpunkt konzentrieren und dirigieren. Echte Führernaturen sind jene, die andere ermutigen, sich auszudrücken und schöpferische Verantwortung zu übernehmen! Weibliche Energie zeichnet sich dadurch aus, daß durch ihre Orchestrierung eine zusätzliche Kraft zum Wohl des Ganzen entsteht.

Das geschieht auch weltweit auf den politischen Bühnen, wo die Politiker das Ohr am Wählerboden haben. Die Menschen erkennen plötzlich, daß sie zusammenhalten und wie ein Mann aufstehen können, um »nein!« zu sagen. Sie erfassen ihre Macht, die ihnen bis vor kurzem nicht bewußt war. Mehr und mehr werden kollektive Einflüsse das Geschehen bestimmen, wenn die einzelnen Zugang zur uneingeschränkten spirituellen Energie finden, sie erwecken und so der Evolution Kraft verleihen.

Wir alle zusammen können dies erreichen! Wir müssen einander erkennen lernen, müssen erproben, wie wir unsere Energien zur Manifestierung zusammenwirken lassen. Wenn wir uns für die Gemeinschaftsarbeit öffnen, stimmen wir uns viel besser ein auf ein Leben in Gemeinschaft, das zu unserem Wohl arbeitet.

Europa ist ein phantastisches Beispiel für das Verdienst karmischer Erkenntnis. Westeuropa lernt die vielseitigen Vorteile des Miteinander-Teilens; Osteuropa entdeckt die Macht des kollektiven Bewußtseins zur Veränderung der Wirklichkeit. Es ist die perfekte Lösung für alte karmische Lektionen, und jede hilft der anderen, die Vergangenheit aufzulösen und in eine Zukunft mit weiterem Horizont aufzubrechen, die der ganzen Welt als Vorbild dienen kann.

Es ist faszinierend zu beobachten, wie ganze Nationen über die karmische Schwelle gehen und eine vollkommen neue Perspektive erhalten. Lernen wir erstmals aus der Geschichte? Allzuoft haben wir sie wiederholt, immer und immer wieder, bis das Bewußtsein die Geschichte auf geistiger Ebene einholt und im spiralförmigen Hologramm eine Stufe höher steigt. Als einzelner Verantwortung zu übernehmen, hat etwas mit wählen zu tun. Wir müssen uns selbst vertrauen. Da nahezu niemand sich selbst vertraut, projizieren wir unser Mißtrauen allzu gern auf die anderen. Wenn wir doch nur verstehen könnten, daß jeder Verzicht von innen kommt, daß jeder, der außer uns eine Hauptrolle spielt, dies auf unsere Bitte hin tut! Es ist eine Herausforderung, Hingabe in einer Zusammenarbeit zu üben – und gleichzeitig ein Gefühl der Macht zu spüren. Es ist die weibliche Energie, die die Antwort auf der Seelenebene erleuchtet und uns daran erinnert, daß wir letztlich unzerstörbar sind. Wir können es uns leisten, etwas in Bewegung zu setzen und es seiner eigenen Strömung zu überlassen.

Weil das Geschäftsleben die latente Kraft zur Manifestation hat und derart viele Arten der Beziehung gestalten kann, spielt es bezüglich der seelischen Ausdrucksmöglichkeiten eine sehr wichtige Rolle. Indem immer mehr Frauen im Geschäftsleben mitspielen, werden die Männer gezwungen, ihre emotionalen Kommunikationsfähigkeiten zu entwikkeln, denn Frauen tätigen ihre Geschäfte sehr oft aufgrund ihrer intuitiven und gefühlsmäßigen Wahrnehmungen. Vielleicht ist eine Frau dank dem Ansporn ihres Inneren Mannes im Geschäftszirkus erfolgreich, und dennoch schätzt sie die Lage durch den Instinkt der Inneren Frau ein und trifft so ihre Wahl. Männer mit stark entwickelten Inneren Frauen werden viel eher erfolgreiche Mitarbeiter/ Partner sein.

Der Prozentsatz an neuen Geschäften, die von Frauen geführt werden oder ihnen gehören, steigt raketenhaft an. Diese Tatsache wird zwingend zu Beziehungen auf zwischenmenschlicher Ebene anstatt nach überalteten, stereotypen Mustern führen. Vielleicht merkt ein unsicherer Mann, daß er dazu neigt, sich durch Verführungskunst Anerkennung zu verschaffen. Seine Chefin wird seine Absicht klar erkennen und ihn als Mensch nicht mehr so hoch achten, noch ihm voll vertrauen.

Kaufen und Verkaufen auf dem Markt ergibt unzählige Lehrinstrumente für den Emotionalkörper, der so seine Macken und Illusionen entdecken kann. Die Geschäftswelt ist das genaue Gegenstück des Körpers: Alle Transaktionen unterstehen dem Gesetz von Ursache und Wirkung und offenbaren so die Wahrheit aus nächster Nähe.

Wir können die Möglichkeit der Erkenntnis aber auch anwenden, um vorauszuwissen, um den Weg aus der Klarheit des Gesetzes von Ursache und Wirkung zu erkennen. Wir können das Höhere Selbst fragen, wie wir in die eine oder andere Richtung vorankommen können. Das Höhere Selbst hat keine vorgefaßte Meinung darüber, ob es Fülle irgendwelcher Art außerhalb des geistigen Bereiches geben kann. Wir haben ganz einfach nicht gelernt, wie man mit Fülle umgeht. Wenn wir die Energiegesetze aufdecken könnten, die Fülle regeln, würden wir die Lektion der Gnade lernen. Jeder von uns kann »wissen« oder intuitiv verstehen, welches die beste Entscheidung ist, wenn er bereit ist, die Ströme zu empfangen, die die Gezeiten prägen. Empfänglichkeit kann jeder durch Meditation üben.

Wenn wir wissen, was kommt, erkennen wir oft Aspekte der Situation, an die wir sonst nie gedacht hätten. Der Verstand muß blankgefegt sein, damit sich mögliche Realitäten zeigen können. Es bereitet große Freude, das Hologramm von einer Warte aus betrachten zu können, die einfach heißt: »Zeig's mir« – und dann tatsächlich die Erkenntnis dieses karmischen Gesetzes anzuwenden, um aufzuzeigen, wie eine bestimmte Entscheidung einen Bewegungsanreiz gibt, der sich weiter zu einer voraussagbaren Situation fortpflanzt.

Einer der entscheidenden Faktoren in jedem Geschäft ist die optimale Zuwachsrate. Wir können das vollkommene Verhältnis zwischen Quelle, Lieferung und Expansion schaffen, indem wir die Zusammenhänge erfühlen. Da es so viele Variablen gibt, müssen wir das Wachstum sinnlich wahrnehmen. Wir können lernen, den Punkt der kritischen Masse zu fühlen, bei dem die Energie mehr von sich schaffen muß.

Bitte dein Höheres Selbst, dir das Wachstum zu zeigen! Dann erfährst du die Antwort holografisch. Öffne dich ganz, um sie in der Meditation wahrzunehmen! Wenn du zu forsch drängst, um zuviel zu erreichen, wirst du erleben, daß du nur mit Mühe Wachstum spürst. Versuchst du etwas zu sehen, das nicht geschehen will, ist es nahezu unmöglich, es klar in den Brennpunkt zu bringen. Ich nenne das »gegen den Strom schwimmen«.

Willst du im Geschäft etwas zustandebringen, lautet die erste Frage immer: »Ist dies richtig für mich?«

Heißt die Antwort »nein«, bedeutet das nicht, daß du es nicht erreichen kannst oder dessen unwürdig wärst, sondern nur, daß es für deine Erfahrung nichts bringt. Entweder spielen dabei nicht genügend Energien mit, um die kritische Masse zu schaffen, oder die Umstände und möglichen Wirklichkeiten, deren du dir vielleicht nicht bewußt bist, würden das Projekt scheitern lassen. Es ist entscheidend wichtig, zu erkennen, wann dies der Fall ist, damit du loslassen kannst und die Verschiebung zuläßt, die geschehen *muß*.

Wir müssen lernen, unseren Emotionalkörper von nutzlosen Verstrickungen zu befreien, sonst wird er dazu neigen, sich an etwas zu hängen, das zuwenig Potential hat. Wir sollten aber auch stumme Prägungen der Beschränkung ausgraben, die uns daran hindern könnten, mögliche Lösungen zu übersehen, und mit denen wir nachher begründen, weshalb wir erfolglos waren.

Haben wir unsere Innere Frau und den Inneren Mann kennengelernt, können wir sie anweisen, unser Leben zu leiten. Durch praktische Sensibilität erfahren wir, ob in einer bestimmten Situation die Stärke des Inneren Mannes oder die feine Einstimmung der Inneren Frau not tut. Diese Energien dirigieren zu können, bedeutet einen phantastischen Triumph über unseren Emotionalkörper. Die Fähigkeit, objektiv und offen wahrzunehmen, geht einher mit einem wunderbaren Gefühl der Selbstbestimmung. Wenn wir die Energiefrequenzen aufrufen, die in uns gespeichert sind, können wir das Resultat jeder beliebigen Bemühung vollständig ändern.

Am Arbeitsplatz gibt es jene, die von uns erwarten, daß wir führen oder andere »männliche« Eigenschaften an den Tag legen – auch wenn wir Frauen sind. Andere kommen zu uns, weil wir so viel wissen, oder weil wir für sie eine Quelle der Inspiration oder Unterstützung sind. Durch die Energien unserer Inneren Wesenheiten haben wir Zugang zu unzähligen Reaktionsweisen, die dazu beitragen, bei den Kollegen beliebt und erfolgreich zu sein.

Wenn du deinen Erfolg in der Kommunikation mit Kollegen und Mitarbeitern überprüfst, beobachte einmal die verschiedenen Bezugskanäle, die du bei verschiedenen Leuten einsetzt! Sobald du erkennst, daß dein Innerer Mann energetisch mit einem anderen Mann wetteifert, kannst du den Streit sofort beenden, indem du beispielsweise zum Kanal des Lehrers und Seelenfreunds wechselst.

Durch aktives Üben lernen wir, Energien auf die Oktaven spiritueller Erkenntnis anzuheben, die Klarheit darüber bringt, was sich zu tun lohnt oder wann der Zeitpunkt gekommen ist, etwas loszulassen. Wir können unser Höheres Selbst fragen: »Wie läßt sich dies ändern?« Wenn wir auf diese Problemlösungs-Oktave umschalten, ändert sich die Einflußstufe. Wir schicken beispielsweise dem »Gegner« eine Farbe. Welche Farbe braucht er, um seine Frequenz so zu ändern, daß wir zusammenarbeiten und ein gemeinsames Ziel erreichen können?

Bist du in ein heftiges Wortgefecht verwickelt, kannst du dem anderen während der Diskussion eine Farbe senden. Das Resultat ist meist umwerfend! Häufig wird dein Gesprächspartner sofort Stimmlage und Einstellung ändern, weil es ihm guttut, von dir etwas zu erhalten. Auf psychischer Ebene wird er sofort erkennen, was vor sich geht. Andererseits hast du, sobald du die Farbe zu senden beginnst, bei dir selbst die emotionale Blockade überwunden, der du erst nicht nachgeben wolltest. Und plötzlich findet ihr beide, daß man sich einigen kann!

In dem Augenblick, da du nach der Farbe fragst, die der andere braucht, engagierst du dich für die Ausräumung aller Hindernisse und gibst das Karma frei.

Beachten wir die Gesetze, die Fülle und Erfolg in der Geschäftswelt bestimmen, müssen wir deren Bezug zum eigenen Karma anerkennen. Dies ist keine esoterische Aussage, sondern vielmehr eine praktische Feststellung! Sie bedeutet, Zugang zu der Quelle in dir zu finden, die sagt: »Ich lerne die Lektion der Fülle«. Du erkennst beispielsweise, daß du geboren wurdest, um diese Erfahrung zu machen, vielleicht, weil sie für dein Wachstum notwendig ist. Wir müssen lernen, die darinliegende Kraft anzuwenden! Es erhöht nicht etwa unseren Wert als Mensch; es erhöht aber wohl unsere Möglichkeiten, Verantwortung für uns selbst und andere zu übernehmen.

Es gibt heute in der Welt viel zu viele Vorurteile und Schuldgefühle, die mit Geld zu tun haben. Wer nichts besitzt, beneidet die, die haben, bemüht sich aber verzweifelt, ebensoviel zu bekommen. Geld ist eine Lektion über die Chance der Fülle und deren Beziehung zur Anwendung von Macht und Kreativität. Es gibt einen »Sinn« für Geld, der eingesetzt werden kann, um Geld anzuziehen. Oft machen wir Witze über jemanden, der Geld »riechen« kann, der eine echte Nase für Geld hat. Das ist absolut richtig, weil jeder von uns Gefühle und Empfindungen kennt, die mit der Gelderfahrung einhergehen.

Erfolgreiche Geschäftsleute geben zu, daß sie ihre Intuition einsetzen, um Einsichten und Angaben zu erhalten. Wir müssen aber ganz klar unterscheiden, was zu uns gehört, anstatt das zu verteidigen, was unsere Leidenschaft uns als absolut notwendig einreden will. Der Hang zur Habgier unterbricht das zarte Gleichgewicht des Gebens, das Schlüssel zum Energiefluß ist. Sind wir im Nehmenzyklus steckengeblieben, schaffen wir uns schließlich einen Sog, bei dem die Energie von uns wegfließt; das wird uns letztlich mehr kosten als ein bißchen Kompromißbereitschaft oder Großzügigkeit.

Könnten Arbeitgeber in die karmischen Pläne ihrer Arbeitnehmer bezüglich »Geld« Einblick nehmen, wären sie sehr viel erfolgreicher bei der Auswahl von »Gewinnern«. Wenn man jemanden im Büro oder in der Firma hat, der im Unterbewußtsein die Prägung in sich trägt, er verdiene keinen Überfluß, dann wird dieser Angestellte wahrscheinlich sogar möglichen Gewinn sabotieren. Wir können lernen, diese Energien zu erkennen, indem wir unter dem Furnier in der Tiefe den Emotionalkörper ausloten, um herauszufinden, was für Energien dort lauern. Es gibt mehrere Energiemuster, die Probleme verursachen: Da ist einmal die Person, die immer aufbegehrt gegen die Zielsetzung, was immer sie sein mag. Dieser Mensch sieht die Welt als persönliche Auseinandersetzung mit seinem Ego.

Er kreiert beständig eine unmögliche Gralssuche, bei der er immer der gute Ritter ist, der unüberwindliche Hindernisse bekämpfen muß, um den Feind zu besiegen – im Geschäft kann dies ein Kunde oder sogar seine eigene Firma sein. Er zieht die anderen heran zu einem ganzen Roman nie endender Verhandlungen, die allzu oft trotz seiner tapferen Bemühungen erfolglos verlaufen. Er gibt sich große Mühe, arbeitet hart, so daß alle sich dazu verleiten lassen, seine Anstrengungen zu loben, statt klar festzustellen, daß er es wieder nicht geschafft hat. Das ist der typische Don Quijote, der ewig gegen Windmühlen kämpft. Rund um die Welt gibt es solche Leute, die in ihren diversen Tätigkeiten untergehen und als vertrauenswürdig, unermüdlich und ewig treu gelten. Sie sind immer emsig beschäftigt, gefolgt von Entschuldigungen, weshalb es wieder nicht geklappt hat!

Eine gefährlichere Variante davon ist das edle »Opfer«, das immer wieder die Bosheit des Verrats erleidet. Es ist außerordentlich wichtig, den Opferton in der Stimme eines potentiellen Partners oder Kollegen rechtzeitig zu bemerken. Wir können uns darin üben, zu erkennen, was uns die Stimme eines Menschen über seine Einstellung sich selbst und der Welt gegenüber erzählt.

Meditiere einmal zu diesem Thema und mache einen Versuch, die Untertöne der Stimmen um dich her genau wahrzunehmen! Achte genau auf die Kadenz der Menschen, die du als kraftvoll empfindest; dann beachte die

Stimmen derer, denen du mißtraust oder die immer kämpfen müssen. Wir alle besitzen ein intuitiv angeborenes Talent für diese Dinge; bereits als offene und noch sehr sensible Kinder haben wir gelernt, die Sicherheit am Klang der Stimme zu erkennen.

Die Geschäftswelt ist wahrlich ein echtes Spiegelbild des Lebens! Um gesund oder erfolgreich zu sein, darf der Energiefluß durch nichts blockiert werden. Bewegung, Geschwindigkeit, Frequenz und Pause sind die Gestalter von Qualität. Wir müssen intuitiv den richtigen Moment erkennen, wann wir etwas tun und wann wir innehalten sollen. Die richtige Wahl ergibt sich nicht nur aus der linearen Bewertung, sondern aus einer tiefen Beziehung, der Bindung zwischen Bewußtsein und Ziel. Durch die Aktivierung unserer mehr als siebzig Sinne wird das jeweilige Projekt im großen Zusammenhang ausgeleuchtet. Keine unserer Handlungen ist einseitig, flach oder nebensächlich! Es gibt unendlich viele Verästelungen, eine Matrix, eine Fluktuation der beteiligten Leute. Ein erfolgreicher Mensch muß imstande sein, in diese »schwangere Gebärmutter« Einlaß zu finden und die im Entstehen begriffene Körperschaft zu erkennen.

Dazu sind auf jeden Fall Innehalten, Kontemplation und Empfänglichkeit notwendig. Ein erfolgreicher Mensch sollte sein Leben immer genügend im Griff haben, um sich Zeit zu nehmen und auf die innere Stimme des Höheren Selbst hören zu können. Ohne dieses meditative Wachsein wird das lebenswichtige Hologramm schnell verdunkelt. Die Zeit zur Überprüfung des Hologramms wird nicht von außen gestattet. Wo immer wir uns auch aufhalten, überall können wir uns Raum schaffen für derartige Erkundungen – ebenso mitten im Sitzungszimmer wie in einem Stau auf der

Autobahn. Wir haben das Bewußtsein; wir können es nach Wunsch einsetzen.

Die nächste Bitte an das Höhere Selbst lautet: »Zeig mir den Weg zu den richtigen Umständen!« Die Antwort kommt oft in außerordentlicher, ja geradezu magischer Synchronizität und öffnet uns den Weg. Vielleicht finden wir plötzlich *das* Buch, haben auf einmal eine brillante Idee, oder jemand gibt uns einen phantastischen Ratschlag. Dies bringt uns die faszinierende Klarheit der »späten Einsicht«, in der wir mit einem Mal die versteckten Elemente erkennen, die hinter den Kulissen gewirkt haben. Um diese Klarheit zu erreichen, müssen wir jedoch das geistige Gesetz der inneren Distanz mit großer Disziplin anwenden.

Innere Distanz bedeutet keineswegs Untätigkeit. Sie beinhaltet im Gegenteil die Fähigkeit, das Hologramm zu sehen und aus der Quelle der Einsicht heraus zu agieren oder zu warten, bis die Einzelheiten sich richtig zusammengefügt haben. Manchmal erkennen wir nicht ohne weiteres, ob wir manipulieren oder geschehen lassen. Es ist wichtig, unsere Absicht auf das Ziel zu richten und das *Höhere Selbst* die Synergie erzeugen lassen, die das dann verwirklicht. Das einzige, was wir dabei tun können, ist, genau auf die subtilen Anzeichen zu achten, die den Weg weisen. Wir müssen sämtliche Fähigkeiten einsetzen, um es hervorzubringen; erst dann kann es geschehen – vorher nicht.

Es ist eine schwerwiegende Fehlinterpretation dessen, was Karma bedeutet, wenn wir glauben, wir könnten etwas erzwingen, die Realität täuschen oder manövrieren, um das zu erreichen, was wir wollen. Das Vergnügen ist kurz, die Nachwirkung letztlich überwältigend! Obschon in der Geschäftswelt viele ihr Vergnügen am Spiel mit Zwang und

Herrschsucht finden, führt zuviel Yang-Energie meist zu Einsamkeit und schmerzlicher Leere. Um zu herrschen, muß man trennen und abschotten; legt man jedoch Teile seiner selbst unter Verschluß, wird das Leben sehr beschränkt und schließlich schal.

Yin-Energie weiß, daß sie warten kann und nichts zu zerstören braucht, was ihr im Wege steht. Die holografische Perspektive sieht alle potentiellen Energien, die wir ins Spiel bringen können. Die Zukunft wird immer vom jetzigen Augenblick genährt. Obschon wir vorübergehend vielleicht gegen eine Wand anrennen, ist es äußerst wichtig, mit unserem Höheren Selbst zu arbeiten und das *Gefühl des Erfolgs* zu haben, damit es sich verwirklichen kann – auch wenn der Erfolg sich vielleicht in einer Form einstellt, die wir uns nie vorgestellt haben. Das gegenwärtige Auf und Ab sind Geburt und Tod des karmischen Prozesses. Wir alle können lernen, unsere Energie jenseits der Falle hinzuprojizieren.

Vielleicht hast du bei deiner Arbeit ein Problem und glaubst, du könntest damit nicht fertigwerden. Du sagst: »Ich kann diese Person nicht dazu bringen, zu tun, was ich will«; oder: »Ich schaffe es nicht, daß dieses Projekt vorankommt«. Übe nun, dein Bewußtsein darüber hinausblicken zu lassen, bis zu einem Zeitpunkt, da du das Problem gelöst hast. Es ist interessant zu sehen, daß du es vielleicht schon gelöst hast, indem du dich davon abwendest oder es losläßt.

Bei unserer Arbeit am *Light Institute* zwingen wir den Emotionalkörper nie zu etwas, wenn er findet, er sei blokkiert. Wir verlassen den Punkt des Widerstands und erforschen etwas anderes. Wenn der Emotionalkörper sagt: »Ich kann das nicht«, lenken wir ihn ab, so wie man es mit einem Zweijährigen tut. »Komm einmal hier herüber und schau dir das an!« Sobald der Emotionalkörper sich abwendet und sich auf etwas anderes konzentriert, fällt die Wand in sich zusammen. Vielleicht hat der Emotionalkörper erwartet, der Quälgeist sein zu müssen, und konnte das nicht ertragen; deshalb hatte er blockiert. Wir erforschen die andere Seite des Hologramms, und er sagt dann: »Gott sei Dank, ich bin das Opfer! Nun, es war sowieso nicht meine Schuld.«

Wenn man will, kann man gerne das Opfer sein, denn sobald man das Opfer entrollt hat, gelangt man direkt zurück zum Täter; beide Seiten sind untrennbar miteinander verbunden. Sie tanzen zusammen. Der weibliche Weg macht die Orchestrierung möglich. Das Weibliche weiß, daß man nicht jede Schlacht zu gewinnen braucht, weil man den Krieg sowieso gewinnen wird; vielleicht aber ist es nicht am zweckmäßigsten, es jetzt schon zu tun. Zweckmäßigkeit ist entscheidend für den geschäftlichen Erfolg, denn jede ausgegebene Energie beeinträchtigt die Eingabe. Aber Zweckmäßigkeit kann wohl ein Talent der Intuition sein, die spürt, *wann* etwas zweckdienlich ist.

Man will zum Beispiel in einem Geschäft etwas Neues schaffen. Man lasse sein Höheres Selbst Unternehmer spielen, indem man sein Bewußtsein auf das »Gefühl« der wunderbaren Bewußtheit einstimmt, die eintritt, sobald man die Vision hat. Die Großartigkeit einer solchen Vision ergibt sich nie aus linearen Methoden, sondern immer nur aus dem holografischen Zusammenspiel. Unsere jetzigen Planungsgewohnheiten sind viel zu langsam für die Energien, die heute die Welt bewegen.

Wir müssen lernen, die Energien so zu fokussieren, daß sie *direkt* bewirken, was uns das Höhere Selbst zeigt. »Wie soll ich das tun, Höheres Selbst?« Dann beginnen die Funken aufzuleuchten, und das Höhere Selbst antwortet beispielsweise: »Fokussiere auf diese Person!« Plötzlich entdecken wir: Diese Person ist eine Schlüsselfigur. Wir nehmen die Erkenntnis erst wahr, wenn wir das Hologramm öffnen und auf unsere Intuition hören: »Ja, das ist die richtige Richtung!« Unser Höheres Selbst weiß, daß die Energieströme bereits die »wahrscheinliche Wirklichkeit« in diese Richtung beeinflussen.

Beginnen wir mit dem kleinen Raum, dann wird uns plötzlich alles verfügbar, denn wir haben den ersten Schritt getan und fühlen uns rundum zufrieden. Und je erfüllter wir sind, um so mehr können wir riskieren. Je mehr wir aber riskieren, um so mehr tragen wir bei. Und je mehr wir beitragen, um so mehr verwirklichen wir die Aufgabe unserer Seele im Alltag.

Es ist wichtig, sich bei der Arbeit so zu engagieren, daß man sichtbar wird. Beobachte einmal die Haltung von Generaldirektoren und erfolgreichen Geschäftsführern! Wir können die Aura von Verantwortung um sie herum geradezu körperlich spüren. Tatsächlich hat das nichts mit ihren Fähigkeiten zu tun; es zeigt vielmehr, daß sie ihre Verantwortung angenommen haben.

Viel zu oft lassen wir uns nämlich von der Bürde der Verantwortung gefangennehmen statt von der Begeisterung, das Schiff zu steuern, oder der Freude am Risiko des Unternehmertums. Die Zügel zu führen und Verantwortung zu tragen, kann beglückend sein, wenn wir unser Bewußtsein auf die Herausforderung konzentriert halten.

Führernaturen besitzen eine Haltung, die anderen ihre Bereitschaft, hervorzutreten, kundtut. Eine gewünschte Stelle oder einen Vertrag zu erhalten, hat mindestens so viel mit dem Einsatz an Energie zu tun, den man dafür erbringt, wie mit den eigentlichen, stichhaltigen Argumenten, die man dafür angeben kann.

In einer derartigen Führungsposition können wir das Bewußtsein anderer Menschen stimulieren und wecken, so daß sie dann eher bereit sind, etwas zu riskieren, um das Bestmögliche zu erreichen. Es liegt an *uns*, die notwendige Energie beizubringen! Führerpersönlichkeiten sind nichts als Lehrer, die als Vorbild für das Vorgehen dienen und anderen ermöglichen, sich selbst zu entdecken.

Produktivität ist untrennbar mit dem Wert verbunden, den jeder seinem eigenen Beitrag zum Ganzen zumißt. Dieses Ziel des Beitragens ist der Kern der *Nizhoni-Schule für globales Bewußtsein.* Wenn man die Menschen lehrt, sich selbst zu schätzen, ist es eine Freude, ihren Fortschritt zu beobachten. Sie werden Entscheidungen fällen, die risikofreudiger, aufregender, abenteuerlicher und bereichernd sind.

Ein guter, bewußter Lehrer oder Vorgesetzter konzentriert seinen Blick darauf, offener Kanal für die Wahrheit zu werden. Zudem kommt die Orchestrierung ins Spiel. Wenn er erkennt, was es mit den Schülern oder Mitarbeitern auf sich hat, versucht er nicht mehr, sie zu einem Ziel zu führen, zu dem sie nicht gelangen können; vielmehr führt er sie dorthin, wohin sie es schaffen – und das ist oft viel weiter, als sie zunächst geglaubt haben.

Mittlerweile hat auch die Geschäftswelt entdeckt, wie wertvoll Kurse zur Selbsterforschung sind, da Selbsterkenntnis das ganze Arbeitsumfeld vollständig ändern und ins Positive wandeln kann. Es ist wichtig, daß sich die Leute klar werden, *wer* sie sind und *was* ihre persönlichen und kollektiven Zielsetzungen sind, damit sie verstehen, daß sie weiter kommen, wenn sie einander helfen. Allzu viele Leute beschäftigen sich mit langweiliger, sinnloser Arbeit, die sie abstumpft und nur noch auf halben Touren funktionieren läßt. Wenn man ihnen hilft, in ihrer Arbeit einen Sinn oder eine Aufgabe zu sehen, werden sie sehr viel produktiver. Sinnfindung im Arbeitsprozeß wird immer mit einem Zugehörigkeitsgefühl zusammenhängen, mit dem Wissen, zu etwas aktiv beizutragen. Schon in nicht allzu ferner Zukunft werden clevere Unternehmen Programme einführen, die den bislang hypnotisch langweiligen Arbeitsablauf unterbrechen. Es wird nicht nur Pausen für Körperübungen oder andere gesundheitsorientierte Betätigungen geben, sondern planmäßig Gelegenheiten zur Kontemplation oder zur Anregung des erfinderischen Geistes.

Alle erfolgreichen Geschäftsleute identifizieren sich mit den Energieströmen, die ihnen Hinweise für ihre besten Entscheidungen geben. Durch das Bewußtsein der mehr als siebzig Sinne kann das jeder von uns!

Stichwort Synchronizität

Während neun Zehntel der Zeit schweben großartige, wunderbare mögliche Wirklichkeiten an uns vorbei, und wir sind zu abgestumpft und zu blind, sie zu sehen. Wir machen keinen Gebrauch von den unendlichen Möglichkeiten um uns herum, und so verurteilen wir uns selbst oft zu einem mittelmäßigen, langweiligen Leben. Wir haben das amüsante Spiel mit Nuancen vergessen, das uns in der Kindheit Stichworte gab, die wir befolgten. Synchronizität zeigt uns den Weg und gibt uns den Trost, von einer Höchsten Intelligenz geführt zu werden. Wir leben in einem Meer von Energie, dessen Gezeiten die Quelle des Lebens in sich tragen. Wenn uns die Ordnung der Bewegung bewußt wird, können wir die Wellen reiten, die zu einem bestimmten Zeitpunkt ans Ufer schlagen.

Was wir Zufall nennen, ist in Wahrheit das Spiel des

Höheren Selbst, das uns in seiner eigenen, unaufdringlichen Weise führt. Es gibt uns Stichworte und Winke, die wie Signalflaggen oder Vorzeichen die Richtung der Energie anzeigen. Synchronizität ist der Donnerschlag, der unseren Verstand wachrüttelt. Wer sich darauf einstimmt, weiß sofort, was auf ihn selbst Bezug hat. Das Höhere Selbst sagt uns in knappen, fast stenographischen Hinweisen, nicht in langen Exkursen, was wir tun sollen. Es führt uns nicht an der Hand, sondern gibt Winke, die wir entziffern müssen, um die Wahrheit zu erkennen.

Viele Menschen um uns herum geben uns laufend Hinweise über ihre Gefühle uns und unseren Projekten gegenüber. Wie oft sagen wir: »Ich wußte, daß dies geschehen würde!« Wir wußten es aufgrund zahlloser Fingerzeige wie Stimmlage, Körpersprache, Energien, die um jede Person oder jedes Ereignis flossen.

Wer ein risikoreiches Geschäft eingehen will, sollte sich der Energien bewußt sein, die er beim Prüfen des Einsatzes wahrnimmt. Stellt sich ein Gefühl der Beschwingtheit, ein heller, warmer Schein der Zufriedenheit ein? Vielleicht bemerkt er sogar Veränderungen in der Luft oder sieht beim Überdenken des Planes einen Vogel in den Himmel emporfliegen. Was er spontan und gleichzeitig mit der Idee sieht, hört oder fühlt, was den Raum zusammen mit der Idee einnimmt, ist über eine große kosmische Matrix verbunden, in der der Geist Materie schafft.

Um diese brillante Idee zu haben oder das Hologramm zu sehen, damit man sich auf eine Ebene erleuchteter Manifestation begeben kann, müssen wir nur tun, was schon vor Tausenden von Jahren getan wurde: Wir müssen die weiblichen Frequenzen anpeilen, um die wesentlichen Kräfte wahrzunehmen, die uns Wissen offenbaren.

Versuche einmal, in Gedanken eine Idee festzuhalten und gleichzeitig zu erkennen, was du darum herum spürst! Wenn beim Denken einer Idee beispielsweise ein leichter Wind aufkommt, ist dies ein Wink des Höheren Selbst, der besagt: »Ja, doch, genau, tu das!« Es ist die uralte Sprache der Energie, die den »Sehern« seit Äonen Hilfe bot. Sie funktioniert auch heute noch, und wir müssen uns auch nicht vollständig von der Welt zurückziehen, um sie zu erlernen. Da unsere Vorfahren sie bereits kannten und aktiv praktizierten, ist uns dieses Geschenk durch die Gesamtheit unseres genetischen Erbes weitergegeben.

Man muß nur lange genug still sein, um die Winke auch zu erkennen. Stichworte sind überall vorhanden, wo immer wir uns auch befinden mögen. Es gilt für das Geschäft; es gilt auch für den Körper. Wir müssen nur unsere Sensibilität anregen – die Yin-Beziehung mit allem um uns herum.

Beziehung

Der Bereich unserer Beziehungen bedarf wohl am meisten der Wandlung und Transzendenz in unserem Leben. Die Schwierigkeiten bei der Vermengung unserer verschiedenen Alltagswirklichkeiten verursachen oftmals unermeßliche Spannungen und hindern unseren Einsatz und das Potential zur Klarheit.

Kommen und Gehen belegt einen Großteil unserer Beziehungen, und damit geht unsere Angst einher, wie es denn mit zukünftigen Verbindungen stehen mag. Wenn unser Emotionalkörper durch diese Unsicherheit voller Sorge ist, wird es schwierig, unseren Verstand so zu trainieren, daß er immer positiv denkt. Das unaufhörliche Geplapper des Emotionalkörpers über Auserwähltsein oder die Anstrengung, Schmerz zu verhindern, steuert uns immer mehr auf die Schattenseite des Selbst. Tatsächlich geben wir in keinem anderen Lebensbereich so viel von unserem Selbst auf wie aufgrund unseres Hungers nach Liebe oder Anerkennung.

Heute scheitern viele Ehen daran, daß wir nicht gelernt haben, Beziehungen aufrechtzuerhalten, ohne uns dauernd körperlich zu berühren. Es ist unglaublich schwierig, eins zu werden, wenn unsere ganze Identität auf dem Erfolg basiert, den wir bei unserer Haupttätigkeit während des größten Teils unseres Wachseins erringen.

Wir können das Bewußtsein darin üben, die Ängste des Emotionalkörpers loszulassen, indem wir die Fähigkeit entwickeln, mit den uns nahestehenden Menschen psychisch Kontakt aufzunehmen. Vielleicht sitzen wir den ganzen Tag im Büro, möchten aber noch die herrlichen Gefühle spüren, die wir mit unserem Gefährten teilten. Wir können jederzeit den Zirbeldrüsenkanal öffnen und wahrnehmen, was unser Partner gerade tut oder fühlt. Dann schicken wir ihm mit einem Farbstrahl eine kleine Botschaft und spüren, wie sie empfangen wird. Das wirkt anregend; es schafft eine spielerische Komponente, die das Empfinden des Verbundenseins verstärkt. Treffen wir dann später den Geliebten wieder, haben wir bereits eine Energieladung vorbereitet, die es uns leicht macht, den Gang zu wechseln und den letzten Rest an Bürogeplätscher aufzulösen, um vollständig *da* zu sein.

Das Problem, daß viele von uns das Büro mit nach Hause tragen, ist eine echte Gefahr für Beziehungen. Es kommt zu einer Spätwirkung, da wir noch mit arbeitsbezogenen Themen beschäftigt und nicht imstande sind, den Ereignissen zu Hause gebührende Bedeutung beizumessen. Dadurch fühlen sich die Familienmitglieder herabgesetzt und außer Reichweite; Streit und Unfriede entstehen.

Alle diese Possen schwächen unser Energiesystem nachhaltig. Wenn wir bei der Arbeit über die Beziehung tagträumen und nachts die Ereignisse des Tages wiederkäuen, hat die Gegenwart keinen Raum. Es ist ein großer Unterschied, ob man tagträumt oder Energie übermittelt! Tagträumen ist eine Vermeidungstechnik, die uns gestattet, einer wünschenswerten Wirklichkeit nachzusinnen. Eine bewußte Energieübertragung ist eine Tat mit einer klaren Absicht, die den menschlichen Geist wachrüttelt mit einem friedlichen, holografischen Bewußtsein, das seinen Ursprung in den weiblichen Frequenzen hat. Es ist eine bewußte Absicht, die es dem Verstand ermöglicht, sie anzunehmen, die aber nicht aus dem beschränkten Verstand stammt.

Wenn wir beginnen, uns auf die geliebten Menschen aus der Ferne einzustimmen, haben wir manchmal Störgeräusche im Kanal oder spüren vage Angstsignale. Oft sorgen wir uns, weil etwas durch Assoziationen ausgelöst wird; etwas in unserem Emotionalkörper projiziert sich auf die andern. Das sind nur Reste der Furcht, uns könnte etwas Schlimmes geschehen. Wenn wir eine besorgniserregende Botschaft erhalten, können wir ihnen die Energie senden, die sie von uns erbitten, um das zu erfahren, was sie jetzt brauchen. Mehr können wir nicht tun. Sich zu sorgen, ist nur ein Vertrag oder eine Hörigkeit, die bedeutet: »Ich muß mir Sorgen machen um dich, denn wenn du nicht in Ordnung bist, bin ich auch nicht in Ordnung.« Das ist karmische Spiegelung – nicht die echte Quelle der Beziehung.

Männer und Frauen sorgen sich dauernd darum, ob der andere sie noch liebt oder ob er oder sie möglicherweise eine(n) andere(n) anschaut. Wenn wir uns gegenseitig liebende Energie senden, werden derartige Fragen aus der Beziehung verschwinden. Sobald wir zum verschwenderisch Gebenden werden, brauchen wir uns nicht länger zu sorgen.

Wir können nicht besitzen, was uns nicht gehört! Wenn man jemanden liebt, muß man dessen Freiheit respektieren, die Erfahrungen zu machen, die er braucht. Wir müssen den andern jeden Augenblick freigeben. Wenn wir das tun und immer noch Karma zusammen haben, kommt der andere immer wieder zurück.

Wenn wir tatsächlich vorausahnen, daß etwas geschehen wird, kann es kein Zufall sein. Dann war das eine Entscheidung. Und diese Entscheidung kann jeder nur für sich selbst treffen. Unsere Aufgabe ist es, die unterstützende Energie zu senden, die der andere braucht, um zu einer Entscheidung zu gelangen. Jeder Mensch muß frei genug sein, ein Risiko einzugehen, was ihm ein Gefühl von Macht und Fülle verleiht. Wenn wir in Fülle leben, können wir sie verschenken. Und weil wir sie verschenken, sind wir frei und können einen neuen Schritt wagen.

Leider ist Geben oft vermischt mit versteckten Tagesordnungen und gemischten Nachrichten: »Ich gebe dir das, aber du mußt mir dafür etwas anderes geben.« Solang wir uns noch darauf versteifen, vom anderen etwas zurückzuerhalten, sind wir durch die schreckliche Illusion emotionaler Tiefe blockiert. Wir werden anfällig für Angst: »Wenn ich dich nicht habe, kann ich nicht überleben.« Die schwierigste Lektion ist zu verstehen, daß letztlich *niemand* dich erfüllen kann – ausgenommen dein eigenes Höheres Selbst!

Yin und Yang

Viele Frauen sind ganz besonders anfällig für die Projektion auf andere, um Erfüllung im Leben zu finden. Dies ist ein doppelschneidiges Schwert, weil sie dann glauben, ihre eigene Wirklichkeit sei nicht würdig genug. Die Routinearbeit im Haushalt steht sogar noch hinter den langweiligen Büroarbeiten zurück, weil man sie meist mit niemandem teilen kann. Frauen wollen Gesellschaft, und auch das banalste Gespräch scheint befriedigender als die Isolation.

Wenn man seine Aufmerksamkeit auf sich selbst richten kann, ist aber alles, was immer man tut, wichtig genug. Nur muß jeder für sich selbst seine Bemühungen anerkennen. Langeweile hat mit der Trennung vom Selbst zu tun. Wir langweilen uns, weil niemand etwas für uns tut, wagen uns nicht hinaus, um etwas zu tun, von dem wir glauben, wir schaffen es nicht. Dies ist übermäßige Yin-Passivität, gekoppelt mit negativen Yang-Vorurteilen!

Langeweile entsteht aus Angst. Sie kommt aus der angehaltenen Bewegung, der Trägheit – Trägheit, das Risiko des Lebens auf sich zu nehmen, weil man zu hart über sich selbst urteilt: »Wenn ich das tue, akzeptiert mich vielleicht die Außenwelt nicht mehr, also lasse ich es besser. Deshalb kann ich nichts tun.«

Deshalb sind wir oft mittelmäßig, anstatt hervorragend. So ist es auf der ganzen Welt, im Geschäft, in der Schule, in der Umwelt: Mittelmäßigkeit, die große Krankheit der Menschen!

Die Verschmelzung von Yin und Yang eröffnet ein ganz neues Potential für die Manifestation. Wissen und Tun werden eins. Bist du bereit, zu sagen: »Ich tue es«? Anstatt: »Mein Partner, mein Chef wird es tun«? Sobald wir uns gestatten, etwas zu tun oder zu sein, offenbart sich uns auch das Wie. Wenn Yin und Yang eins werden, finden sich Frage und Antwort.

Wenn wir diesen ersten Schritt tun, erwacht der Wille, und die nächste kleine Welle bildet sich. Diese Energiespiralen tragen die Flüsse der Evolution hinaus in das kosmische Meer. Plötzlich erkennen wir die Möglichkeiten, die sich aus der Wahl, in die eine oder andere Richtung zu gehen, ergeben. Es ist der Wille, sich zu engagieren, der uns verwandelt.

Die Prägung dieses Universums ist seit langem vom Männlichen bestimmt gewesen, das synonym mit Tun ist. Wir sind der Illusion erlegen, daß wir nur das sind, was wir ausdrücken. Tatsächlich tun wir aber nur, weil wir so sind. Unser Tun ist lediglich die Art, auf die wir mit unserem Sein spielen.

In der westlichen Welt sind wir festgefahren in der Ansicht, das Tun entscheide. Statt das Tun nur als Teil des Spiels einzusetzen, haben wir dessen Spielgefährten, das Wissen, verloren. Es ist, als ob wir uns in der einen Seite der Gleichung verheddert hätten. Wenn wir uns nur an dieses kindliche »Ich werd's versuchen« erinnern könnten! Weisheit geht aus Erfahrung hervor. Wissensenergie tritt auf und nimmt das Leben in Anspruch, und so beginnt der Fortschritt. Sie muß Form annehmen, um den Funken zu zünden, der Ursache und Wirkung hervorbringt – Puls des Lebens.

Sorge dich nicht, wenn du einen Fehler machst, denn dein »Fehler« wird die nächste Welle erzeugen! Wir können nur durch Bewegung ans Ziel kommen oder Erfolg haben. Wir müssen einen Schritt tun – egal in welche Richtung. Vielleicht glauben wir, den falschen Menschen für eine Beziehung gewählt zu haben. Doch Fehler gibt es nicht. Indem wir einem Menschen näherkommen, bewegt uns unser emotionales Karma. Wir erkennen, was wir wollen oder nicht wollen oder ertappen uns dabei, das gleiche Verhaltensmuster immer zu wiederholen. Keine Angst: Wir können durch diesen Lernprozeß keinen Schaden leiden, wir können nur erleuchtet werden!

Werden wir bewußter, ändert sich der Charakter der Dinge, die wir manifestieren. So wird die äußere Wirklichkeit geschaffen, die der inneren Wahrheit entspricht. Obschon sie gegenseitig voneinander abhängig sind, bestimmt die nach innen gerichtete Yin-Kraft die Ladung für die äußere Bewegung. Es ist das Yin, das vom Gewicht der statischen Existenz niedergedrückt wird und durch den Ausdruck im Yang zu wachsen sucht.

Die Suche außerhalb ist ein Yang-Konzept. »Es erfüllt mich nicht!« ist eine Klage, die in allen Heimen der Nation gehört wird. Es erfüllt die Frau nicht, weil sie danach schreit, von der Welt anerkannt zu werden. Es schmerzt, wenn sie der Yang-Manifestation in die Falle geht und bewertet und urteilt: »Wie viele Dinge habe ich heute erfolgreich erledigt?« Wirklich wichtig ist aber die Anmut, mit der wir Erfolg hatten! Wenn wir uns mit Integrität ausdrükken, ist *jedes* Streben aufgrund der Absicht erfolgreich. Erreichen wir andererseits Dinge, indem wir andere manipulieren, wird der Glanz des Augenblicks bald getrübt, weil sie uns meiden.

Es ist schwer, sich ehrlich seine Manipulation einzugestehen! Deshalb werden wir zornig, wenn uns jemand sagt, wir manipulierten. Wir hassen es, wenn andere sehen, was wir vor uns selbst verbergen. Manchmal sind wir versucht, vorzugeben, die Anweisung komme vom Höheren Selbst, wenn sie in Wahrheit von unserem Emotionalkörper ausgeht.

Verspüren wir im Sonnengeflecht einen kleinen Stoß, weil wir etwas auf eine bestimmte Art durchsetzen wollen, gibt uns der Körper einen Hinweis auf die emotionale Quelle. Unsere Versessenheit darauf ist bezeichnend für den Emotionalkörper. Verhaftetsein ist eine körperliche Empfindung. Sie fühlt sich an wie eine bindende Kraft, die eine räumliche Beziehung erzwingt, der wir vielleicht widerstehen möchten. Die verzweifelte Hoffnung, wir könnten dies irgendwie unter die Kontrolle des Willens bringen, ist eine reine Illusion.

Der kosmische Witz ist, daß wir nur Kontrolle über Dinge haben, die unser Karma geschaffen hat. Jeder Umstand, den wir mit dem Willen schaffen, ist ein Lehrer. Lernen ist nichts Gefährliches, weil wir unberührbar sind. Wir ändern uns dauernd, deshalb brauchen wir niemanden mit unserem Willen zu zwingen. Kontrolle hat immer mit Furcht zu tun; sie erstickt jede Spontaneität, bis wir unbeweglich geworden sind und sterben.

Sagt unser Emotionalkörper, er brauche eine Partnerschaft, wolle aber die Kontrolle darüber haben, dann wird diese Beziehung derart limitiert sein, daß wir uns nicht leisten können, sie einzugehen, denn wir würden Gefahr dabei laufen, im Gefängnis der Einsamkeit entsetzlich zu leiden. Es besteht ein großer Unterschied zwischen Bedürfnis und freier Wahl. Wir können etwas wählen, ohne unbedingt zu wollen, daß es genau so und nur so sei. Wir können etwas wählen, weil es uns etwas lehren kann; dabei übernehmen wir Verantwortung und lassen dem Verlauf freie Bahn, denn es geht in Ordnung, wie immer es auch enden mag. Eine Wahl zu treffen bedeutet, Verantwortung zu übernehmen; dies kann uns nie in die Rolle des Opfers führen.

Sehnsucht kann durch spirituelle Energie gestillt werden, indem die Seele in jeder Erfahrung Sinn und Aufgabe erkennt, die sie erfüllt, und die Illusion des Getrenntseins und des Bedürfens auflöst. Öffnen wir unser Bewußtsein dem Hologramm, wird uns die grenzenlose Kraft genügend nähren, und wir vergessen die Krallen unserer Bedürfnisse.

Wann immer du nach Liebe hungerst, halte einen Moment inne und frage deinen Körper, wie es sich anfühlt, geliebt zu werden. Der Körper hat Hunderte von Prägungen des Liebesempfindens gespeichert. Wenn wir beginnen, die Empfindungen des Geliebtwerdens hervorzubringen, brauchen wir keinen Partner. Wenn wir keinen Partner brauchen, dann finden wir ihn.

7
Der multiinkarnierte Mann

Es gibt viele Theorien über Bewußtsein und Einflußbereiche, unter anderen die morphische Resonanz, die Reinkarnationslehre, die Theorie des kollektiven Unbewußten, die alle ein gemeinsames Erfahrungsreservoir oder Erkennen gleicher Erlebnisse beschreiben, die weit den Bezugsrahmen des einzelnen Körpers überschreiten. Alle diese Ansichten und Denkmodelle beinhalten die Ausdehnung des Zeitfaktors, der der Erfahrung gestattet, sich aus einer illusorischen zeitlichen Tretmühle zu lösen und frei umherzustreifen, um das zu suchen, was die Seele braucht.

Die therapeutische Arbeit quer durch viele Inkarnationen ist eine große Hilfe, um diese Erfahrungen bewußt zu machen; sie hilft uns zu erkennen, weshalb wir so sind, wie wir eben jetzt sind, und leitet uns an, Erlebnisse oder Schlußfolgerungen des Emotionalkörpers freizugeben, die auf uns zerstörerisch wirken. Es gibt so viele Assoziationen, die nicht aus unserem eigenen jetzigen Körper zu stammen scheinen, die wir vielleicht aus unserer gegenwärtigen Perspektive als unsere Erfahrung betrachten könnten, die aber dennoch Teil unerklärlicher Erlebnisse bilden, bei denen wir Dinge erkennen und den Eindruck des »déjà vu« haben.

Diese Erinnerungen verursachen oft Verwirrung in uns, wenn sie in unsere jetzigen Erfahrungen einsickern und wir sie nicht bewußt ins Gedächtnis bringen oder in einen bekannten Zusammenhang integrieren können.

Wir lassen uns durch die Vermischung genetischen Materials seitens unserer Eltern täuschen. Auf der Ebene der Chromosomen verschmelzen diese Energien von der weiblichen und der männlichen Seite, die Bezugspunkte zu Eigenschaften beider physiologischen Systeme bieten. Wir sind uns dieses Erbgutes nicht voll bewußt, und doch beeinflußt es unser Leben – wie subtil auch immer. Unser Empfinden einer persönlichen Beziehung zur leiblichen Mutter, zum leiblichen Vater scheint über eine einfache Vererbung hinauszugehen. Der Körper und seine Trillionen von Zellen tragen Erfahrungsprotokolle in sich, die eng mit der Polarität unseres jetzigen Körpers verbunden sind, die aber nicht nur von den Eltern an uns weitergegeben werden, sondern die unsere ureigensten Erfahrungen sind.

Am *Light Institute* befassen wir uns nie damit, ob jemand an die mehrfachen Inkarnationen glaubt oder nicht; uns interessiert vielmehr, was sein Leib ihm auszudrücken vermag. Viele Menschen wachsen auf mit tiefen, ungelösten Konflikten in ihrem Körper, weil er sich so benimmt, wie ihrer Ansicht nach nur das entgegengesetzte Geschlecht sich verhalten darf. *Die Erkenntnis, daß wir in vielen Körpern gelebt haben, sowohl in männlichen als auch weiblichen, erklärt ein gut Teil der Verwirrung, die viele Männer und Frauen über den physischen oder sexuellen Ausdruck ihrer Körper haben.*

In der heutigen Welt sorgen sich sowohl Frauen als Männer zu sehr um ihr körperliches Aussehen. Letztlich ist es eine

Katastrophe, das Selbst durch Attraktivität oder körperliche Leistungen zu definieren, denn eines Tages welkt dieser Körper und läßt uns hilflos mit den Unsicherheiten des Alters zurück. Die emotionale Krankengeschichte des »männlichen Klimakteriums« ist mittlerweile weltweit belegt. Der eine fürchtet, seine Körperkräfte könnten ihn im Stich lassen und beginnt deshalb das Spiel von Lockvogel und Versteck. Der Vierzigjährige sucht dann nach etwas, das ihm seinen vermutlichen Verlust ersetzen kann, und betont daher sein Ego mit vermeintlichen Wertattributen: eine neue Stelle, eine neue Frau, einen verjüngten, durchtrainierten Körper. Obschon körperliche Betätigung für die Erneuerung des Körpers entscheidend ist, beruht die übertriebene Anstrengung vieler Männer auf ihrer Besorgnis um ihre Männlichkeit – nicht so sehr auf den echten Bedürfnissen ihres Körpers.

Projektion auf die Frau

Hoffentlich lernen wir sehr bald, das große Geschenk des Körpers – das Leben – zu ehren und sein männlich/weibliches Duett mit etwas mehr Charme zu akzeptieren! Viele, sehr viele Männer empfinden tiefe Angst gegenüber der weiblichen Energie in ihren Körpern. Sie tragen weibliche Empfindungen mit sich herum, die sich danach sehnen, sich auszudrücken. Leider veranlaßt dieses weibliche Verlangen die Männer oft, sehr stark auf die Frauen zu projizieren, weil die Innere Frau in ihnen so sehr nach Leben hungert. Der Mann identifiziert sich dann unbewußt mit allen Frauen in seiner Existenz und sucht die Erfahrung seiner Weiblichkeit durch sie zu erleben. Im Bestreben, die Frau in sich zu finden, verwickelt er sich emotional mit der Frau außerhalb.

Viele Männer beginnen aber heute ganz reaktionär auf die ständige Emanzipationsforderung um sie herum zu reagieren: Gleichheit am Arbeitsplatz, Partnerschaft zu Hause, dauernde Forderungen nach Kommunikation und Unterstützung. Nachdem sie generationenlang unter dem Imagedruck als starker, unbezwingbarer Beschützer gelebt haben, der sich um alles gekümmert hat, fordern die Frauen nun die Wandlung zum sensiblen Mann von ihnen, der sie zumindest einen Teil ihrer Kraft ausdrücken läßt. Leider sind sich auch viele Frauen selbst nicht im klaren darüber, wie denn der neue Mann aussehen und sich anfühlen soll. Noch immer hängen sie an der Zusicherung, er solle nicht zu schwach für sie sein. Die Folge davon sind sehr gemischte Botschaften; Verwirrung und Angst sind mit der Definition von »Männlichkeit« vermengt.

Die Antwort liegt darin, das mehrdimensionale Selbst zu erkennen, das bewußt jeden Aspekt eines ausgedehnten Repertoires einsetzen und auf die Beziehung aus der echten Mitte heraus antworten kann. Vertraue dir selbst! Du bist all das, was du zu sein brauchst, und die Person, die du zu deinem Gegenüber wählst, lehrt dich, exakt die Züge an dir auszubilden, die dir entsprechen.

Es ist zu einfach, alles auf die Frau zu projizieren und zu glauben, sie erwarte etwas, von dem man nicht einmal sicher ist, es zu haben! Der Mann empfindet dann Zorn und Angst, besonders wenn er nach der Frau in sich sucht. Tatsache ist, daß Frauen von einer Beziehung genau das gleiche erwarten wie Männer: Liebe, Unterstützung, Bestätigung, Schutz, Heimat.

Ich bin oftmals fasziniert, wenn ich beobachte, wie viele Beziehungen gut funktionieren, in denen die Frau die männliche Rolle übernimmt und der Mann die Tiefe seiner schöpferischen Kraft auslotet. Wichtig ist dabei, nur sein eigenes, wahres Selbst zu verfolgen, statt sich hinter einer Maske oder Fassade des »echten Mannes« zu verschanzen.

Die Kehrseite des Zusammenlebens in einer Gruppe ist, daß man dauernd bemüht ist, herauszufinden, was andere von uns halten, oder zu versuchen, deren Vorstellungen von uns zu entsprechen. Viel zu viele Männer und Frauen verschwenden ihre Energie auf ihre Hoffnung, von jemand anderem erwählt zu werden. Es gibt nichts Tragischeres, als wenn ein Mann für eine Frau eine bestimmte Rolle spielt, diese aber selbst nicht weiß, was für einen Mann sie eigentlich braucht, weil sie verzweifelt versucht herauszufinden, was Frausein bedeutet.

Die beste Lösung wäre, diesen Umweg links liegen zu lassen und direkt zu dem Punkt vorzudringen, an dem jeder den anderen als Seelenfreund ansieht, mit dem der Tanz wild oder langsam sein kann – ganz wie es uns gerade beliebt –, je nach der Aufgabe, die sich die Seele gerade stellt.

Kleine Jungen ahmen oft die Eigenschaften der weiblichen Ausdrucksart nach, wie sie sie an ihren Müttern, Tanten, Großmüttern und Lehrerinnen erfahren, in der Hoffnung, so einen Weg zu finden für die Energie in ihnen, die sich so angenehm, so natürlich anfühlt.

Wenn Männer zu uns ans *Light Institute* kommen, um ihre Familien zu klären, belegen Großmütter und Tanten oft einen unheimlich großen Raum an ungelösten Erfahrungen und Beziehungen, ganz einfach weil die weibliche Energie einen tiefen Einfluß auf den kleinen Jungen hat und er diese psychisch widerspiegelt. Ein Knabe spürt diese empfängliche Verbindung und telepathische Verbundenheit unter den

Frauen, die von den Männern seiner Umgebung so oft geleugnet werden. Er findet den Zugang zu seinem Vater, seinen Onkeln, den Männern in der Familie meist über Tätigkeiten. Er wird ermuntert, im Sport die Beziehung zu suchen, oder in Aktivitäten, die nach außen gerichtet sind, nicht auf den Ausdruck seiner Innenwelt. Dem kleinen Kind sind die inneren Dimensionen noch ungetrennter Teil der Wirklichkeit, obschon es nicht imstande ist, seine Sinneseindrücke der Umwelt detailliert mitzuteilen.

Es ist bezeichnend, daß kleine Jungen, wenn sie sich als Erwachsene verkleiden wollen, sehr oft die Kleider der Mutter oder Schwester anziehen, nicht die des Vaters. Vielleicht freuen sich die Kinder spontan an der auffälligen, farbenfrohen Kleidung, die Frauen eher zugestanden wird.

Die meisten Frauen sind sich der Farben bewußt, die sie wählen, und reagieren empfindsam auf sie. Sie tragen bestimmte Schnitte und Stoffe als Ausdruck ihrer Stimmung und ihrer Gefühle. Da kleine Kinder sehr empfindsam für Emotionen, Stimmungen und Gefühle sind, identifizieren sie sich oft mit diesen weiblichen Eigenschaften und drapieren deshalb gern diese Energien »stofflich« um sich herum.

Ein kleines Kind ist noch fließend, elastisch, bereit, viele verschiedene Verkleidungen des Selbst auszuprobieren, um zu spüren, wie es sich anfühlt, ein Krieger zu sein, eine Mutter zu sein, so oder so zu sein. Auch der kleine Junge fühlt sich geborgener in der fließenden Art der Frau, die wechselhafter, aber auch vielseitiger ist. Er empfindet ihre Kraft sehr tief, ist sie doch der Inbegriff der Lebensspenderin, und alle Kinder verstehen diese ihr angeborene Kraft.

Das männliche Kind hat deshalb normalerweise die Mutter als Vorbild für diese Dinge, die es am einfachsten selbst lernt, denn die Mutter zeigt ihm, daß sie seine feinen Emotionen und Gefühle erkennt. Die Welt des Kindes baut auf diesem Erkennen und diesen Fähigkeiten auf, und wenn der Vater da nicht in Erscheinung tritt oder keine derartigen Feinheiten ausdrückt – auch nicht in seinem Aurafeld –, dann pflegt das Kind sich immer stärker an der Mutter auszurichten – falls sie das zuläßt.

Manchmal gewährt die Mutter ihrem Buben aber nicht den Raum, sein seelisches und mediales Bewußtsein auf diese fließende Weise auszudrücken, weil sie fürchtet, der Vater werde dann den Jungen als zu wenig »männlich« ablehnen. Womöglich ist sie innerlich ebenso darauf eingestellt, ihren Jungen sich »männlich« gebaren zu lassen; vielleicht projiziert sie sogar ihr eigenes Bedürfnis zur Yang-Energie, außerhalb ihrer selbst eine Beziehung zu haben, auf ihren kleinen Sohn.

Vaterschaft

Die intensive kindliche Beziehung zur Mutter kann für das Ego des Vaters eine ständige Quelle des Schmerzes und der Verwirrung sein, denn sie verstärkt die Erfahrung der Distanz von anderen Menschen in seinem Leben. Kinder sind körperlich sehr empfänglich; sie können nicht ohne Umarmungen, Liebkosungen und Streicheln sein. Es ist sehr wichtig, daß Väter sich selbst gestatten, ihre Kinder zu umarmen. Dadurch werden ihre eigenen Gefühle, ihre Zärtlichkeit und Empfindsamkeit, die sie vielleicht verborgen haben, geweckt und können wieder an die Oberfläche kommen. Vatersein kann im Leben eines Mannes eine wunderbare Gelegenheit zum Lernen und zur Wandlung werden. Wenn sie in die Welt eintreten, die vordem nur Domäne der Mütter und Frauen war, sind sie imstande, neuen, lebendigen Zugang zu ihrer eigenen weiblichen Energie zu finden.

Es ist beglückend, einen Vater zu sehen, der sein Kind umhegt und seine Liebe durch körperliche Einstimmung auf sein Kind ausdrückt. Schon während der Schwangerschaft hat der Fötus Zugang zu den seelisch-emotionalen Feldern des Vaters durch die Zellen, die aus dem Spermium stammen. Das Neugeborene kennt seinen Vater ebensogut, wie es seine Mutter kennt, obwohl die Assoziation zum Vater weniger mit körperlicher Überlebensenergie behaftet ist. Oft beschreiben wir die Rolle des Vaters als die des Beschützers, obschon es tatsächlich umgekehrt ist: Die Mutter ist in Wirklichkeit die Person, die das leibliche Wohl steuert, der Vater aber hält den Zugang zu ungesehenen Welten in der Hand. Da nur wenige Männer sich dessen bewußt sind, verschließen sich die psychischen Kanäle zwischen ihnen und ihren Kindern oft schon sehr bald nach deren Geburt. Die unendliche Vielfalt von Anreizen aus der dreidimensionalen Welt zieht das Kind in unsere Welt herein, und da Väter so selten auf psychische Botschaften reagieren, hält das Kind diese Tore nur über die Mutter offen – wenn überhaupt.

Prägungen bei der Geburt

Ist ein Mann bei der Geburt dabei und wird er dadurch Teil des Gebärgeschehens, entsteht eine tiefe Bindung; dadurch können seine mütterlichen Instinkte, seine Spielformen des Mutterseins aktiviert werden. Statt diese inneren Gefühle zu bekämpfen, weil er fürchtet, sie seien für sein eigenes Bild des Mannseins unangebracht oder unzulässig, kann er nun das göttliche, überströmende Gefühl des Einsseins erleben, das den Schmerz des Nicht-Beteiligtseins heilt.

Erlebt ein kleiner Junge die Geburt eines neuen Geschwisterchens, spürt er das Mysterium, die Angst, die Ehrfurcht der Eltern und Verwandten. Er nimmt wahr, daß dies tatsächlich ein wichtiges Ereignis ist, und spürt alle Energien im Zusammenhang mit der Geburt. Das Kind erlebt, wie seine Mutter aus dieser Initiation hervorgeht; nach der Geburt wandelt sich das Selbstgefühl der Mutter zutiefst, und es geht einher mit einer psychischen Öffnung ihres feinstofflichen Körpers. Diese Öffnung dauert nach der Geburt etwa sechs Wochen lang an. Unabhängig davon, ob die Geburt leicht oder schwer vonstatten ging, kommt es zu dieser emotionalen und seelischen Erkennung des Lebensmysteriums, das so eng mit der Frau verbunden ist. Sie erkennt, daß Gebären ein großes Geheimnis, eine großartige Macht birgt, die der Frau nicht genommen werden können. Die Fähigkeit zu gebären liegt im Kern des Lebens an sich, und obschon wir diese Fähigkeit in Zukunft nicht so verschwenderisch anwenden sollten, wird sie immer mit großer Energie verbunden sein, die uns alle dauerhaft inspiriert.

Wiederfinden der Inneren Weiblichkeit

Kleine Jungen sind vom Phänomen der Geburt fasziniert, und Männer sehnen sich tief in ihrem Innern danach, Teil davon zu sein. Kann ein Mann schließlich durch die Arbeit mit seinen vielfachen Inkarnationen wieder mit dieser mystischen, magischen Seite in sich eins werden, kommt es zu einem großen Gesundungsprozeß.

Bei Sitzungen mit der Inneren Mutter haben die Männer Gelegenheit, die Geburt direkt zu erleben. Durch die Erweckung der Mutter in sich kann sich der Mann auf der Zellebene auf all die unzähligen Empfindungen der Schwangerschaft und der Geburt einstimmen; er kann die emotionalen, physischen und geistigen Veränderungen fühlen, die sich in diesem schöpferischen Prozeß abspielen. Sein Körper empfindet es als Bereicherung und Befriedigung, einen Säugling zu stillen.

Diese Sitzungen gehen mit tiefen Emotionen und oft mit Tränen einher. Nachher bleibt immer ein unvergeßlicher Ausdruck in den Augen zurück, der dieses neue Lebensbewußtsein mitteilt. Der Mann fühlt sich innerlich gut, und er eilt zu seiner Familie oder den Kollegen, um diese überschäumende Lebensfreude mit ihnen zu teilen.

Die Sitzungen mit der Inneren Frau und dem Inneren Mann bewirken eine derart tiefe Wandlung in den Menschen, die zur Arbeit ins *Light Institute* kommen, daß sogar ich oft noch staune. Für einen Mann ist es eine der umwälzendsten Erfahrungen, von innen her das zu fühlen, was eine Frau fühlt. Ein Mann, der den Liebesakt aus dem Körper der Frau heraus empfindet, wird sie künftig auf einer vollständig neuen Schwingungsebene umarmen und mit ihr verschmelzen, die ihm jetzt aus der weiblichen Perspektive und dem Bezugsrahmen der Gefühle und Empfindungen der Frau zugänglich ist. Es kommt zu einer unglaublichen Öffnung, wenn er spürt, was es bedeutet, jemand in sich eindringen zu lassen, sich einem anderen hinzugeben auf der Ebene des Körpers und des Herzens. Es gibt kein einziges Buch über sexuelle Techniken, keines über Tantra, das sich mit diesem Erlebnis des intimen Erkennens im Körper vergleichen läßt!

Wenn ein Mann sich als Frau erforscht, versteht er – vielleicht zum ersten Mal – das Potential einer Beziehung. Er weiß nun, was seine Gefährtin bei ihm sucht, und er kann es ihr geben! Er ist oft schockiert, wenn er erkennt, wie verschieden er von seiner eigenen weiblichen Seite aus erscheint. Die bilaterale Sicht ist die Vorbedingung zur Vereinigung des Männlichen und des Weiblichen in einem neuen Tanz der Beziehungen. Jedes Jahr erhalten wir am *Light Institute* viele Briefe von Frauen, die ihrer großen Verwunderung über die Wandlung ihrer Partner nach den Sitzungen mit der Inneren Frau Ausdruck verleihen. Sie erzählen von wieder erwachter und stark verbesserter Kommunikation auf der intimen und der seelischen Ebene.

Dies sind meine Lieblingssitzungen, denn sie katalysieren hochdramatische Veränderungen in den Menschen, Beziehungen und Lebensgewohnheiten. Der Mann, der sein hegendes Prinzip geweckt hat, will immer wieder damit in Berührung kommen. Er beginnt, sich der Welt mit einer Sanftheit zuzuwenden, die über die Kampfstellungen männlichen Zeremoniells hinausgeht. Er verliert die Steifheit, die so oft kennzeichnend ist für den Ausdruck der Sorge und Reserviertheit, insbesondere anderen Männern gegenüber.

Weibliche Energien im Homosexuellen

Ein Großteil des Hungers nach dem Weiblichen in den Männern stammt aus den früheren weiblichen Zellerinnerungen, die in ihren jetzigen Körper durchsickern. Diese Aufzeichnungen in der Zelle beschränken sich nicht auf die Mutter, sondern sind tatsächlich die eigenen des Mannes. Ist ein Mann in seinem unmittelbar vorherigen Leben eine Frau gewesen, so kann diese Erinnerung die Erfahrungen überschatten, die er im jetzigen Leben macht.

Es geschieht sehr oft bei Homosexuellen, daß die Prägungen der Körpererfahrungen als Frau ganz einfach die gegenwärtige Wirklichkeit überlagern. Dies ist einer der Gründe, weshalb Homosexuelle oft das Temperament einer Frau zu haben scheinen. Auch hier kommt wieder die Spiegelwirkung ins Spiel; der männliche Homosexuelle ist vom weiblichen Prinzip fasziniert, weil er unbewußt die Frau als Spiegel seines emotionalen Selbst erfährt. Er zieht vielleicht die Gesellschaft der Frauen als Spiegel seiner selbst vor. Vor diesem Spiegel kann er mit seiner eigenen weiblichen Ausdrucksweise gestikulieren. Die weibliche Seele hat ein reichhaltiges Repertorium und wird vom Emotionalkörper mit Leichtigkeit aufgezeichnet. Wenn die emotionale Struktur sehr stark ist, ist es sehr schwierig, sich innerhalb der Grenzen und kulturellen Beschränkungen der männlichen Form auszudrücken.

Das hormonelle Gleichgewicht des Homosexuellen führt oft dazu, daß die Zirbeldrüse auf eher psychischer Ebene funktioniert. Dadurch wird der Emotionalkörper tiefer in der anfänglichen Seelenbeziehung zum Vater verankert. Der Homosexuelle leidet oft zeit seines Lebens, weil er diese unausgesprochene Beziehung zu seinem Vater spürt, die von diesem nicht anerkannt wird, und vielleicht wird er sich dessen nie bewußt. Er bleibt stecken im unbarmherzigen Bemühen um die Anerkennung oder Aufmerksamkeit des Vaters, weil er tief in seinem Innersten noch die Erinnerung an diesen Kommunikationskanal aus der Zeit vor seiner Geburt hat. Der Vater kann ehrlich nicht verstehen, was der Sohn sucht. Die anscheinende Ablehnung des Vaters verletzt das Selbstvertrauen und Selbstgefühl des Sohnes an der Wurzel, so daß er – emotional gesehen – keine anderen Beziehungen entwickeln kann, weil diese primäre Beziehung nicht auf der richtigen Ebene bestätigt worden ist.

Energetisch gesehen, funktionieren Homosexuelle mit

männlichen und weiblichen Attributen, die nach einem Zusammenschluß der Eigenschaften verlangen, damit ein harmonisches, ganzes Selbst entsteht. Wenn männlich und weiblich im gleichen Körper vereint sind, kommt es oft zu einem tiefen geistigen Bewußtsein. Irgendwann müssen die Männer den Mut haben, diese geistige Energie auszudrükken. Wenn sie das tun, wird den Menschen, die den Wert dieser beiden Energien in gemeinsamem Zusammenklang vorleben können, neue Achtung entgegengebracht werden.

Prägungen der Inneren Frau

Es ist köstlich, wenn ein Mann sich der weiblichen Energie in ihm überlassen kann, um sie in seinem Alltagsleben auszudrücken! Leider formen die Erfahrungen der Inneren Frau ganz entschieden die Ausdrucksmuster des weiblichen Prinzips im Manne in bezug auf Qualität und Stil. Hat er in verschiedenen Leben Verführung als einzig möglichen Ausdrucksweg der weiblichen Kräfte kennengelernt, dann wird sich diese negative weibliche Energie als Teil seiner Lebenseinstellung im Jetzt manifestieren. Hat er als Frau die Erfahrung gemacht, mißbraucht oder ungeliebt zu sein, wird er dazu neigen, seine weibliche Energie mit der Verleugnung der Liebe in Zusammenhang zu bringen. Es ist ein *circulus vitiosus*, in dem er spürt, daß die Frau in ihm nicht geliebt werden will; und so schließt er daraus, daß dem immer so ist, wenn es auch Beweise für das Gegenteil gibt. Das führt meistens zu einer Liebe/Haß-Beziehung zwischen ihm und seiner Inneren Frau. Taucht dann das weibliche Element auf, begegnet er ihm mit übertrieben starken Reaktionen oder zerstörerischer männlicher Kraft in dem Bestreben, die Frau zu überwältigen, damit er nicht verletzt wird!

Wollen wir das Bewußtsein bis zu einem Punkt der Verschmelzung bringen, an dem Einswerdung möglich ist, müßten wir tatsächlich imstande sein, in uns selbst zu erfahren, was wir bislang außerhalb unserer selbst gesucht haben! Mit der Inneren Frau in Kontakt zu kommen, ist eine sehr wirkungsvolle Methode, äußerliche Projektionen auf Frauen zurückzunehmen und somit die Verwirrung, bedingt durch amorphe Erlebnisse, in uns aufzulösen.

Gestattest du der Inneren Frau, Form anzunehmen, kannst du zu dieser Energie in ihrer reinsten Form Zugang finden und sie in deinem Alltag ausdrücken. Es ist faszinierend, dein Unbewußtes zu erkunden, die Macht der Symbole und die innere Sicht zu nutzen, um direkt mit der Inneren Frau in dir in Berührung zu kommen und zu entdecken, ob und wo die Bezugspunkte der weiblichen Energie in dir unterbrochen sind – oder ob sie frei fließen.

Ähnelt beispielsweise deine Innere Frau einer Hure, erhältst du erstmals Zugang zu den unbewußten Ebenen, die mit deiner sexuellen Energie zu tun haben. Das Bild bringt sofort die Gedankenformen und Emotionen an die Oberfläche, die du in bezug auf Frauen und deine Beziehung zum Weiblichen hast. Du erkennst, ob sie durch stereotype Urteile gekennzeichnet sind, wie zum Beispiel: »Frauen sind alle Huren, sie sind sexuell gefährlich; sie sollten Nonnen sein, auf einem Podest stehen, Heilige sein, Frauen sollten nur Mütter sein«, oder wie auch immer deine Bezugspunkte zur Weiblichkeit sein mögen. Jedesmal, wenn du die Innere Frau bittest, Form anzunehmen, stehst du deiner eigenen weiblichen Harmonie oder deinem Getrenntsein von dieser göttlichen Quelle gegenüber. Ist sie emotional geladen oder stereotyp dargestellt, kannst du die Energie sofort ins Gleichgewicht bringen und gleichzeitig mitten ins Herz deiner Erfahrungswahrheit blicken. Wenn du mit ihr arbeitest, kann sie die Energiequalität in dich einfließen lassen, die genau richtig ist, um den Ausdruck deines Mitgefühls, deiner Kreativität und Verschmelzungsbereitschaft jederzeit zu verbessern.

In der folgenden Übung lernst du, deine Innere Frau anzusehen, um zu beginnen, dieser Energie in dir ihr ganzes Wirkungsspektrum zu gewähren.

Wenn du diese Übung zum ersten Mal machst, ist es besser, allein zu sein und genügend Zeit zu haben, um in der Tiefe zu forschen, damit die unbewußten Prägungen an die Oberfläche aufsteigen können. Wenn du mit der Inneren Frau in Berührung getreten bist, wird sie ein lebendiger Teil, ein lebendes Prinzip in dir, und du kannst ihre Energie jederzeit zu Hilfe rufen.

Übung:

Schließe die Augen. Atme tief ein, atme Licht ein, und wenn du ausatmest, spüre, wie du alle Gedanken ausatmest, die deinen Kopf angefüllt haben, dein Bewußtsein belegt haben. Und bei jedem tiefen Atemzug fühlst du dich leerer und leerer, frei von allen Gedanken und Gefühlen. Je leerer du bist, um so weiter wirst du. Spüre, daß du das ganze Zimmer ausfüllst, und wenn du dieses Gefühl der Ausweitung hast, bitte einfach deine Innere Frau, die Frau in dir, Form anzunehmen. Akzeptiere die erste Form, die du spürst, siehst oder hörst.

Sie erscheint anfänglich vielleicht in symbolischer Form, als Blume oder Wasserfall. Sie ist vielleicht eine Art Frau oder ein mystisches Geschöpf. Akzeptiere diese Form als Ausdruck der weiblichen Energie, wie sie jetzt in dir lebt.

Wenn du deine Innere Frau wahrnimmst, spüre das Wesen ihrer Energie. Ist sie herrisch oder furchtsam? Empfinde ganz einfach die Art von Energie, die von ihr ausgeht und dich umgibt. Atme diese Energie ein, und laß sie jede Zelle deines Körpers durchdringen.

Bitte die Innere Frau, dich zu berühren. Achte darauf, wo sie dich berührt. Laß alle deine Sinne sich an diesem Berührungspunkt konzentrieren, zur Ruhe kommen, damit du die Art dieser Berührung empfindest, die Temperatur, den Druck, was in deinem Körper geschieht, wenn sie dich berührt.

Wenn sie dich berührt und so Kontakt mit dir hergestellt hat, dann frage sie, welches Geschenk sie von dir braucht, um in deinem Leben jetzt ins Gleichgewicht zu kommen. Du wirst eine telepathische Antwort erhalten, oder du wirst ein Symbol sehen, einen Gegenstand oder eine Farbe, um die sie dich bittet. Ziehe dieses Geschenk in dich hinein durch den Scheitel, als ob es von oben, aus dem All käme, und dehne es von deinem Magen oder Sonnengeflecht aus zu ihr hin. Beobachte, an welcher Stelle sie es in ihren Körper aufnimmt, und achte darauf, wie es sie verändert.

Nun bitte sie, dir ein Geschenk zu machen in Form eines Symbols, eines Gegenstands oder einer Farbe, die sie Teil deines bewußten Lebens werden läßt. Vielleicht ist es auch ein Geruch, ein Ton, eine Farbe, ein Gegenstand, der für deine Seele tiefen Sinn hat. Vielleicht verstehst du den Sinn der Geschenke überhaupt nicht. Es ist ganz unwichtig, ob dein linearer Verstand es versteht. Bitte ganz einfach um das Geschenk, das die Innere Frau in dein Leben integriert. Sobald du diese Gabe spürst, ziehe sie in deinen Körper herein und beachte ganz genau, wo sie in ihn eintritt.

Wenn sie in deinen Körper eintritt, spüre sie dort in jenem Körperteil, und dann speichere das Geschenk in jeder einzelnen der Trillionen Zellen in deinem Körper, als ob du davon eine genaue Kopie, ein Bild machen wolltest. Wenn du das Geschenk in dir spürst, merke, wie die Energie in dir sich bewegt, und achte auf alle Gefühle oder Empfindungen, die du dabei hast.

Nun ziehe die Innere Frau in deinen Körper und empfinde, wie sich dein Körper öffnet und sie wieder in dich zurückbringt. Es ist wichtig, darauf zu achten, wo und wie sie in deinen Körper eintritt.

Und nun erlebe, wie du dich lebendiger fühlst, wenn du die Innere Frau bewußt als Teil deiner selbst erfährst.

Manchmal hat ein Mensch als weibliches Wesen negative Erfahrungen gemacht, und die Innere Frau spiegelt dann die Prägungen jener Erlebnisse, indem sie sich auf störende Art bemerkbar macht, zum Beispiel als böses, altes Weib, als Hexe oder bedrohliches Tier. Sorge dich nicht, gib ihr dennoch dein Geschenk, und schau zu, wie sich ihre negative Form wandelt! Es ist erhebend, diese negativen Erlebnisse und Prägungen auszuloten und in der Reinkarnations-Arbeit alle Reste aufzulösen. Jedesmal, wenn du mit deiner Inneren Frau arbeitest, wird die Energie in deinem Körper stärker und lauterer, und du wirst entdecken, daß dir und deinem Körper in deinem Leben viel mehr Ausdrucksmöglichkeiten offenstehen, als du je geahnt hast!

8
Mehr als aus einer Rippe

Die Schöpfungsgeschichte des Alten Testaments, wonach die Frau aus der Rippe des Mannes hervorgegangen sei, stützt sich auf den allgemein verbreiteten Glauben, Frauen seien schwächer und weniger wert als Männer, nicht nur in bezug auf ihre Körperkräfte, sondern auch in ihrer Fähigkeit, der Welt gegenüberzutreten. Seit dem Beginn des Patriarchats glaubte man, Frauen sollten sich unter die schützenden Flügel der Männer stellen.

In einer von Eroberung und Vorstößen beherrschten Welt war die wichtigste Rolle für die weibliche Energie, aus dem Verborgenen heraus zu stützen und zu lenken. Endlich regt sich heute eine Entwicklungsverschiebung, die die weibliche Yin-Energie aus ihrer bislang unzugänglichen Quelle in die Manifestation schleudert. Dieses Hervortreten geschieht mit einem voraussehbaren Zögern, und dies veranlaßt die neu zutage tretende Frau, die Eigenschaften des männlichen Modells vorzutäuschen, die in Wahrheit ihrem innersten Wesen fremd sind.

Kommen diese Energien hervor, übernimmt die Frau die männliche Maske, um stark und mächtig genug für den Alleingang zu erscheinen. Dies ist ein schreckliches Mißverständnis und leistet unseren eigenen, heiligen Energien einen schlechten Dienst. Das Yang-Modell hat die Welt an den Abgrund gebracht, und es ist jetzt Aufgabe des Yin, vorzutreten und den Schaden rückgängig zu machen, indem es das Bewußtsein der Menschheit aufrüttelt. Obschon auch führende Männer diese Yin-Energie ausdrücken können, gibt es immer mehr Frauen, die Machtpositionen einnehmen und alte, untaugliche Formen der Lebenssteuerung auflösen.

Dieses Kapitel ist speziell für euch Frauen. Ich hoffe, ihr werdet euch vor Lachen schütteln, wenn ihr hier einige eurer alten Spiele aufgeführt findet, und beschließen, aus der Rippe mit Humor und Ehrlichkeit hervorzutreten sowie mit der inneren Verpflichtung, die geistige Quelle zu nutzen, die so sehr ein Teil unserer selbst ist, um sie der Welt zum Geschenk zu machen!

Beziehung

Es liegt nicht im Wesen der Frau, allein zu stehen oder Trennungen zu begünstigen. Ihr Körper ist ganz darauf ausgelegt, sich selbst zu reproduzieren, eine Beziehung einzugehen. Uns ist die Schwingung des Einbeziehens angeboren, und genau das tut dringend not in der heutigen Welt: das Bewußtsein, als Einzelwesen mit dem Ganzen in Bezug zu stehen.

Was die Frau am Leben erhält, ist die Beziehung. Dies ist der Grund, weshalb es in der Vergangenheit nicht öfters weibliche geistige Führer gegeben hat, denn die Energie im Leib drängt so stark darauf, eine Familie zu gründen, einen Partner, einen Gefährten zu haben. Seit Äonen haben ihre Prägungen den Frauen zugeflüstert: »Du mußt zum Stamm gehören, sonst wirst du nicht überleben.« Diese Prägungen besitzen heute keine Gültigkeit mehr, und die Frauen haben begonnen, sich selbst auf neue Art zu definieren.

Aber jede Abweichung vom Familienmotiv versetzt die Frau meist in Einsamkeit. Die neugefundene Unabhängigkeit kann furchtbar beängstigend sein, weil wir noch nicht gelernt haben, unseren Wert durch innere Anerkennung zu bestätigen; statt dessen erwarten wir die Bestätigung unseres Wertes von außen – ob wir körperlich attraktiv sind oder die Bedürfnisse anderer befriedigen.

Frauen suchen die Bestätigung mindestens so sehr wie Männer; es ist einfach schwieriger für uns, weil die Normen nicht dieselben sind. In ihrer Frustration und Pein bitten die Frauen so oft: »Bitte, erkenne mich, nicht meine Figur, nicht meinen Verstand, sondern meine Seele!« – obschon wir selbst oft nicht verstehen, was wir damit meinen. Wir versuchen nur, etwas zu beschreiben, das wir tief drinnen fühlen.

Beziehung ist der Eckpfeiler weiblicher Energie. Wir sind deshalb viel rascher bereit, den Kampf um die Macht einem anderen zu überlassen, weil unser Kommunikationshunger viel stärker ist als unser Bedürfnis zu herrschen. Die Schwierigkeit dabei ist, daß wir uns allzuoft der Beschränkung ergeben, anstatt uns auf unbekanntes Gebiet vorzuwagen und etwas Neues zu schaffen. Wir müssen erkennen, wenn eine Energie nicht mit der anderen in Einklang ist und die Kräfte loslassen, die nicht zur Schaffung eines Ganzen beitragen. Wir verharren oft zu lange in alten Beziehungsmustern, besonders mit unseren Kindern, statt der Entwicklung des Reifungs- und Wachstumsprozesses zu folgen und jedes Wesen loszulassen, wenn die Zeit dazu gekommen ist. Wir haben die Tendenz, uns »zu arrangieren«, statt in der Beziehung neue Wege zu beschreiten, indem wir auf gegenseitiger Erforschung bestehen. Zum Teil ist das ein bequemes Elend, das den Vorteilen nicht »Lebe wohl!« sagen will und die Fessel der Beschränktheit nicht sieht, die das Tor zum Neuen verschlossen hält.

Frauen kommen mit der Beschränkung zurecht, indem sie auf die Beziehung projizieren. Wir neigen dazu, Menschen, die uns wichtig sind, überlebensgroß zu sehen. Wir sehen in ihnen Eigenschaften, die wir sehen *wollen*, um das zu rechtfertigen, was wir in diese Beziehung eingebracht haben. Wir überzeugen uns selbst, daß wir diese Beziehung haben müssen, um Erfüllung zu finden, obgleich wir doch irgend jemand anderes diese Rolle hätten spielen lassen können.

Tatsächlich gibt es Tausende von Seelen, die mit der geeigneten Schwingung kommen, um eine bestimmte karmische Beziehung zu erleichtern. Frauen sind viel ärgere Voyeure als Männer. Wir genießen es, über etwas zu phantasieren, das wirklich sein *könnte*. Eine grundlegend langweilige und unergiebige Beziehung kann aufgemöbelt werden, indem man sie nach dem Muster eines anderen Paars gestaltet. So wie die Frauen einst ihre Menstruationszyklen aufeinander abstimmten, benutzen wir heute unseren Emotionalkörper, um ein ähnliches Drama heraufzubeschwören, wie eine unserer Freundinnen es gerade durchlebt – einfach so, aus Freude am Abenteuer! Wenn wir diese Wahrheiten ehrlich untersuchen würden, könnten wir leichter loslassen und die Projektion überwinden. Der Emotionalkörper gestaltet die Qualität des Austauschs, und deshalb ist es so wichtig, tief nach seinen Wurzeln zu graben und nicht den emotionalen Gelüsten nach Beziehung nachzugeben.

Ich denke da an eine gute Freundin von mir, die sich in einen Indianer verliebte, der außerhalb von Santa Fé wohnte. Sie war verheiratet und wollte sich nicht auf eine

Liebelei einlassen, doch sie ging schier auf in ihren Phantasien, wie es wohl wäre, wenn sie mit ihm zusammenleben würde, so daß sie alles über Indianer las, was ihr in die Hände kam; zusätzlich begann sie, sich mit der Volkskunst der Indianer zu befassen. Doch die ganze Flut von Dingen, die sie mit seiner Wirklichkeit in Berührung brachte, konnte die Leere nicht füllen, die sie empfand. Sie wurde von einer seltenen Krankheit, einem undefinierbaren rheumatischen Leiden befallen, das sie mehrere Wochen lang ans Bett fesselte. Ich hatte den Eindruck, es sei ihre Sehnsucht, die diesen mangelnden Willen zum Glücklichsein verursacht hatte, und ich sprach zu ihr über die Fallstricke der Projektion. Wir begannen, die Punkte zu untersuchen, die sie an ihm fesselten und nach denen sie sich verzehrte.

Wir öffneten ihre Erinnerungen aus vielen Inkarnationen und fanden heraus, daß sie einmal als Indianer gelebt und eine kraftvolle Beziehung zur Erde und dem Großen Geist gehabt hatte. Indem sie das magische Wesen in sich selbst entdeckte, gelang es ihr, die Projektion auf ihren Angebeteten zurückzunehmen. Es war beglückend zu erkennen, daß das, was sie in sexuellen Begriffen interpretiert hatte, eigentlich ihr eigenes Liebesverhältnis zu Mutter Natur war; daß der kräftige Mann in ihr selbst steckte! In Kürze war sie wieder gesund und draußen im Wald mit vollem Herzen und einer intakten Ehe.

Projektionen wie diese veranlassen uns, einen Großteil unserer Energie auf das Manövrieren der Familie oder der Freunde und auf die Regie des Schauspiels zu verschwenden, in dem wir in diesem Leben auftreten, obschon es manchmal weiser wäre, neue Beziehungen einfach werden zu lassen, anstatt andere nach unserem Schema zu formen. Es ist für uns so schwierig, loszulassen. Lange nachdem alles vorbei ist und wir mit einem neuen Partner zusammen sind, erinnern wir uns noch und tragen die Emotionen und Gespräche alter Beziehungen mit uns herum.

Frauen sind rachsüchtiger als Männer. Die negative Weiblichkeit reagiert viel empfindlicher auf Drohungen, die mit der subtilen Sphäre der Kontrolle zu tun haben, und dennoch hält sie die Beziehung aufrecht, manchmal, um sicherzugehen, daß sie das letzte Wort hat. Teilweise rührt das von der weiblichen Gewohnheit, irgend etwas zu nehmen und es umzudrehen, anstatt sich wie der Mann einfach etwas Neuem zuzuwenden.

Die Erlösung kommt, wenn wir erkennen, daß der Drang, andere zu manövrieren, aus der Angst hervorgeht, von ihnen be- und verurteilt zu werden. Es ist eine klassische weibliche Methode, auf den Mann zu projizieren und dann zu behaupten, er lasse keine Änderungen zu, anstatt die Verantwortung für die notwendigen Veränderungen selbst zu übernehmen.

Jede Frau besitzt einen Inneren Mann, der ihr helfen kann, das Sichtbare mit ihrer Liebe, ihrem Wissen, ihren schützenden Eigenschaften zu erreichen, die eine Beziehung vertiefen. Der Innere Mann muß aber in Übereinstimmung mit der Inneren Frau aktiv werden, damit er nicht getrennt oder als aggressives Ego auftritt, das konkurrieren, austricksen oder andere zwingen will. Haben wir erst einmal unseren Inneren Mann entdeckt, können wir die Initiative ergreifen und die Beziehung so gestalten, wie wir sie gerne hätten, ohne dafür eine äußere Zustimmung zu brauchen.

Alleinsein

Einer der größten blinden Flecke am Horizont der Erleuchtung ist wohl die Erkenntnis, daß Erfüllung letztlich nie von einer Quelle außerhalb des Selbst kommen kann. Wir Frauen zögern oft, neue Wege zu suchen, denn wir fürchten uns allzusehr vor dem Stigma des Alleinseins. Die unausgesprochene, da tiefliegende Prägung besteht immer noch; wir fühlen uns als Verliererin, wenn uns kein Mann auserkoren hat! Alleinsein ist mit einem Gefühl von Schuld oder Unwürdigkeit verbunden. Die Gesellschaft hat ihre Überzeugung verschleiert, daß nämlich eine unbeaufsichtigte Frau eine Bedrohung für das Heim und die Familie darstellt; deshalb entmutigt und diskriminiert sie Frauen, die sich entschlossen haben, allein zu sein.

Andererseits fühlen sich Männer sogar mitten in ihren Familien sehr allein, weil sie so viel in sich hineinschlucken und ihr Inneres getrennt halten. Man lehrt sie Konkurrenzkampf, und das beinhaltet Alleinsein – der König des Berges: entweder du oder ich. Seit Urzeiten hat man sie in allen Kriegsspielen gelehrt, daß Alleinsein akzeptabel, ja sogar heldenhaft sei. Dieser Prozeß geht auch heute noch weiter – oder spielen unsere Jungen etwa nicht mehr Kriegsspiele?

Ende Vierzig oder Fünfzig, wenn unsere Identität als Mutter, ja sogar als Ehefrau sich auflöst, wird Alleinsein für uns oftmals ein Thema. Viele Ehen enden mit einer Scheidung, und es scheint, daß das Schicksal uns einen harten Schlag versetzt hat, weil wir spüren, daß unsere verführerischen Eigenschaften allein nicht als Anreiz für eine Beziehung dienen können.

Auf diese Weise stachelt uns das Höhere Selbst an und hilft uns erkennen, daß erst jetzt sämtliche Yin-Kräfte zum Zug kommen können, nicht mehr beeinträchtigt durch Verführung und Sexualität, durch Kauf und Verkauf. Diese Yin-Kräfte sind aus eigenem Recht von großem Wert; die Frau, die bis dahin immer nur die stützende Nebenrolle als Vertraute für andere oder Partnerin für einen Mann, als Mutter der Kinder, gespielt hat, kann nun plötzlich eine umfassende Rolle als Lehrerin übernehmen; sie kann nun zur Hüterin des Tors zu den geistigen Welten und Mittlerin zum Alltag werden.

Das ist eine der Hauptrollen für uns Frauen heute; wir können unsere Kinder und Partner lehren, Zugang zu den tiefen Ebenen menschlichen Potentials zu finden, um das Leben zu bereichern, und Fußangeln des Emotionalkörpers zu meiden, indem sie ihn auf eine höhere Ebene anheben.

Wir Frauen müssen uns als wahre Lehrer unserer Kinder anerkennen. Wenn wir neue Beziehungen schaffen sollen, müssen wir zuerst mit unseren Kindern auf andere Weise in Beziehung treten. Wir können sie aus ihrem Rollenspiel befreien, das den Ausdruck ihrer Seelen so sehr hemmt und ihnen Gefühle tiefer Isolation verursacht. Wenn wir Knaben als etwas Besonderes behandeln, tun wir ihnen einen schlechten Dienst, denn sie wachsen dann auf in der Überzeugung, sie müßten der Welt beweisen, daß sie tatsächlich etwas Besonderes seien – und sie sorgen sich, ob sie es wirklich sind! Es ist eine große Last, wenn von jemandem erwartet wird, er habe sich auf eine bestimmte Weise zu benehmen.

Mädchen sollten ohne Wertvergleiche mit Jungen erzogen werden. Die archaische Idee, einen Sohn zu gebären sei ehrenvoller, weil es den Vater irgendwie männlicher macht, ist ein alter Zopf aus der Pionierzeit, als Soldaten und Grenzer sehr gesucht waren.

Wenn eine Mutter ihr Kind ansieht und sowohl das Männliche wie das Weibliche in ihm erkennt, kann sie entscheidend für das Gleichgewicht dieser Energien sorgen, ohne das Kind zu verwirren, indem sie sämtliche menschlichen Ausdrucksformen akzeptiert.

Wenn wir Frauen lernen, uns auf unsere spirituelle Natur einzustimmen, können wir den Hunger auflösen, der sich aus dem Alleinsein ergibt. Die geistige Harmonie bei der Kommunion mit dem Selbst umgeht die Störgeräusche des Verstandes, und wenn der Hunger mit der spirituellen Energie in Berührung kommt, löst er sich auf – und wir brauchen nie mehr allein zu sein.

Ich halte inne und frage mich, wie viele von uns von einem Partner träumen oder glauben, ihr Leben sei nutzlos vertan, weil sie in diesem Augenblick keine Beziehung haben. Sobald wir das Reißen des Alleinseins spüren, sollten wir uns einen Augenblick Zeit nehmen und den Inneren Mann spüren oder das Innere Kind spielen lassen oder das Höhere Selbst bitten, uns zu liebkosen. Innerhalb weniger Minuten fühlen wir uns dann besser und können unser Leben weiterführen – das sowieso viel wertvoller ist als wir ahnen, bis wir erkennen, wie wir es durch die inneren Welten einsetzen können.

Es fällt uns oft schwer, uns in der Außenwelt zu bewegen, ohne unseren stärksten Alliierten – die Intuition – zu verleugnen. Wir fürchten uns davor, von etwas herausgefordert zu werden, das die andern nicht sehen können. Wir lernen rasch, uns hinter einer öffentlichen Persona zu verstecken, die gleichzeitig ihre Beziehungen manipuliert, indem sie ihre psychischen Fähigkeiten mißbraucht. Die Zeit ist gekommen, daß Frauen diese feinstofflichen Energien anerkennen, die sie als heilende Kraft für unsere Erde in den Vordergrund bringen können. Die Frau ist aus den stereotypen Identifikationsformen als Mutter und Ehefrau, ja sogar als Karrierefrau, in eine neue Freiheit herausgetreten. Bei der Suche vieler Menschen nach einer neuen Ausdrucksweise des Selbst kann die mannigfaltige Energie der Beziehungen weltweit ein machtvolles Instrument zur Wahrung des Friedens werden.

Körperspiel

Der Körper spielt bei der Erfahrung des Frauseins eine wichtige Rolle. Die komplexe Vielfalt der Hormone, die bei der Möglichkeit zur Fortpflanzung ins Gewicht fallen, stimulieren direkt den Emotionalkörper. Die Kehrseite der Medaille ist, daß die Frauen überstark auf die Hormonsekrete reagieren und emotional durcheinandergeraten, worauf sie sich auf die Manipulation verlegen. Die positive Seite ist die Fähigkeit, starke Gefühle für eine Beziehung zu entwickeln.

Das Zusammenspiel des physischen Körpers mit der feinstofflichen Energetik beeinflußt den Emotional- und den Geistkörper, und so erlebt die Frau in ihrem Innersten den Unterschied zwischen Trennung und Einswerdung. Wenn unsere Leiber sich berühren, konvergiert unsere ganze Wirklichkeit an diesem Berührungspunkt!

Sowohl Männer als Frauen verharren in einer Beziehung, weil sie dieses Bedürfnis nach Berührung haben, obgleich sich sonst nichts mehr abspielt. Menschen, die nicht miteinander sprechen können, verstehen sich über Berührung. Die Absicht hinter der Berührung ändert sich im Lauf des Lebens. Bis wir erwachsen sind, haben wir uns ein ganzes Berührungsrepertoire zugelegt: mütterliche Berührungen, ermutigende, kameradschaftliche, tröstende, zärtliche und verführerische Berührungen.

Junge Mädchen fangen schon in ihren ersten fünf Lebensjahren damit an, ihre Verführungskünste zu üben. Ihre Familien applaudieren und ermutigen sie dazu, weil sie finden, es sei reizend, wie leicht die Mädchen ihre Väter und Freunde bezaubern. Diese frühen Prägungen verbinden Erfolg mit der Bestätigung durch Männer, und so wird der Rahmen gesetzt für tiefverwurzelte Ängste bezüglich des menschlichen Selbstwertgefühls – sobald das verführerische Kapital schließlich welkt.

Das hemmungslose Flirten nimmt eine neue Richtung, wenn in der Pubertät der Körper mit ins Spiel kommt. Was vordem nur ein Verhaltensspiel war, erhält in der Pubertät eine dynamische Energetik.

Der Körper wird geweckt durch eine neue, treibende Kraft, die wie eine wilde Blume darauf drängt, sich fortzupflanzen. Ihr drängendes Potential flüstert dem Unbewußten der Frau ermutigend zu, sie solle einen Partner finden. Dies schafft den bleibenden Eindruck, eine Erfüllung als Frau sei eng mit dem Anziehen und Halten eines männlichen Partners verbunden. Hier spricht die Stimme des physischen Urkörpers, nicht nur das oberflächliche Verlangen nach Lust. Frauen bleiben in der Verführungsoktave stekken, wodurch das ganze Selbst im Glauben eingeschlossen wird, es müsse sich krampfhaft an den Mann klammern. Wir würden nicht so sehr vom Mann abhängen, wenn wir nicht diese tiefe Angst vor dem Alleinsein hätten, die aus der Körperebene des Überlebens der Art nachklingt. Ich habe bemerkt, daß dieses Flüstern, sich einen Mann zu schnappen, bei Frauen meist um das sechsundzwanzigste Jahr zum lauten Dröhnen anschwillt, wenn die biologische Uhr der Fortpflanzung lauter zu ticken beginnt. Bei den Männern geschieht es in der Regel zwei bis drei Jahre später, mit neunundzwanzig, bei der astrologischen Saturnwende. Sie empfinden dann eine gewisse Leere und halten nach einer Frau Ausschau.

So haben wir Frauen also die Lebenstaktik gelernt, zu kaufen und zu verkaufen, mit unserem Selbst einen Tauschhandel einzugehen. Wir schließen Verträge, machen Versprechen und manipulieren subtile sexuelle Energien, um uns in ein Umfeld der Wertschätzung zu setzen. Das wird besonders offensichtlich im Zusammenhang mit sexuellen Aktivitäten. Wir waren willig, unseren Körper auf dem Markt einzusetzen, nicht weil die körperlichen Empfindungen angeblich für Tausende von Frauen so wunderbar sind, sondern weil wir das Bedürfnis nach Zärtlichkeit spüren, weil wir einen Ort suchen, an dem wir mit jemandem Kontakt haben, um nicht mehr allein zu sein.

Auf physischer Ebene kam uns das teuer zu stehen. Bei allen Übereinkommen des Körpers, in denen die Gefühle des Herzens nicht mit der sexuellen Energie vermischt werden, verdorrt die Aura! Sie erreicht ihre Stärke erst wieder nach etwa achtundvierzig Stunden, und unser Emotionalkörper muß unterdessen versuchen, alles nicht dazugehörige emotionale und energetische Material zu verarbeiten, das vom Partner eingedrungen ist.

Frauen kamen in der Vergangenheit sexuell besser über die Runden als die Männer, weil sie am empfangenden Ende des körperlichen Tausches waren. Wir konnten die herrlichen Säfte und Energien aus dem Spermium ziehen, die Macht und Lebenskraft verleihen. Seit Kondome verwendet werden, ist ein großer Teil dieser Energie abgeblockt und kann deshalb nicht empfangen werden. Das kann überwunden werden, wenn die Liebenden lernen, aus allen Chakren Liebe zu spenden; das ist aber ein sehr bewußtes Bemühen!

Wir Frauen haben die Möglichkeit des mehrfachen Orgasmus mit auf den Weg bekommen. Leider entdecken wir dies oft erst, wenn wir sexuell voll erblüht sind, zwischen sechsunddreißig und vierzig Jahren. Orgasmen ändern definitiv unseren Blickwinkel. Viele von uns nehmen sich in diesem Alter einen Liebhaber und werden unsicher, weil unsere Sorge, ob wir noch begehrenswert seien, direkt mit dem zunehmenden sexuellen Drang zusammenhängt.

Wenn wir wach werden für unsere sexuelle Energie, überkommt uns starke Angst, denn plötzlich packt uns ein Hunger nach sexueller Vereinigung auf Körperebene. Statt mit der Sexualität tiefer zu gehen, suchen wir nach Möglichkeiten, diese neuen Regungen in unser Leben einzupassen. An diesem Punkt ist unsere Gewohnheit zu projizieren derart stark und unsere Unsicherheit in bezug auf unser verführerisches Potential derart groß, daß wir die phantastischen Empfindungen oftmals auf irgend jemand projizieren, mit dem wir eben sexuell in Kontakt sind. Wenn wir erkennen würden, daß die Entscheidung und die Fähigkeit zu dieser Lust tatsächlich aus unserem eigenen erwachenden Körper stammen, könnten wir uns häufig beträchtlichen Gefühlskummer sparen. Unsere Einstimmung auf die sexuelle Energie in uns würde uns von unserer Abhängigkeit vom Mann befreien. Ich spreche nicht von Selbstbefriedigung, sondern von der Energie, die uns verfügbar ist, weil der Körper zum Endspurt ansetzt, um uns zur Fortpflanzung zu verleiten. Die daraus resultierende, überwältigende Lust ist aber die gleiche!

Oft lieben gerade die Frauen den Markt; wir sind geborene Käuferinnen und Verkäuferinnen. Wir »markten« mit unseren Kindern, unseren Ehemännern, besonders aber mit uns selbst. Wir trachten immer danach, eine erfolgreiche Fassade vorzuweisen. Solange wir nicht loslassen, kann keiner loslassen.

Das kann aber zu einer ausweglosen Situation führen, weil wir so leicht jeden als Teil des Marktes sehen. Mütter identifizieren sich zum Beispiel mit ihren Kindern und setzen sich ein, ihnen Erfolg zu verschaffen. Vielleicht kaufen sie ihnen besondere Spielsachen oder Kleider oder senden sie zu Schulen, die als Statussymbole gelten: »Zuerst kommt mein Kind; mein Junge ist der Star der Aufführung«, denn das gibt der Mutter ein Wertgefühl. Doch allzuoft geht bei dieser Taktik der Schuß nach hinten los, weil die Kinder den Mißbrauch erkennen und sich in passivem Widerstand verschanzen.

Dieses Nach-außen-Verlegen des Selbstwertes hindert uns daran, das zu finden, wonach wir eigentlich suchen. Die Frauen fragen ihren Partner: »Weshalb zeigst du keine Gefühle? Gib mir dein Herz!« Aber wir wissen nicht, wie wir die Wege zu diesen tiefen Ebenen freilegen können. Wir fordern: »Zeig mir, daß du mich liebst!« Aber wir wissen selbst nicht, wie das zu zeigen wäre, weil wir es äußerlich, anhand von Dingen oder Gunstbezeugungen messen.

Hier manipulieren die Frauen. Wir wollen, daß der Mann Gefühle zeigt, doch nur nach unserem eigenen Code, den der Mann auch noch entziffern soll. Wir Frauen müssen über unsere tyrannischen Emotionalkörper hinaussehen und die Gefühlssprache der anderen lernen.

Eine Art, wie Männer geben, ist durch den Liebesakt. Sie geben den Samen, den Saft. Frauen empfinden dies oftmals als »politisches« Vorgehen. Es ist aber nur »politisch« im berechnenden Kopf der Frau. Wir Frauen wollen die gefühlvolle Geste, sind aber meistens sehr viel weniger verletzlich, als wir vorgeben. Wir sind nicht so schnell bereit, emotional oder spirituell mit einem anderen Menschen in die Tiefe zu gehen, sondern gehen auf in der »Kunst des Handels«. Wir

Weibchen sind wie Chamäleone; wir ändern dauernd unser Aussehen, um nicht erwischt zu werden. Wir suchen nach dem, was dem Mann gefällt, anstatt unsere eigenen Gaben zu nutzen. Wir spielen mit den weiblichen Kräften, ohne sie wirklich in Besitz zu nehmen.

In unseren Sitzungen im *Light Institute* sind Frauen oft schockiert, wenn sie entdecken, daß sie Verträge schließen und Gelübde ablegen, um zu erreichen, was sie wollen, und wieder alles ändern, sobald sie eine andere Grille im Kopf haben. Wir Frauen sind viel launischer als Männer.

Wir müssen uns selbst auf andere Art erleben, um von der Sklaverei des Marktplatzes loszukommen. Solange wir in Kauf und Verkauf gefangen sind, wetteifern wir miteinander ebenso wie Männer. Statt miteinander zu konkurrieren, müssen wir unser Mitgefühl wecken für die unbewußte Angst vor dem Alleinsein. Solange wir das nicht tun, werden wir die Männer als Finte im Spiel benutzen, das wir miteinander spielen, anstatt sie richtig zu lieben. Oft lieben wir unsere Männer gar nicht, sondern benutzen sie nur – ein kleiner Rest des Schwarze-Witwe-Spinnensyndroms. Es ist die Illusion, wenn wir uns mit dem Emotionalkörper identifizieren, anstatt mit dem innersten Wesen.

Die Sucht nach Schönheit

In vielen traditionellen Kulturen wurde eine ältere Frau, die alles für die Ihren geopfert hatte, hoch verehrt. Ihre Größe wurde am Leid gemessen, das sie ertragen konnte. Einer Frau, für die alle anderen zuerst kamen, wurde ganz besondere Hochachtung gezollt.

Heute verehren die Kinder ihre Mutter nicht mehr, wenn sie sich so verhält, obschon sie es oftmals fordern. In der modernen Welt ist der Lohn für Märtyrertum oft Schimpf und Sarkasmus. Heute steht die Frau unter einem ganz anderen Druck: Sie soll ihren Körper irgendwie alterslos erhalten, solange wie möglich am Marktgeschehen teilhaben, denn ihre Tätigkeit und ihr Aussehen reflektieren das Selbstgefühl der ganzen Familie. Es ist so traurig zu sehen, wie viele Kinder sich des Aussehens ihrer Mütter schämen und tatsächlich keine Mühe scheuen, sie zu verstecken – besonders, wenn sie übergewichtig ist. Alt oder erschöpft zu sein, weil man eine Familie großgezogen hat, ist einfach unakzeptabel in der Welt der Marktwirtschaft.

Schönheit ist schon immer von großem Wert gewesen, jetzt aber stellt die unablässige Suche nach ewiger Jugend die Frauen vor eine unmögliche Herausforderung; als Folge sind wir immer mehr mit der Aufrechterhaltung der Fassade beschäftigt. Da eine Eheschließung heute nicht mehr Garantie für eine Dauerbeziehung ist, sind wir uns schmerzlich bewußt, daß wir in einem ständigen Wettkampf begriffen sind – oft gegen jüngere Frauen – und daß unsere Chancen somit ungünstig sind.

Echte Schönheit aber kennt kein Alter! Sie ist unabhängig von der Anzahl der Falten im Gesicht; sie ist das Strahlen, das von einem glücklichen, ganzen Menschen ausgeht. Jeder erkennt diese Energie und ist gerne in der Nähe eines strahlenden Menschen. Wenn jemand anfängt zu meditieren, Yoga zu machen oder sich sonstwie innerlich zu verändern, dann bemerken die Leute in seiner Umgebung meistens die Veränderung und erwähnen, wie gut oder wie jung er aussieht. Einer der häufigsten Kommentare seitens der Familienangehörigen und Freunde von Leuten, die am *Light Institute* an sich arbeiten, ist, daß sie nach den Sitzungen ganz anders aussehen, daß ihre Gesichter strahlen.

Die Alchimisten der Vergangenheit kannten Methoden, um die Illusion frischer, lebenssprühender Jugend zu vermitteln. Das waren nicht etwa Masken oder gewisse Substanzen, die auf den Leib aufgetragen wurden, um die tragische Wahrheit des Alterns zu verbergen, sondern es waren Geschehnisse im Körper, die vom Geist veranlaßt wurden und die molekulare Struktur änderten, so daß der anwesende Körper anders erschien. In meinem Buch »Der alterslose Körper«* lehre ich die wichtigsten dieser Techniken, die zur Verstärkung der Lebenskraft des Leibes dienen. Der innerlich ausgeglichene, strahlende Mensch scheint den anderen ewig schön.

Es hat mich immer wieder erstaunt, wie sehr schöne Frauen unbemerkt bleiben, weil sie sich selbst gegenüber Vorurteile haben und negativ eingestellt sind, so daß ihr Eigenbild die Eindrücke anderer überlagert. Selbstverleugnung und Körperhaß verursachen Streß, der die Aufmerksamkeit auf die äußere Erscheinung statt auf die innere Quelle echter Schönheit verlegt. Alle von uns kennen das Axiom: »Schönheit kommt von innen.« Doch in unserer schnellebigen Wirklichkeit verblaßt angesichts der Sucht nach anerkannter Filmschönheit die Hoffnung, daß unsere innere Schönheit nach außen durchbrechen und erkannt werden könnte.

Die Anpreisung strahlender Filmschönheit als Lebensideal hat als sehr negative Energie für das Selbst gewirkt. Frauen geben vor, makellose Schönheiten zu sein, und wenden Verführungskünste an, um die tiefverwurzelte Angst zu verdecken, daß sie das Interesse eines Partners verlieren könnten. Wohl die Hälfte aller Streite und Dramen in einer Beziehung entstehen aus dem unbewußten Bedürfnis her-

* Goldmann Hardcover, Frühjahr 1992

aus, den andern zu reizen. Tausende von Paaren in der ganzen Welt bestätigen, daß die Liebe nach einem Streit am besten ist!

Die massive Invasion unserer visuellen Welt durch die Medien gibt die Norm an für die »hauttiefe«, sprich oberflächliche Schönheit, und zwar derart stark, daß wir etwas Subtileres nicht mehr aus eigener Kraft erkennen können. Das Problem dabei ist, daß wir nicht mehr imstande sind, Schönheit ohne äußere Bestätigung zu erkennen. Diese Unsicherheit nagt an den Wurzeln der Schönheit als Ausdruckskunst und führt uns ohne Umschweife in die Wüstenei der Mittelmäßigkeit!

Schönheit ist etwas absolut Unerläßliches im Leben. Sie erhebt den Geist, besänftigt das Herz und bringt uns Lächeln. Es gibt Leute, die mit ausgesprochen schönen Gesichtern oder Körpern geboren werden, aber jeder von uns hat zumindest ein Attribut, das wir schön ausdrücken können. Wenn wir nicht auf die Bestätigung durch andere aus wären, könnten wir unglaublich erhebende Erlebnisse haben, indem wir die Schönheit unserer individuellen Formen ausdrücken.

Schönheit auszudrücken ist eine Kunstform, die für uns alle Herausforderung und Vergnügen sein könnte. Es ist ein unendlicher Schöpfungsprozeß! Alle traditionellen Kulturen haben Zeit auf die Schaffung von Stilen verwendet, die jedem einzelnen ermöglichten, sein Selbst auszudrücken oder sein Erscheinungsbild nach Lust und Laune zu verändern.

In den westlichen Kulturen ist die Selbsteinschätzung noch viel entscheidender, denn wir können mittels Technik unsere Nasen, unsere Bäuche, unser Haar ändern. Das könnte alles ganz lustig sein, wenn wir es mit der Freude des fingerfertigen Zauberkünstlers statt aus finsterem Körperhaß heraus täten.

Es ist nichts Ungeistiges daran, unseren Körper zu verändern, wenn es nur mit der Leichtigkeit des schöpferischen Abenteuers geschieht. Wie das Kind die Schuhe des Vaters und den Schal der Mutter anzieht, so wollen auch wir alle sehen, wie es wäre, wenn wir wie der oder jene wären. Es ist aber ein großer Unterschied, ob man seinen Körper haßt oder ob man etwas Bestimmtes betonen will, weil man findet, das sei schön!

Wenn man sich tatsächlich dazu entschließt, am Körper etwas operativ zu ändern, ist es sehr wichtig, den Körper um Erlaubnis dazu zu bitten. Der Körper braucht die Zusicherung, daß er nicht vergewaltigt wird. Wenn wir mit unserem Körper kommunizieren, macht es ihm sichtlich Vergnügen, auf eine Art und Weise zu funktionieren, wie wir es nie erwartet hätten. Stimme dich einmal ein, und staune darüber, wie er mit Farbströmen, pulsierendem Licht, elektrischen Strömen, ja sogar Worten antwortet!

Das Streben nach Schönheit muß für uns zu einer angenehmen Spielerei mit Farben und Kontrasten werden. Es gehört zu den Freuden des Inkarnierens, die Vielfalt zu genießen, während der Körper uns lehrt, wie wir unser Selbst gestalten. Jeder von uns hat einen Fundus an ethnischen und kulturellen Erinnerungen, der als Quellenmaterial für die schöpferische Selbstdarstellung dient. Wenn wir begreifen, daß wir unseren Körper aus allen anderen Körpern geformt haben, in denen wir je gelebt haben, sowie aus den genetischen Eltern, die wir uns wählten, dann wird uns klar, daß unser jetziges Aussehen ganz genau richtig ist. *Im Rahmen unserer Seelenerfahrung sind wir schön.* Wenn wir unseren eigenen Ausdruck ehren, werden uns andere faszinierend und anziehend finden. Du mußt nur den Mut haben, dir das auszuwählen, was an *dir* schön ist.

Die Frau und die alten Künste

Es gibt noch andere Wege, den weiblichen Körper einzusetzen, wobei wir lernen, mit dem Selbst auf höheren Ebenen in Beziehung zu treten. Wenn unser Körper mit nicht-körperlichen Energien in Verbindung tritt, entfalten wir uns zu unserer ganzen Größe als magische Wesen.

Der weibliche Körper ist ganz besonders geeignet, mit Mutter Natur in Einklang zu leben. Auf natürliche Weise kann er Informationen aus hohen geistigen Ebenen über den natürlichen Verlauf der Dinge, Mondzyklen, Reinheit der Luft, Energieströme um unsere Erde herum empfangen, um nur ein paar wenige Beispiele zu nennen. Unsere Körperflüssigkeiten spielen eine wichtige Rolle bei der Übermittlung des Wissens. So wie Wasser als Klangleiter wirkt, scheinen die Flüssigkeiten Botschaften über Ereignisse in der Erde drin zu übermitteln. Vielleicht sind die Flüssigkeiten im weiblichen Körper wegen des Menstruationszyklus dauernd in Bewegung, im Einklang mit Ebbe und Flut auf der Erde. Das half den Frauen in alten Völkern, Wasser oder Gold zu finden, und sie wurden wegen ihrer geheimnisvollen Kräfte hoch geachtet und geschätzt.

Manchmal werden diese Flüssigkeiten erregt, bevor etwas geschieht, und sie verursachen Hellsichtigkeit. Das ist ein echtes Geheimnis, das von der Wissenschaft noch nicht gelöst worden und dennoch auf der ganzen Welt alltäglich ist. Ich erlebe diese Flüssigkeitsschwankungen im Körper mit großer Regelmäßigkeit. Ich nenne es »sloshing« (schwappen), denn es fühlt sich ähnlich an, als ob in einer Badewanne das Wasser hin und her schwappt.

Obwohl ich schon immer die Fähigkeit zur Hellsichtigkeit hatte, verstärkte sich dieses »Wissen« unheimlich, nachdem ich zwei der stärksten Erdbeben auf dem amerikanischen

Kontinent – 8.6 auf der Richterskala – erlebt hatte. Es war in der Stadt Mexiko, und der erste Stoß erfolgte frühmorgens, als ich eben heiße Schokolade in der winzigen Küche meiner Gastgeberin Mamacita trank, deren Wohnung an der Ecke eines wunderschönen Parks lag.

Plötzlich empfand ich eine starke Übelkeit, die aus der Magengrube hochkam. Wir hörten ein seltsames Grollen, das immer lauter und höher wurde. Wie auf Verabredung begannen die Menschen in dem zwölfstöckigen Wohnhaus ebenfalls zu schreien. Mamacita schoß unter den Türrahmen, während das Gebäude sich in einem unglaublichen Winkel von 45 Grad hinaus über den Park neigte. Wir waren in dem schmalen Türrahmen eingekeilt, und ich beobachtete in stummer Faszination, wie sich in den Wänden lange Risse auftaten und die Bilder wie in Zeitlupe zum riesigen runden Erkerfenster flogen, durch das wir direkt auf den Boden blickten. Ich hörte die schluchzenden Gebete unserer Nachbarn und wartete mit angehaltenem Atem darauf, aus dem Zimmer geschleudert zu werden.

Wir hielten uns mit Inbrunst am Türrahmen fest, und nach einer Ewigkeit von neun Sekunden war alles vorbei. Mein Körper erlebte das Schütteln der Erde noch tagelang danach. Wenn das Erdbeben ein senkrechtes Beben gewesen wäre statt ein horizontal rollendes, hätte ganz Mexiko am Boden gelegen. Die ganze Szene wiederholte sich zehn Tage später, als ein zweites, nahezu gleich starkes Nachbeben erfolgte. Die Übelkeit überrollte meinen Körper mehrere Minuten, bevor das Grollen begann, und so war ich bereits vorgewarnt und in Alarmbereitschaft, als der Stoß das Gebäude durchraste und vor dem Eingang ein riesiges Loch aufriß.

Ich habe in Mexiko noch andere Erdbeben erlebt, einschließlich jenes, das Acapulco zerstörte, und eines, das beinahe zwei Hochhäuser zum Zusammenstoß brachte. Mein Körper wurde immer empfindsamer, und schließlich »wußte« ich es bis achtundvierzig Stunden im voraus, wenn ein Erdbeben zu erwarten war, weil es in meinem Körper schwappte.

Mein kleiner Sohn Bapu erzählte mir im Alter von dreieinhalb Jahren von einer ähnlichen Empfindung, genau einen Tag, bevor ein großes Erdbeben Nepal heimsuchte. Er sagte, sein Bauch hüpfe und er spüre, es würden demnächst viele Menschen im Land mit den hohen weißen Bergen sterben. Wir sandten Lichtenergie dorthin, um der Erde und den Menschen zu helfen.

Es ist entscheidend wichtig, auf das zu hören, was uns der Körper mitteilt! Im Altertum wurden Frauen jahrelang in Tempeln geschult, um die verschlungenen Wege der Natur auszulegen, sobald sich die subtilen Nuancen den Menschen offenbarten, die begabt genug waren, sie zu beobachten und zu verstehen. Der Kern des Wissens dieser weisen Frauen wurde weitergegeben und ist in unserer genetischen Substanz sicher eingelagert – oder vielleicht sogar in unserer eigenen Akascha-Chronik. Wir dürfen der flüsternden Stimme vertrauen, die sich meldet, sobald wir still genug sind oder uns wirklich daran liegt, die Botschaft zu hören, die jederzeit das Universum durchdringt.

Es ist nicht absurd zu denken, wir könnten Geschehnisse auf der anderen Seite des Planeten wahrnehmen oder zukünftige Dinge vorausahnen! Ahnungen sind zum Nutzen aller und können unser individuelles Leben sehr bereichern, wenn wir erkennen, daß wir durch diese feinstofflichen Kanäle einen Beitrag an die Welt leisten können.

Die Zeit der Hexenjagden ist vorbei. Sich vor jemandem zu fürchten, der ein unerklärliches Talent hat, ist ein gefährlicher Rückschritt ins dunkle Mittelalter. Es stimmt zwar, daß die Welt sich immer vor den Frauen fürchtete wegen ihres urtümlichen, mystischen Wesens. Der monatliche Zyklus, die Macht der Geburt und die telepathischen und emotionalen Fähigkeiten der Frau haben das Weibliche an sich lange mit einem mystischen Schleier umgeben. Leider versuchen allzuviele, diese Mystik auszunutzen, hauptsächlich aus der eigenen Angst heraus, wir wären nicht (gut) genug! Das ist ein großer Vorteil der Frau: Sie kann die geheimnisvollen, verborgenen Kräfte der weiblichen Mystik andeuten, ohne sie hervorholen zu müssen.

Und doch ist es ein großes Geschenk, im eigenen weiblichen Körper die intuitiven Gaben zu entdecken und im Alltag Wege zu deren Anwendung zu finden. Wir können diesen alten Künsten durch die Bewußtseinsströme nachgehen, sie wiederbeleben und in unserem jetzigen Leben nutzen. Vielleicht fragst du dich, was es bringt, in einer großen Stadt auf Mutter Natur zu hören. Ich aber kann dir versichern, daß du dabei einen Frieden in dir spüren wirst, wie du ihn nie zuvor gekannt hast!

Die Göttinnengefahr

Zur Zeit gibt es eine große Bewegung, den Status und das Bild der Frau zu verbessern. Es begann mit der Frauenbefreiungsbewegung – dem männlichen Aspekt des Weiblichen –, und jetzt hat sich alles verschoben auf die Ebene der »Göttin«: ein neuerdings beliebter Begriff.

Frauen brauchen keine Göttinnen zu sein – noch muß der Mann ein Gott sein! Es genügt, wenn sie die spirituellen Energien nutzbar machen und die Welt mit diesem Wissen durchtränken. In vergangenen Zeiten lebten die Priesterinnen getrennt von den übrigen Stammesangehörigen und widmeten sich ausschließlich diesen Belangen. Ihre Aufmerksamkeit war selten auf den Alltag gerichtet. Heute stellt sich uns, dir und mir, die Herausforderung, diese Fähigkeiten wieder zurückzugewinnen und sie mitten im Alltags-Chaos anzuwenden. Wir wollen nicht von alten Ritualen träumen, sondern die Macht des Bewußtseins ständig üben, indem wir Regen oder Sonne rufen, indem wir anderen Menschen heilende Energie schicken oder die Politik der Nationen durch unseren inneren, meditativen Fokus beeinflussen.

Frauen lieben Rituale, weil einem Großteil von uns Form und Struktur abgeht. Ritual ist eine Möglichkeit, das Formlose durch eine Art angedeuteten Code auszudrücken, so daß das Weibliche einen Weg für die Tat finden kann. Doch dies ist nur eine Beschwichtigung der Pein, die uns die Unsichtbarkeit bereitet, denn so viele unserer inneren Erfahrungen lassen sich nicht in einer Form ausdrücken. Die Selbstschätzung eines Menschen hängt nicht ab von Feinheiten, zu denen er Zugang haben mag oder nicht, je nach dem Verhältnis der männlich/weiblichen Mischung in ihm. Im physischen Körper dürsten wir nach der Bequemlichkeit und Einfachheit der Struktur. Wir wollen zeigen, was wir besitzen, messen, berühren können. In der Vergangenheit konnte eine Frau sich nur an ihre Familie wenden und versuchen, dieser zu zeigen, daß sie etwas geschaffen hatte. Frauen haben versucht, ihren Wert durch die Familienstruktur, die Struktur der Emotionen und der Umgebung des Selbst zu verwirklichen. Dies ist heute ein Dilemma, denn der Frau zu Hause wird immer weniger Wert zugebilligt. Aus diesem Grunde stürzen sich die Frauen auf den Arbeitsmarkt, um ihrer Schöpfungen wegen Anerkennung zu finden.

Wir müssen die Effekthascherei, um als jemand »Besonderes« anerkannt zu werden, loslassen und uns an unsere Arbeit machen! In allen Ländern, wo ich gelebt habe, waren die mächtigsten Zauberer und Heiler kaum von den übrigen Menschen zu unterscheiden, ausgenommen für das eingeweihte Auge.

Heute ist nicht die Zeit des Hohepriesters, der Hohepriesterin, noch des individuellen Willens. Jetzt ist die Zeit der natürlichen Fähigkeiten des Weiblichen, des Einbeziehens, der Zusammenarbeit und der Verschmelzung, die von großem Wert sind und den Lauf der Geschichte zu ändern vermögen. Es ist Zeit, daß die Frauen zu Lehrerinnen werden, die den Männern zeigen, wie sie die weibliche Energie anwenden können, wie sie Zugang zur Zärtlichkeit finden, in der Leere stillsitzen und etwas aus nichts schaffen können, statt immer mehr Sektierertum und Trennung zu erzeugen, indem sie verlorene Zeit aufholen und »etwas Besonderes« werden wollen. Indem wir lehren, den Frieden in uns selbst zu finden – was jeder echten Tat vorangehen muß –, lösen wir den Streß im Energiefeld auf, der so viel Aggression verursacht.

Das Ende der Tricks

Wir brauchen nichts vorzugeben, noch müssen wir Tricks anwenden, um zu erhalten, was wir brauchen. Manchmal scheint es, als ob die einfachen Sachen zu langweilig für uns wären, und wir sind nicht glücklich, bis die Wahrheit verdreht, verfälscht ist oder eine geheime Anspielung ins Spiel kommt, um die Wirklichkeit aufzupolieren.

Einer der häufigsten Tricks, die am Selbst abgezogen werden, ist das Drama des Opfers. Wir werden selten zugeben, daß wir allein sein möchten; so werden wir es einrichten, daß der Mann uns verläßt. Wir werden um uns herum eine Wirklichkeit schaffen, die uns davon befreit, die Verantwortung zu übernehmen, und die gleichzeitig den Anschein erweckt, wir wären »die benachteiligte Partei«, die Brave! Das ist ein unbewußtes Spiel, das aufgedeckt wird, sobald wir uns selbst tiefer ergründen. Oft sind wir schokkiert, wenn wir feststellen, daß wir eine Ablösung in der Beziehung gesucht haben, aber nicht den Mut dazu hatten.

Wenn dein Partner sich von dir zurückzieht, ist die Zeit gekommen, intensiv darüber zu meditieren, was du selbst dazu beiträgst. Vielleicht kommt dadurch das Karma ins Gleichgewicht, und du brauchtest diese Erfahrung des Betrogenwerdens. Betrachte es nicht so, als ob er es tut, sondern als ob es zu *dir* gehört; dann kannst du es in deinem Körper läutern, und es wird verschwinden. Wir können lernen, negative Verhaltensmuster des Emotionalkörpers zu erkennen und sie wie Brosamen vom Tisch wegwischen.

Du und ich, wir sind mit diesen Tricks und noch vielen andern groß geworden. Sie liegen im Bereich unserer wahren Kraft, und so wollen wir sie gleich jetzt loswerden! Da unser Körper alle Erfahrungen, Emotionen und Gedanken festhält, müssen wir die Rückstände tief drinnen finden, um die Verhaltensmuster zu klären, damit sie nicht wieder auftreten.

Atme tief ein und schließe die Augen. Frage deinen Körper, wo er Mogeln oder Manipulation, Zweckmäßigkeit und emotionale Tricks oder sogar das Ego festhält! Suche jeden Aspekt für sich. Wenn dein Körper mit einer Empfindung antwortet oder dir eine Stelle zeigt oder du ein Wort hörst, dann bringe dein Bewußtsein in jenen Körperteil. Vielleicht ist es das Herz, die Gebärmutter, das linke Knie; egal wo, laß es deinen Körper dir zeigen. Dann frage einfach, welche Farbe der Körper braucht, um die Gewohnheiten aufzulösen. Ziehe diese Farbe in den betreffenden Körperteil, bis er sich voll anfühlt. Wenn du diese Übung jedesmal anwendest, sobald du dich bei irgendeinem Trick ertappst, wirst du schließlich stark und glücklich!

Die Mutterfalle

Mutterschaft ist vielleicht der stärkste Einfluß, den jemand auf einen anderen Menschen haben kann. Ich übertreibe wohl kaum, wenn ich behaupte, daß man nie aus der Mutterbindung herauswächst, daß wir sie auf viele Beziehungen im Laufe unseres Lebens projizieren. Dies kann zu einer phänomenalen Waffe im Kampf um die Oberhand in einer Beziehung werden. Obschon die Verehrung, die der Mutter einst gezollt wurde, aus der heutigen Welt nahezu verschwunden ist, wird doch noch insgeheim anerkannt, daß jeder sich wünscht, seine Mutter würde sich um ihn kümmern und er könne in den Mutterschoß zurückkehren.

Wir Frauen benutzen die Mutterschaft oft als Angelhaken, ja sogar als Verführung, um einen Mann festzuhalten. Diese Technik führt zu einer gemeinsamen Retourkutsche karmischer Vergeltung, weil sich vielleicht herausstellt, daß der Mann schwächer ist als wir. Wir haben ihn womöglich mit unserer Mütterlichkeit angezogen und sind dann wütend, weil er uns nicht beschützen oder uns helfen kann, wie wir es uns gewünscht hatten. Die ganze Gewinnerfreude ist hin, denn was wir wirklich wollten, war, von ihm gezähmt oder überwältigt zu werden. Dies ist eine tragische Falle!

Jeder wünscht insgeheim, bemuttert zu werden. Dieses Gefühl bringt insbesondere die Männer in die Kindheit zurück, als sie noch mit ihren weiblichen Energien in Verbindung waren. Es ist eine schwerwiegende, wenn auch häufige Vorspiegelung, die Mütterlichkeit anzutönen und sie dann nicht zu geben; oder aber als Gegenleistung beim andern eine Schuldanerkennung zu fordern. Allzu oft holen wir Frauen, so viel wir können, aus einem anderen heraus, weil wir ihm Trost geboten haben. Wir sind berühmt für unsere versteckten Jagdpläne, die von unserer abhängigen Beute nicht wahrgenommen werden.

Doch die Durchführung unserer geheimen Pläne fordert ungeheure Mengen an Energie. Oft empfinden wir großen Groll darüber, daß unsere Kinder und der Ehemann uns nicht genug geben, während in Tat und Wahrheit wir selbst unsere Energie verschwenden, indem wir sie dazu bringen wollen, uns zu geben, was wir wollen und *wie* wir es wollen! Wir glauben, wir gäben zuviel oder die anderen zapften unsere Kraft ab. Es gibt Leute, in deren Nähe wir uns schon müde fühlen. Das ist so, weil wir versuchen, dem andern Energie wegzusaugen, und das ist ermüdend.

Das ist das Tauziehen des Emotionalkörpers, der ständig wägt und mißt. Der Emotionalkörper weiß nicht, wieso. Der Verstand weiß das, der Emotionalkörper aber kann nur fragen: »Wieviel? Wieviel gebe ich dir in dieser Beziehung, und wieviel gibst du mir?« Er führt über alles Buch, doch nicht in genauen buchhalterischen Begriffen, sondern mehr nach Gefühl.

Tatsache ist, daß kein Mensch das Loch in unserem Energiefeld ausfüllen kann! Wo immer ein Leck ist, müssen wir das Defizit selbst wieder auffüllen, und das können wir nicht mit jemandem, der auf unserer oder einer niedrigeren Stufe steht. Du mußt dir gestatten, von der unbegrenzten Quelle zu empfangen! Dann kann dich auch der schlimmste Blutsauger nicht leeren. Wenn wir erschöpft sind, so nur, weil wir das beschränkte Energiefeld des Emotionalkörpers benutzt haben. Dieser widersetzt sich meistens dem Empfangen, weil er sagt: »Ich verdiene das nicht, ich bin es nicht wert, ich darf nicht so viel haben.«

Wenn wir uns ungenügend gehegt glauben, ist es sehr hilfreich, Zugang zur eigenen Inneren Mutter zu suchen. Sie kann uns genau die Berührung, die Unterstützung oder den Trost geben, den wir von anderen zu erhalten suchen – doch ohne Einschränkung! Liebe reift durch die Anwesenheit und das Wohlwollen der Inneren Mutter. Indem wir uns auf ihre grenzenlosen Mittel berufen, wird uns klar, daß der Schlüssel zu allem das Annehmen der Fülle ist. Uneingeschränkte bedingungslose Liebe kann nur aus der Quelle kommen. Die Freiheit des Gebenden ist euphorisch, wenn sie vom Verbindungstau des Zurückgebens getrennt wird. Wenn wir geben und loslassen können, spüren wir ein göttliches Gefühl echter Macht und Meisterschaft im Leben. Wenn wir gewillt sind, unsere eigene Quelle anzuzapfen, werden wir erst zum echten Gebenden. Erst dann können wir in einer Beziehung unendlich geben, weil sie dann nicht mehr auf der Reaktion eines anderen Menschen basiert: Wir sind frei!

Wir stecken Grenzen ab durch unsere Definition der Beziehung zueinander. Manchmal verlangt das »Mütterlichkeits-Programm«, daß wir anderen etwas aufzwingen müssen. Wenn sie es nicht annehmen, bekommen wir es mit der Angst zu tun, denn unsere Identität beruht darauf, daß sie unser Bemuttern annehmen. So benutzen wir die andern, um Grenzen für uns selbst zu errichten. Wir sind dauernd abhängig von derartigen Grenzen, um uns in einer Beziehung sicher zu fühlen. Das nennt man Karma. Letztlich müssen wir aus der Beschränkung derartiger Beziehungen herauswachsen.

Heute macht sich ein neues Problem breit, indem viele Frauen nach der Geburt sehr bald an ihre Arbeit zurückkehren. Da der weibliche Körper mindestens sechs Wochen braucht, um das Loslassen der alten Energien innerlich zu verarbeiten, ist es sehr unklug, sich so zu beeilen. Leider stammt die Motivation zu dieser vorzeitigen Wiederaufnahme der Arbeit oft aus dem Emotionalkörper. Es ist, als ob die Mutter fürchtete, ihre Identität als Individuum zu verlieren; deshalb stürzt sie sich zurück an ihren Arbeitsplatz, um sich zu beruhigen, daß sie ihn nicht verloren hat. Auch finanzielle Faktoren spielen häufig bei dieser Entscheidung eine große Rolle. Sie fürchtet, arbeitslos zu werden, und das erhöht ihre Angst vor einer ungewissen Zukunft. Doch dadurch werden zukünftige Möglichkeiten eingeengt.

Wir müssen verstehen, daß die Zukunft nicht an uns vorbeigehen kann! Wir sind tatsächlich das Zentrum unseres eigenen Schicksals. Gebären macht eine Frau wertvoller für jede Umgebung, die sie später wählt, weil Gebären ein mächtiger Lebenslehrer ist! Eine Frau, die geboren hat, ist durch eine Initiation gegangen, die sie stärkt und befähigt, besser mit Chaos und Willkür zurechtzukommen und einen anderen Standpunkt zu schätzen.

Sind wir aus etwas herausgewachsen, müssen wir es loslassen, damit wir auf die nächste Lebensstufe weitergehen können. Gute Stellungen werden nicht ausschließlich durch eifriges Bemühen und Festhalten errungen, sondern häufiger, weil wir lernen, Gedanken zu manifestieren. Damit meine ich die Meditation und Visualisierung dessen, was man will, und eine Absichtserklärung über bessere und neue Wege des Ausdrucks. Stellenstatus hat direkt mit Verkaufstechnik zu tun. Was glaubst du, wieviel du wert bist? Vermutlich sehr viel mehr, als du zu fordern wagst! Arbeite an deinem Stellenwert, und genieße die Herausforderung!

Nach der Erfüllung ihrer Aufgabe als Mutter sollte jede Frau eine Stelle finden, die sie begeistert. Wenn man mit einem Zweijährigen oder einem Sechsjährigen arbeiten kann, hat man die Weltseele in den Händen!

Es ist nur eine Sache des Verschiebens des Brennpunktes von der Angst um äußere Anerkennung zur inneren Klarheit über die Absicht. Bleibe nie an einer Stelle, weil du findest, du verdienst keine bessere! Die Fähigkeiten, die wir uns als Dirigent einer Familie aneignen, lassen sich mit absoluter Sicherheit auf die Leistungsfähigkeit in äußerst komplexen Arbeitssituationen übertragen. Überleg einmal, wie oft am Tag du bei emotional bedingten Krisen in der Familie vermittelst! Dabei kannst du den Wert deiner Fähigkeiten für die Außenwelt gut erkennen. Wenn du andererseits deine Familie wie Arbeitskollegen behandelst, wirst du auch zu Hause sehr viel erfolgreicher sein!

Immer mehr Ehepaare ziehen es vor, keine Kinder zu haben, oder sie sind nicht mehr fortpflanzungsfähig. Die Fähigkeit zu hegen und zu nähren geht aber nicht verloren, auch wenn der hormonale Unterbau dafür fehlt. Die Erinnerung, die von den Eltern im Körper weitergegeben wird, und, wichtiger noch, die Prägungen aus vielen Inkarnationen sind mehr als genügend, um sich in liebender, echter Mütterlichkeit auszudrücken. Wir wenden uns unseren Haustieren, Ehemännern, Freunden, und hoffentlich der Welt zu, um diese herrliche Energie strömen zu lassen.

Dies ist eine großartige Gelegenheit für uns, dieser subtilen Energie den natürlichen Fluß zu gewähren, damit sie sich ausdehnt und wir die Freiheit spüren, die heute möglich ist, weil unsere Identität nicht mehr auf dem Erfolg als Mutter zu basieren braucht, die einen biologischen Auftrag erfüllt, sondern auf der vielfältigen Energie, die die Meisterschaft der Ausrichtung beherrscht. Die Kunst der Einstimmung schafft Kommunikationskanäle, die heute auf unserer Erde so dringend gebraucht werden. Wir Frauen müssen vortreten und an den globalen Entscheidungen teilnehmen; die männliche Kraft hat zuwenig Weitblick, um Leben anstelle von Machtlust zu wählen. Frauen sind die natürlichen Visionäre: Jetzt kommen wir dran!

Freundschaft

Erst müssen wir einmal miteinander gute Freunde werden. Statt miteinander zu konkurrieren, wollen wir entdecken, wie großartig es ist, in einer Beziehung psychische Verbindungen und unsere Fähigkeit zu tiefen Gefühlen anzuwenden, um uns gegenseitig durchs Leben zu begleiten. Das ist nicht die »Elend-liebt-Gesellschaft«-Gemeinschaft, die in Frauengruppen so häufig zu finden ist, sondern ein Zusammenkommen, um unsere Fähigkeit zu stärken, über die Mauern der Frustration und Depression hinauszusehen und uns aus dem Märtyrertum auf die Ebene der Weisheit und des zielgerichteten Tuns hinaufzuheben. Es ist die Hauptaufgabe der Frauen, Gefühlszustände zu lehren, den Emotionalkörper nicht als Schutz gegen Einsamkeit zu benutzen, sondern zur Ekstase und zum Staunen über das Erlebnis, Mensch zu sein. Wir können uns gegenseitig lehren, wie wir das, was tief innen ist – die Weisheit des Herzens –, mit Würde und unbestreitbarer Kraft nach außen in die Welt bringen können.

Unsere echte Macht liegt im geistigen Bereich, nicht in der Macht über unsere Umgebung. Bisher wurden nahezu alle Religionen von Männern beherrscht; deshalb konzentrierten sie sich auf das Tun. Das führte zu Religionskriegen und starren Dogmen, da die Männer die Form zu bestimmen suchten. Die Evolution des Lebens muß aus dem Sein kommen, das unser Bewußtsein anhebt, hinauf ins göttliche Hologramm. Es wird uns nicht leicht fallen, weil wir so wenig Vorbilder haben. Wir müssen zu diesem Zweck in der Yang-Wirklichkeit aktiv mitmachen, um unsere Seite zu manifestieren. Was immer die Macht hinter der Manifestation sein wird, sie kann sich nur aus dem Zugang zur Quelle ergeben!

9
Entzünden der Verschmelzungsfeuer

Wenn wir davon sprechen, die Feuer der Verschmelzung zu entfachen, müssen wir mit dem ganzen Menschen beginnen. Nur ein ganzes Wesen kann die Verschmelzung mit einem anderen erleben. Sonst handelt es sich nur um ein Hin und Her zwischen zwei Leuten, die sich näherkommen und Energie freigeben, anstatt zweier ganzer Energien, die auf eine Weise miteinander verschmelzen, die das Feuer einer neuen Art von Beziehung auflodern läßt, eine neue Art von Energie, die aus der Fusion der beiden entsteht.

Der geeignetste Ort, das Feuer der Verschmelzung zu entfachen, ist im Körper, denn er trägt in sich den heiligen Energiefunken, der notwendig ist als Schnittstelle zur dreidimensionalen Welt. Die einzigartige Physiologie unseres Körpers ist empfänglich für die elektromagnetischen Wellen anderer Körper, die sich gegenseitig anregen. Diese äußere Sensibilität beginnt in seinen Chakren oder Energiezentren und kann durch den Austausch mit einem Partner geteilt oder verstärkt werden. Aber der Partner ist keineswegs nötig, um diesen Energiefunken zu entzünden, denn alle entscheidenden Elemente sind in jedem einzelnen Menschen vorhanden.

Das Bewußtsein muß in einen Zustand der Expansion gelangen, in dem es seiner selbst in einem universalen Medium gewahr wird. Es kann fokussieren, indem der Verstand körperlich ausgerichtet oder indem die Leiblichkeit mit dem reinen geistigen Prinzip vermengt wird. Indem das Energiefeld sich ausdehnt, wird es fließend genug, um sich in jeden Raumbegriff hinein ausweiten zu können und die Verbindung, die Verschmelzung, die Einswerdung mit dem Selbst und allem, was es ist, zustandezubringen.

Es gibt aber zwischen männlicher und weiblicher eine ergänzende Energie, die die Verschmelzung fördert. Sie ist von der Schöpferkraft dazu geschaffen, die Erinnerung an das *Einssein* zu aktivieren. Beim Zusammentreffen der beiden Energien entsteht eine Achterfigur – die Lemniskate –, in der die rasche Bewegung als Zündung für den Energieimpuls dient.

Betrachtet man beispielsweise auf körperlicher Ebene diese Einswerdung, ist es die sexuelle Energie, die zur Verschmelzung führt. In diesem heiligen Akt des Einswerdens erleben wir die ausgleichende Spannung zwischen Geben und Nehmen – den Puls des Lebens.

Erwecken des Shakti-Körpers

Ich möchte dir eine Übung für die Verschmelzung zeigen, die dir helfen kann, mit den Energieströmen in Berührung zu kommen, die zur Verschmelzung mit einem anderen Menschen nötig sind. Erst muß man ganz im Zentrum seines eigenen Wesens ruhen, um den natürlichen Energiefluß strömen zu lassen, ohne ihn mit unseren emotionalen Bedürfnissen zu durchsetzen.

Der dabei entstehende Funke entzündet sich zwischen

zwei vollkommenen Energien, die zusammentreffen. Keiner nimmt dabei den anderen in sich auf, jeder aber wird vom anderen in sich hineingezogen. Du und dein Partner zieht gegenseitig an, was an euren physischen, an euren Emotional-, Mental- und Geistkörpern nahe einander verwandt ist.

Übung:
Vollziehe sie im Rhythmus deiner Atmung, damit du der Energie gut folgen kannst. Es ist wichtig, diese Bewegung anfänglich allein zu machen, um sie zu beherrschen. Erst dann sollst du den Kreislauf eines anderen Menschen benutzen, um zu spüren, wie du die Energie ausdehnst und wieder zurückholst.

Bist du ein Mann, solltest du ausatmen und Energie durch das erste Chakra, das Wurzelchakra, ausdehnen und dann durch den offenen Mund atmen. Indem du durch den Mund atmest, benutzt du Energie, die das Herz nährt; das läßt Energie aus dem ersten Chakra aufsteigen und die Verschmelzung heiligen. Da dies die Yang-Kraft ist, muß Energie eingesogen und hinunter in die Form gebracht werden. In den Worten meines Höheren Selbst: »den Himmel verankern«.

Die weibliche Kraft hingegen beginnt auf der anderen Seite des Schleiers, jenseits der Materie, im Nicht-Manifesten. Deshalb wird Energie durch die Genitalien eingesogen und über den Mund ausgeatmet. Bist du eine Frau, so atmest oder saugst du Energie durch die Vagina ein und strahlst sie beim Ausatmen durch den Mund aus. Indem du dich in den Bereich der Form ausweitest, erzeugst du Energie um dich her, die du dann hereinholst.

Vielleicht hast du dich mit einem bestimmten Durchgang, mit einem Energieflußmuster identifiziert, entweder mit der

Yang-Genitalie oder dem Yin-Mund, so daß du nicht besonders viel spürst, wenn du in der entgegengesetzten Richtung zu diesem Muster vorgehst. Genau an diesem Punkt treten die Absicht und die Macht des Bewußtseins auf den Plan. Du kannst die Höhere Vernunft benutzen, also den Willen, um Energie zu lenken: »Meine Absicht ist, Energie hier einzuziehen und sie dort auszusenden.«

Wenn du das Energiemuster mit deinem Willen nachzeichnest, gehorcht der Körper deiner Absicht und erzeugt den Fluß. Dein Körper hat die Erinnerung an die entgegengesetzte Richtung in sich; du mußt nur die Erinnerung an beide Flußrichtungen wecken, an Yin und Yang, den Gebenden und den Empfangenden.

Fließt Energie in beide Richtungen, kommen Männliches und Weibliches ins Gleichgewicht. Mit einem Menschen spielt man Mann, mit einem anderen Frau oder Mutter oder Vater. Das erklärt, weshalb man für gewisse Leute immer der Gebende ist, während man bei anderen in die Gegenrichtung geht. Hier nimmt man auf, und dort gibt man her. Wenn man sich bewußt wird, daß man sich diese Dinge *auswählt*, kann man jede Beziehung ändern, sie in eine andere Richtung steuern; das wiederum erlaubt dem andern, sich auf dich einzupendeln oder wegzugehen. Du wirst der Meister der Wirklichkeit, indem du Meister über Energie bist – indem du karmisch das Gleichgewicht findest.

Konzentriert sich das Bewußtsein auf beide Punkte – Einsaugen und Aussenden –, kommt es zu vollkommener Verschmelzung und Gleichgewicht. Das Einsaugen hängt nicht so sehr von der Außenwelt ab wie das Abgeben. Ein Grund, weshalb Frauen nach dem Liebesakt sich voller Energie fühlen, liegt darin, daß sie Energie aufnehmen, während der Mann sie abgibt. Die beschriebene Übung kann aktiv zu einem neuen Gleichgewicht beitragen, so daß auch die Männer erleben können, was es heißt, sich nach dem Liebesakt voll neuer Energie zu fühlen! Kehrt der Mann am Ende des Orgasmus den Zyklus um, offenbart sich ihm und seiner Partnerin eine vollkommen neue Erfahrung: Dann konvergieren Leib und Geist. Durch dieses Aufwärtssaugen entsteht die Bewegung, die wir suchen, um die Energien um uns und in uns zu beschleunigen.

Dieses rhythmische Pulsieren schafft das Gleichgewicht. Sind die Quellkräfte in ihren innersten Speichern aufgerührt und beginnen sie, nach außen zu fließen, dann flutet Yin-Energie hinaus, um Yang-Energie zu finden – und das Feuer entbrennt. Dies ergibt ein vollkommenes Gleichgewicht, denn wenn man Yin von Yang trennt, ist die Frau imstande, sich natürlich zu öffnen und hinzugeben. Ihre Art des Gebens stammt aus den oberen Chakren, während die Yang-Art des Gebens auf der Aufrechterhaltung der Kraft basiert.

Und nun kehre alles um, und mach es umgekehrt! Du mußt lernen, diese Energiekreisläufe nach deinem Willen in beide Richtungen zu steuern. Als Frau mußt du pressen wie beim Gebären, du preßt hinunter, hinaus, und dann atmest du durch den Mund ein. Es ist entscheidend, daß die Frau während des sexuellen Aktes dem Mann die Säfte gibt, die ihn erregen und die er zurückgeben will. Es fließt von ihr zu ihm und wieder zu ihr zurück. Sie muß also anfangen, den Atem, die Körpersäfte und ihr Bewußtsein hinunter in jenen Bereich des Körpers zu verlagern.

Die beiden Ströme

Laß dich die Energien spüren, die einmal hin- und dann wieder zurückfließen, hin und her, wie eine Schiffschaukel! Es gibt zwei mächtige Energieströme, die in entgegengesetzte Richtungen fließen müssen, um zusammen sich ergänzende Energie zu schaffen. So entsteht eine Achterschleife unendlicher Energie, die ebenfalls eine unendliche Spirale bildet.

Erleben wir diese Form der heiligen Acht, ist es, als ob wir selbst uns mit dem Gott-Selbst in Liebe vereinigen. Fließt Energie in dieser Schleife hin und her, wird sie geläutert. Oft fühlt sie sich heiß an, wenn sie aufsteigt, weil wir die Yang-Kraft in uns anzapfen und sie in uns heraufziehen, anstatt sie auszustrahlen. Ziehen wir also diese Yang- oder Blutenergie herauf, anstatt sie nach außen abzugeben, dann aktivieren wir alle Lebensenergien, die mit der Form und dem Leiblichen zu tun haben. Dies regt über den Solarplexus unseren Emotionalkörper an.

Es ist sehr wichtig, daß der Mann die Energie heraufzieht und sie nicht nach außen verströmt, denn dadurch öffnet sich sein Herz, und es kommt zum Kontakt zwischen Herz und physischer Energie. Dadurch steigt die Wärme an, und so wird genügend Energie generiert, um Kraft auszustrahlen. Geben wir Energie ab, dehnt sie sich aus und kühlt sich ab. Jeder Körper hat seinen eigenen Rhythmus. Du mußt nicht glauben, der Prozeß verlaufe linear, ein und aus, heiß und kalt. Dies sind nur Vorstellungen, die uns helfen sollen, die Energie zu steuern und einzustimmen.

Ähnliches vollzieht sich auch, wenn wir unsere Aura ausdehnen. Wir können bei dieser kleinen Übung feststellen, daß sie eng am Körper warm ist; strecken wir aber die Arme aus und fühlen die Aura an den Fingerspitzen, ist die Energie oft kühl, und sie vibriert sehr schnell.

Kann unser Bewußtsein dies wahrnehmen und es zusammen mit einem Partner erleben, dann ist die Fähigkeit, einen anderen Menschen zu kennen, vollständig; unser Emotionalkörper ist erfüllt. Es ist diese Einswerdung, die Verschmelzung, die unserem Emotionalkörper die große Ekstase bringt. Das bedeutet weit mehr, als daran zu denken, was der andere tut; durch unsere Fähigkeit, uns ganz auf den anderen einzustimmen, können wir es tatsächlich *erleben*. Selbstaufgabe dieser Art führt nicht zu Leere. Hingabe schafft Fülle, denn die Abgrenzung des getrennten Selbst löst sich auf, die Energien verschmelzen ineinander. Wenn wir einmal erahnt haben, daß jedes Wesen um uns herum auf diese Weise reagiert und mit uns auf diesen geistigen Ebenen verkehren kann, gibt es nur noch die Glückseligkeit der Berührung.

Zu erfahren, wie wir unseren eigenen Fokus fließend ändern können, um dem eines andern Menschen zu entsprechen, ist ein erhebendes Erlebnis! Wenn du beispielsweise mit dem Geben beginnst, schafft dies Raum für das Empfangen, und zwar viel mehr, als du jemals zuvor hättest empfangen können. Wenn du nicht sagst: »Oh, ich will nicht der einzige sein, der alles gibt«, sondern ganz auf das Einatmen und Ausatmen der Energie konzentriert bist, dann erzeugst du den Strom der Ekstase.

Wenn du dies während der sexuellen Vereinigung tust, kannst du nicht mehr unterscheiden, ob du Mann oder Frau bist, denn die Energie bewegt sich dann in beiden Kanälen. Die Bereitschaft, dem Rhythmus des anderen zu entsprechen, schafft diese unglaubliche Energieschwingung, die ganz mühelos in die Einswerdung mündet. Tiefste Glückseligkeit folgt auf diese Einswerdung, und sie ist nicht vom gegenseitigen Orgasmus abhängig. Sie ist nur von den Gezeiten der Energie abhängig, die mühelos fließt, wenn das Bewußtsein sich auf ihren Puls einstellt. Wenn das geschieht, gibt es kein Getrenntsein mehr. Du kannst deinen Rhythmus nach Belieben ändern, um eine Durchdringung zu erreichen, die keine trennenden Abgrenzungen kennt, ja sich nicht einmal an sie erinnert. Konzentrierst du deine Absicht darauf, dir selbst diese Art von Erlebnissen zu bescheren, dann zapfst du eine Energie an, die sich auf unzählige Arten anwenden läßt, zum Beispiel zur Synchronisierung des Sexualverkehrs, so daß zwei Menschen, die anfänglich körperlich nicht so recht zusammenpaßten, nun sehr gut zusammen harmonieren!

Ist das Bewußtsein des einen Partners fähig, das Ganze zu erfassen und den Austausch von Geben und Empfangen, das Ausdehnen und Einsaugen anzuwenden, dann trägt jede Absicht, jede Bemühung, jedes Erlebnis mit einem anderen Menschen das Potential vollständiger Erfüllung in sich. Jeder einzelne Mensch schafft sich seine eigene Reaktionsoktave, die ihre Quelle im Selbst hat und dann mit dem anderen geteilt und durch ihn erweitert wird. So kann dieser Achterkreislauf in einem Körper, in zwei oder vielen Körpern gleichzeitig stattfinden!

Unter diesem Vorzeichen vereinigen sich die Körper nicht aus einem Mangel, aus einem Bedürfnis heraus, sondern sie verschmelzen aus der Fülle. Nimmt man dann einen anderen in sich auf, »verschluckt« man ihn nicht! Es ist ein entscheidender Unterschied, ob man von jemandem etwas annimmt oder einfach durch etwas hindurchfließt. Auf energetischer Ebene bedeutet es, daß wir beim Durchfließen imstande sind, alle Energie, die uns ergänzt, zu liebkosen. Mit anderen Worten: Du dehnst dich aus, und dein Partner nimmt dich auf. Wir stimmen uns aufeinander ein, und dadurch kommt es zu dem leichten Ruck in der Achterfigur, so daß sie einfach die Energetik beider Partner verstärkt. Wenn es dazu kommt, denkt keiner mehr ans Abwiegen und Messen: »Gebe ich dir mehr, als du mir gibst?« All das gehört der Vergangenheit an; der Emotionalkörper gerät in Ekstase, weil er die »Quelle« erfahren hat.

Geben wir uns sexuell und emotional vollkommen hin und halten wir keinen Teil unseres Selbst zurück, empfinden wir uns als unbegrenzt, und die Abgrenzungen unseres individuellen Selbst verschmelzen mit dem All. Dies ist der Augenblick der »kritischen Masse«. Es gibt so viel mehr, als wir jemals in uns aufnehmen könnten, und wir sind sogleich voller Energie, die den ekstatischen Funken entzündet. Unser Herz geht zum äußersten Maximum, das es ertragen kann, einem hohen Ton gleich, der die höchste Tonstufe erreicht, bevor er explodiert. Wenn die Shakti-Kraft sich entzündet, sprengt sie uns sehr oft zurück auf die universelle Ebene!

Je mehr wir die weibliche Energie anwenden, um so mehr verstärken wir unsere emotionale, körperliche und geistige Fähigkeit, Energie gezielt zu steuern, so daß wir zum Gebenden werden. Es liegt in der Macht des Weiblichen, unbegrenzt geben zu können. Wir werden dann zum Energiekanal, durch den die Energie ein- und ausfließt. Dann stehen alle Wege zum Empfangen offen, dann entfachen sich die Feuer, wenn es keine verschlossenen Türen, keinen Widerstand zu empfangen mehr gibt. Wenn wir uns im Energiefluß üben, verlieren wir die Trennungsangst; und wenn die Energie zurückebbt, wissen wir, daß dies nur die Phase des Ausatmens ist, die Platz schafft für den nächsten Austausch, die nächste Verschmelzung. So verflüchtigt sich die Angst.

Sobald wir zur Gebenden werden, können wir mit unserer

Schwester, Mutter oder unserem Vater nicht mehr streiten, weil alles, was wir von ihnen haben wollten – die Definition des Selbst –, sich in Nichts auflöst. Sie können es dir nicht geben. Du bist zu groß!

Der Initiationstrichter

Wir nennen dies den »Initiationstrichter« – wenn wir uns plötzlich bewußt werden, daß wir es nicht von jemand anderem bekommen können, daß dessen Interpretation von uns nicht ausreicht, um uns ganz zu erfassen. Dann müssen wir aufhören, uns über das Urteil anderer Gedanken zu machen! Sobald wir uns nämlich vom Urteil anderer befreit haben, halten wir unsere Liebe und Wahrheit nicht mehr zurück. Wir haben keine Angst mehr, uns zu äußern und frei zu sprechen.

Erleben wir diese allumfassende Energie, nimmt das Bewußtsein das persönliche Ich nicht mehr wahr. Dann können wir wahrlich Gott sehen, können in den Energiefeldern tanzen, uns an den Funken der sich dauernd verändernden Energie erfreuen.

Ist diese Pulsation im physischen, sexuellen und Emotionalkörper durch die Energien des Herzens, des Verstandes und des Geistes aktiviert, schafft sie ein ständig widerhallendes Muster, ein Reservoir, in das wir jederzeit eintauchen können, wenn wir bereit sind, die Begrenzung des Selbst loszulassen. Jedesmal, wenn wir uns für diese Art von Energie entscheiden, wird unser Aurafeld aufgeladen, weil gerade die Energien, die den Willen und die Lebenssubstanz schaffen, miteinander in eine vollkommene Beziehung treten. Gönnen wir uns selbst dieses Geschenk, stimuliert die Ladung im energetischen Feld jeden in unserem Umkreis.

Dies ist *Shakti*, die Lebenskraft, die wie eine Kettenreaktion in jede Richtung, auf jede Schwingungsebene, zu jedem Lebewesen ausstrahlen und zünden kann.

Eines der größten Geschenke der körperlichen Existenz ist die Möglichkeit, sexuelle Energie mit dem Kosmos zu verbinden, indem wir uns selbst und den Geliebten mit köstlichen Empfindungen und Liebe überfluten. Das Bewußtsein erweitert sich dann über die sinnliche Ebene hinaus, über das Vergnügen des Stimulus, weil die Bewegung dieser Ausdehnung es möglich macht, daß der Geist – der reine Geist – Einzug hält. *Es ist der Geist, der schafft.*

Du kannst dich aber nicht auf diese Energieebenen einfach »hindenken«. Du mußt das Energiefeld benutzen und die Wahrnehmung rückkoppeln; auf diese Weise wird der Stimulus geschaffen, sich über eine bestimmte Körperstelle, ja über den Körper als solchen hinaus sich auszudehnen. Und all diese Definitionen lösen sich auf.

Der Emotionalkörper stellt die Richtlinien der Beschränkung auf, die Nervenschaltkreise des Körpers gehorchen. »Ich kann nur gerade so viel Freude ertragen.« Deshalb ist es so wichtig, mit dem Bewußtsein des Gebens und Empfangens zu beginnen, die unsere Energie verstärken. Der Wellenschlag wird immer schneller, und alle Zellen zünden elektrisch, biochemisch und magnetisch.

Dann kommt es zu einer Verschmelzung mit der gesamten Lebensenergie. Du kannst auch mit einem Baum einen Orgasmus erleben, indem du ganz einfach diesen Energiefluß übst. Übe das tief in dir: einatmen, ausatmen, einatmen, ausatmen – und schon bald vibriert der Shakti-Körper mit Energie, die sich ausbreitet.

Die sexuellen Ströme enden nicht mit dem Orgasmus; sie schaffen vielmehr den Raum für Gotteserfahrungen. In meinem Buch *Die Frequenz der Ekstase** habe ich dies den »kosmischen Orgasmus« genannt. Ein kosmischer Orgasmus ist etwas viel Umfassenderes als die elektrischen Ströme im Körper; er schießt durch alle Chakren und öffnet sie. Der Energiestoß verwandelt sich in einen steten Strom feinstofflicher Körper, die mit dem Kosmos in Liebe vereint sind. *Er ist unendlich.* Der Stromstoß schließt alle Öffnungen, alle Tore auf, durch die wir der Energie folgen können. Das Hereinholen und Hinausgehen beginnt in beide Richtungen zu wirken; es baut sich weiter auf, bis der Körper die Frequenz nicht mehr halten kann und die kosmische Explosion einen Widerhall erzeugt, der das Selbst auflöst.

Werden wir auf diese Weise »voll« und dehnen wir den Energiekreislauf aus, aktivieren wir all unsere Chakren. Unser Emotionalkörper steigt dann auf kosmische Ebenen hinan. Statt zu sagen: »Ich kann dich nur bis hierher lieben, ich kann nur so weit mit dir verschmelzen«, verschwindet die Illusion der getrennten Körper. Gefühle steigen von selbst auf in universelle, göttliche Ebenen, weil wir damit in Berührung gekommen sind.

Der Emotionalkörper, der im Bezugsrahmen der dreidimensionalen Welt, dem physischen Körper oder dem Verstandeskörper gelebt hat, kann nun plötzlich zu seiner Quelle zurückkehren, zum Gefühl, göttlich zu sein. Angesichts des Göttlichen findet er die Fülle, die seine Projektionen auf andere in Nichts auflöst. Dies verursacht eine bahnbrechende Veränderung im Emotionalkörper, der nun nie mehr ganz zur einst berechnenden Ebene des »Was bringt mir das?« zurückkehren kann. Berechnet man, bleibt man stecken, verklemmt man sich. Das ist Karma, die Beziehung der Bedürfnisse. Nähert sich der Emotionalkörper aber uni-

* Goldmann Tb Nr. 11838

versellen Schwingungsebenen, erfährt er, daß er nur durch *Geben* voll und heil wird. Alle Ebenen des Brauchens, der Projektion, alle Ebenen von Verteidigung oder Furcht lösen sich von selbst auf.

Wenn wir diese Shakti-Übung machen, beginnen wir zu spüren, was es bedeutet, nicht mehr festzuhalten, sich über sich selbst hinwegzuheben und darauf zu vertrauen, daß der Lebensfluß uns all das bringen wird, was wir brauchen. Sobald wir aber an irgend etwas festhalten, entsteht ein »Stau«, der zu Unannehmlichkeiten führt und schließlich eine Veränderung erzwingt. Dieser Stau ist ein großes Geschenk, das die Entzündung des Feuers beschleunigt.

Tanz des Universums

Dieses Feuer wandelt alles; was einst Yin war, wird Yang, und das Yang fließt wieder zurück ins Yin; der ewige Tanz des Universums. Dies ist die heilige Acht, die Lemniskate, unendliche Energie, die nie endet, die nie aufhört. Sobald die kritische Masse erreicht ist, explodiert sie und bewegt sich in die entgegengesetzte Richtung.

Dies ist ein Läuterungsprozeß, der in dir ein Gleichgewicht schafft, das all deine Beziehungen grundlegend ändert. Du entdeckst auf einmal, daß du auf ganz andere, ganz neue Weise mit allen Menschen um dich herum verkehrst. Du verlangst nicht länger, daß sie sich dir gegenüber auf bestimmte Art verhalten, weil du dir über die Energien klar bist, die in dir selbst wirken.

Eine der größten Schwierigkeiten auf sexueller Ebene kann beispielsweise darin liegen, daß einer der Partner sehr körperlich orientiert ist, der andere aber nicht. Vielleicht besitzt der Mann kein Feingefühl, und die Frau beklagt sich: »Du bist zu grob. Du bist nicht sensibel genug.« Sie könnte ihre weibliche Energie einsetzen, wenn er beispielsweise ohne Vorspiel ganz direkt auf sein Ziel zusteuert, ihm zeigen, was er dabei an Empfindungen verpaßt. Sein Bewußtsein ist vielleicht in den unteren Chakren gefangen, getrennt vom Herzen. Es ist nur diese mangelnde Beteiligung des Herzens, die ihn so grob vorgehen läßt, weil er versucht, zu etwas vorzustoßen, dessen er sich nicht bewußt ist. Sie sagt: »Du hast keine Ahnung vom Liebesspiel«, und er denkt: »Wovon redet die eigentlich?« Er kann sie nicht verstehen. Er begreift nicht, daß sie eigentlich gar nicht meint: »Du bist zu grob.« In Wahrheit spricht sie darüber, daß sie eine physische Beziehung sucht, die die Zärtlichkeit des Herzens ausdrückt. Sie hungert nach einer emotionalen Beziehung, die über eine körperliche Beziehung zustande kommt.

Sie muß dabei aber vorangehen, indem sie ihm das gibt, wonach sie selbst sucht. Sie braucht die weibliche Energie und alle Feinfühligkeit, die das beinhaltet. Wenn sie sie in sich selbst findet, kann sie sie verschenken, und sie wird deshalb zu ihr zurückkommen. Wenn sie ihm ihr Herz schenkt, wird es die Lücke in ihm ausfüllen, die ihn so grob werden ließ. Und ganz plötzlich wird auch er beginnen, sich auszuweiten und sein eigenes Herz zu erleben, und dann wird er es mit ihr teilen.

Dies ist eine Art von Wiedererkennen. Wenn wir das Selbst nähren, werden wir selbst reich. Wenn wir darüber meditieren, was wir am meisten brauchen, können wir damit anfangen, es in uns selbst zu erfüllen. Dies verstärkt unsere eigene Meisterschaft, weil wir dann zur Energiequelle werden. Das bedeutet Meisterschaft: *Quelle der Energie*. Weibliche Energie umfaßt energetische Gesetze, die mit der Fähigkeit des Ausdehnens, des Erweiterns, des Empfangens zu tun haben; denn das Einsaugen des Weiblichen schafft die Wandlung. Es ist unwichtig, ob du gibst oder empfängst, denn du empfängst so, wie du gibst – besonders im Liebesakt. Du hörst auf zu berechnen und zu messen, weil *du* das All bist.

Zurück durch den Torbogen der Form

Die ganze Einstellung zur körperlichen Liebe wandelt sich vollständig, wenn ein Mann, der den Zugang zu seiner Inneren Frau gefunden hat, liebt, echt liebt, so wie alle Frauen es sich zutiefst ersehnen. Es geht dabei nicht um den erwartungsvollen Schauer, erobert zu werden, weder um Unterwerfung noch Verführung, sondern nur um das Erlebnis der Einswerdung, von der physischen Ebene zurück durch den Torbogen der Formwerdung in die weiten Bereiche der weiblichen Seele, die so fein eingestimmt ist auf alle Empfindungen, alle Nuancen, die die Lebenserfahrung so sehr bereichern.

Es ist ein riesiger Unterschied, ob ein Mann liebt, um zu erobern, oder ob er sich der Vermengung der Energien überläßt. Wenn unser Bewußtsein sich erweitert, heben wir die Beschränkungen kultureller Prägung auf, und wir erkennen den Sinn und die Macht sexueller Energie. Dann wird die körperliche Liebe eine ganz neue Ausdruckskunst werden.

Über alle Zeiten hinweg ist großer Nachdruck auf die Technik der sexuellen Vereinigung gelegt worden, und zwar so sehr, daß wir das Wesentliche verloren haben; wie betäubte, gefühllose Körper haben wir den Zugang zu den inneren Bereichen und der transpersonalen Psyche fast ganz verschüttet. Wenn jemand das Bewußtsein von allem einsetzt, was der Leib weiß, stehen ihm unendlich viel mehr Feinheiten zur Verfügung, als wenn der Körper im stereotyp männlichen oder weiblichen Verhalten festsitzt und nicht imstande ist, sich auch nur als Teil des Alls zu träumen.

Wenn Männer lernen, wie Frauen zu lieben, wenn sie eine Bewußtseinsebene erreichen, auf der sie gleichzeitig die eigenen und die Gefühle der Partnerin fühlen, dann werden wir nicht nur eine neue Kommunikationsebene auf höherer Oktave erreichen. Die Folge dieser Erfahrungen der Einswerdung wird auch eine neue Art von Kindern hervorbringen. Denn das Kind der Verschmelzung wird nie polarisiert sein, weder körperlich noch als Persönlichkeit; es wird weder der einen noch der anderen Seite angehören, sondern beide werden durch den Akt der Verschmelzung je für sich gestärkt und kommen beide dem Kind zugute.

10
Frequenzen des Bewußtseins

Unsere Bewußtseinsfrequenz ist nicht beschränkt durch unser Karma, unser Handeln oder das Gewicht unseres Emotionalkörpers, sondern wird ausschließlich durch den Höheren Geist gesteuert, jener Aspekt unseres Bewußtseins, der sich jenseits der dreidimensionalen Wirklichkeit ausdehnen kann. Durch die Macht des Höheren Geistes können wir mit Leichtigkeit aus der tiefsten Verzweiflung in die Höhen der Ekstase hinaufsteigen. Obgleich wir manchmal spüren, daß wir in unseren physischen Körpern, dem Zwiespalt unserer Gefühle gefangen sind oder unseren Alltag als Hemmschuh erfahren, lassen sich all diese Eindrücke sofort löschen, klären oder neu mischen, indem wir uns auf den Höheren Geist konzentrieren.

Diese Energien sind uns nicht fremd, sondern vielmehr das Geschenk unserer körperlichen Existenz. Wir können über die Biochemie unserer Körper nicht nur den Herzschlag oder die chemische Zusammensetzung des Blutes im Gehirn ändern, sondern auch unsere Aura verändern – dadurch auch die Frequenz unseres Emotionalkörpers. Auf diese Weise ist uns nahezu jede Oktave verfügbar, auf die wir uns einstimmen wollen, einfach, indem wir unsere Absicht dahin richten. Wenn wir uns darin üben, unseren Willen klar zu erkennen und auszudrücken, können wir spielerisch in Kontakt mit den Frequenzen kommen, die unsere Wahrnehmung und unser Erleben der Wirklichkeit verändern. Alle Materie entsteht aus einem Gedanken, der durch den Willen Form annimmt. Und es ist die Seele, die zuläßt, daß er sich schließlich manifestiert.

Änderungen der Frequenzen

Wollen wir lernen, unsere Bewußtseinsfrequenzen zu verändern, so müssen wir unser Selbst verpflichten, sich in das eigene Energiefeld zu setzen. Sobald wir mit den eigenen feinstofflichen Energien vertraut sind, können wir sie mühelos ändern, indem wir ganz bewußt die Schlacken und Verkalkungen wegwischen. Dies geschieht vor allem durch bewußte Atmung, Farbe, Klang und Mitgefühl.

Wenn wir uns schnell – wie ein Wiesel – um uns selbst drehen, lockern wir damit blockierte Energien in und um unseren Körper, so daß sie buchstäblich von uns weggeschleudert werden. Anschließend spüren wir ganz klar, wie die Energie vom Körper wegfließt, so daß wir einen Bezugsrahmen für die eigene Aura haben.

Einer der einfachsten Zugänge zum Licht des Bewußtseins funktioniert über Atmen. Atmung zieht Prana an, diese funkelnde Energie, die alle Lebewesen umgibt und ein wenig wie glänzende Nadeln aussieht. Eine Prana-Atemübung lädt den Körper auf und macht es uns leichter, wenn wir über uns als Lichtwesen meditieren wollen.

Beim Einatmen ziehen wir Prana in uns hinein und aktivieren das Licht des Bewußtseins im Körper; beim Ausatmen entschlackt sich unser Körper dabei. Atme langsam und tief ein; stell dir die vielfarbigen Fasern deiner Aura vor, wie sie von dir ausstrahlen. Achte auf Störstellen, beobachte sie objektiv! Glätte sie dann mit deinem Willen, und laß sie los. Schon hier haben wir die Wahl: Wenn wir unsere Aufmerksamkeit auf diese ausstrahlende Energie geben, können wir jede verknotete Stelle im Energiefeld ausbügeln, bis sie glatt und stark ist.

Unser physischer und seine feinstofflichen Körper haben ganze Energiesysteme, die erhöhte Bewußtseinsfrequenzen zugänglich machen und sich gegenseitig durchdringen, um den Lebensstrom anzuregen. Die Meldeketten unseres Nervensystems übertragen die Impulse über die Synapsen. Qualität und Frequenz dieser Impulse werden von den feinstofflichen Shakti-Lebensenergien in und um die Nervenbahnen beeinflußt. Zusätzlich gibt es die Meridiane, die Energieströme kanalisieren, und große Blut- und Lymphgefäßsysteme, die Flüssigkeiten im Körper zirkulieren lassen.

All diese verschiedenen Energien in Bewegung müssen miteinander in Einklang kommen, um die neuen Bewußtseinsfrequenzen aufnehmen zu können. Die salvenartige Energie der Ekstase ist dermaßen explosiv, daß wir unser Nervensystem lehren müssen, wie dieser hohe, ekstatische Ton gedehnt werden kann, damit er nicht ins Gegenteil, d. h. in Verzweiflung umschlägt. In *Die Frequenz der Ekstase** habe ich die pulsierende ekstatische Energie detailliert beschrieben, die von der Erregung der Ekstase in die Entrückung, schließlich zu anhaltender Glückseligkeit führt. Es gibt also eine alchimische Pulsation, die eine Ebene reaktionsbereiter Integrität aufrechterhält. Wollen wir diesen Zustand andauernd erleben, müssen wir das entsprechende Fundament legen.

* Goldmann Tb Nr. 11838

Es ist so einfach, den Körper direkt zu fragen, welche Farbe er braucht, um *aufzuleben*! Sobald wir diese Farbe in unseren Körper hereinziehen, spüren wir den Wandel. Licht ist eine so liebevolle Methode, um Negatives aufzulösen! Krankheiten, negative Gefühle, Narben, all das verursacht Abgestumpftheit oder Dunkelheit im Körper, weil dann das Chi – die Lebensenergie – nicht mehr frei zirkulieren kann. Sobald aber genügend Licht anwesend ist, beginnt die Bewegung wieder, die Blockade wird aufgehoben, und es kommt zu einem neuen Gleichgewicht. So einfach kann das sein!

Klang ist der Yang-Kanal zur Energieveränderung, denn er besitzt das Potential, die Pulsation aller Gewebe unseres Körpers zu unterbrechen oder zu beeinflussen. Klang kann sogar Materie zerstören; er darf deshalb nur im Einklang mit dem Auftrag des Körpers verwendet werden, nicht willkürlich nach dem Gutdünken des Verstandes. Ich empfehle Summen als Klangform, denn Summen entspricht der tatsächlichen Schwingung der Elektronen in den Zellen. Eine der machtvollsten Meditationen, die mir bekannt ist, besteht darin, sich auf die Atome der eigenen Zellen einzustimmen und dann deren Ton nachzuahmen. Dies kann einen Tag ein hoher Ton sein, am anderen ein tiefer. Dies ermöglicht es unserem Körper, bei seiner Evolution das ganze Hologramm mit allen Einzelheiten in sich aufzunehmen, seien es Gedanken, biochemische Vorgänge, Lichtfrequenzen oder Pulsationen. Alle diese universalen Energien vereinen sich im Summen. Summen läßt alle divergierenden Strahlungsenergien miteinander kommunizieren, wobei es ein Ganzes schafft, das uns hilft, uns in Zeit und Raum – oder außerhalb davon – zu bewegen. Summen erhält die Frequenz unseres physischen Körpers in einem angehobenen, ganzheitlichen Zustand.

Eintritt ins Nicht-Manifeste

Das erste, was die meisten Menschen im allgemeinen beim Eintritt in nicht-manifeste Wirklichkeiten erleben, ist eine tiefgreifende Wandlung, die sie Licht ganz neu wahrnehmen läßt. Das geschieht, weil Energien das Wesentliche enthalten: Lebenskraft, Prana, Licht, so wie wir sie angesichts des Todes und im Tod selbst erleben.

Sobald wir das irdische, eigene, getrennte Ich loslassen und das Selbst erleben – nicht als physischer Körper, auch nicht als Gefühl, sondern als Bewußtsein –, werden wir selbst zur Quelle alles Wissens. Dies ist die weibliche Kraft, dieses Wissen, dieses Potential, das sich ganz frei, ganz nach Gutdünken, in alle Richtungen bewegen kann. Das kosmische Ebenen durchdringende Licht ist das eigentliche Bewußtsein. Wenn wir mitten im Bewußtsein stehen, ergibt sich ein Strahlen, verursacht durch die unglaubliche Ladung der Lebenskraft, die nun um uns herum zu pulsieren beginnt. Sind wir uns erst dieses Leuchtens bewußt, erkennen wir, daß Strahlungsenergie *von uns selbst* stammt, können wir überall Strahlung erkennen.

Das vormalige Einzel-Ich verschmilzt und fließt ein in das Ganze. Das ist die Richtung weiblicher Energie: zu verschmelzen, eins zu werden, einzuschließen – alle Wesen, alle Strahlung, alle Anwesenheit zu umfangen.

Wo Bewußtsein ist, kann auch das Hologramm artikuliert werden, in dem alle Möglichkeiten und Erfahrungen vollkommen gleichwertig sind. Strahlungsfrequenz trennt das Negative nicht vom Positiven. Es gibt nur Leben – und das ist göttlich! Diese Shakti-Energie trägt den Lichtfunken, der den Körper schafft und der auch durch alle feinstofflichen Körper fließt. Weibliche Shakti-Kraft nährt und stützt den Lebenszweck, die karmische Absicht, die es der Seele ermöglicht, zu wachsen. Es ist die *Shakti*, die die Kundalini-Energie weckt. Die machtvolle Kundalini erwacht in der Pubertät und stellt das Potential des Schöpferischen und der Fortpflanzung dar. Wenn sie nicht im sexuellen Akt verströmt wird, kann sie nach oben wirken und zur Erleuchtung führen.

Einsatz der Energien

Jeder von uns ist in der Lage, verschiedene Energien zu aktivieren und anzuwenden, ja sogar, sie zu beherrschen! Indem wir ganz einfach dem Faden des Bewußtseins in die Erfahrung der jeweiligen Energie hinein folgen, zeigt das Chi uns, wie wir Teil der jeweiligen Energie werden können. Wichtig dabei ist freilich, daß wir über das Wesentliche der verschiedenen Energien meditieren.

Meditation schafft Raum für den Bewußtseinswandel. Sie führt uns in die innere Mitte, den stillen Punkt im Universum. Es geht dabei nicht darum, sich nach einem äußeren Ziel zu strecken, nach etwas vor uns oder über uns zu verlangen; es ist vielmehr etwas, das unserem wahren Selbst ganz nah verwandt ist. Gehen wir dann in diese Chi-Frequenzen ein, löst sich unser Zeitbegriff auf. Es gibt dann kein »Was-kommt-als-nächstes« mehr. Wir fragen uns auch nicht länger, was in zehn Jahren sein wird, denn wir sind dann vollständig erfüllt vom *Augenblick:* Bewußtsein ist grenzenlos; es hört nie auf.

Aktivieren der Ekstase

Wollen wir eigenständig etwas über die verschiedenen Schwingungsebenen lernen, so können wir zur Übung unser Höheres Selbst bitten, es möge uns die Frequenz der Ekstase zeigen. Wenn wir auf diese Weise bitten und uns still an unserem jeweiligen Meditationsort niederlassen, wird unser Körper sich allmählich auf ekstatische Frequenzen einstimmen, die uns ermöglichen, universelle Energie in uns hineinzuziehen. Sobald wir über Ekstase meditieren, können wir uns nicht länger als getrennt erleben. Wir tauchen vielmehr ein in die reine Energetik und Essenz des Bewußtseins. Es gibt weder Begrenzung noch Rationierung: Jedesmal, wenn wir darum bitten, können wir Ekstase erleben.

Jedesmal, wenn wir Ekstase herbeirufen, durchdringt sie uns auf neue Weise. Unser Körper empfindet sie vielleicht an einer anderen Stelle, oder sie wird durch eine leicht veränderte Empfindung stimuliert, denn aus unseren vielen bisherigen Leben und Dimensionen verfügen wir buchstäblich über Trillionen ekstatischer Aufnahmen in uns, geschaffen durch die schier unendlichen Erlebnisse und Manifestationen der Form.

Jede Energie, jede Bewußtseinsfrequenz ist eine Schwelle zu einer anderen Ebene. Wenn wir uns der Ekstase öffnen, erhöht dies die Strahlung: Wir können uns selbst dann als strahlende Wesen erkennen, können erleben, wie Energie ausstrahlt, und zusehen, wie die Strahlung unseren feinstofflichen Lichtkörper aktiviert.

Ekstase ist eine Art fast vulkanisch eruptierender Strahlung; deshalb läßt sie sich so schwer aufrechterhalten. Wenn wir sie als Initialzündung für die Erweiterung erkennen und uns dann auf den zentralen stillen Punkt in uns konzentrieren – wie etwa auf das Summen des Atoms –, dann kann die

Folge ein Bewußtsein sein, das es dem Lichtkörper ermöglicht, gefahrlos aktiviert zu werden, ohne die Verbindung zur physischen Existenz, zur dritten Dimension, zu verlieren.

Der ätherische Körper oder Lichtkörper entsteht aus der Verschmelzung der Lichtenergien, die die Seele widerspiegeln. Die Schnittstelle zwischen den feinstofflichen Körpern verlagert sich, und der Emotionalkörper beginnt, seine Nahrung aus dem Licht zu ziehen, statt, wie bisher, das Licht zu begrenzen. Denn wenn er seine Ausweitung und Freiheit spürt, vergißt er seine Erinnerungen an Allein- und Getrenntsein. Sobald das Bewußtsein die dem Lichtkörper verfügbaren Oktaven erreicht, verändert sich die Elektrochemie des physischen Körpers und des Emotionalkörpers; dann erleben wir die Vereinigung von Selbst und Seele!

Gerade durch die Lichtfrequenzen, die auf diese Weise zusammenkommen, wird der Lichtkörper erleuchtet und in die Form verschmolzen. Unser dreidimensionaler Körper gesundet, wenn wir beginnen, uns durch den Lichtkörper zu ernähren. Unser physischer Körper wie unsere Mental- und Emotionalkörper erhalten endlich nach aller Angst und Überreizung die dringend benötigte Ruhepause.

Es ist wichtig, mit unserem physischen Körper besonders sanft umzugehen, wenn wir mit unserem Lichtkörper und all diesen unglaublich feinen Frequenzen zu arbeiten beginnen, denn die Erregung des Nervensystems durch die Energiekanäle und das Chi ist derart stark, daß es leicht zu einer Art Schock kommen kann. Unser Körper muß gerade dann durch viel Ruhe und Flüssigkeit geschützt werden, damit wir beim Hereinholen dieser reinsten, strahlenden Energie keine zu starke Reinigung verursachen, die unser physisches Nervensystem überanstrengen könnte.

Wie schon mehrmals angeraten: Es ist vor allem die meditative Ruhe, die den physischen und den Emotionalkörper beschützt und diese erregende Belebung möglich macht. Sie ist der zentrale Punkt, in dem das Selbst seine Fähigkeit erkennt, ohne Verwirrung vom Formlosen in die Form und wieder zurück ins Formlose zu gehen, weil es mit dem Strahlungszentrum in innigem Kontakt ist.

Wenn wir am *Light Institute* die Akascha-Chronik durchkämmen und bisherige Beschränkungen durch emotionale Rückstände ausräumen, treten oftmals Strahlenglanz und göttliche Glückseligkeit in Erscheinung. Menschen erkennen ohne Scham und Angst die vielen Leben, in denen sie bereits Zugang zu diesen Frequenzen – dem kraftvollen Chi – gehabt hatten. Dies belebt sie und hebt sie fortan auf den Weg, den ihre Seele gewählt hat. Wir brauchen uns nicht zu fürchten, wenn wir uns selbst anerkennen und unser Bewußtsein einsetzen, um die Ekstase herbeizurufen oder die Strahlenenergie zu nutzen; sie gehören uns!

Kinder tun dies dauernd. Das Kind scheut sich nicht, ekstatisch zu werden, strahlenden Glanz zu erleben und damit zu spielen. Auch wir können damit spielen; es gehört uns. Kinder tun das nicht etwa, weil sie jung und unschuldig sind, sondern weil sie so uralt sind, weil sie noch mit höheren Energien verbunden sind. Sie besitzen einen ungeheuren Vorrat unbegrenzter Energie, um herumzutollen, weil sie noch immer Zugang zum Strahlenglanz haben, der sie inkarnieren ließ. Das Kind braucht die Dinge nicht zu benennen; es akzeptiert die Ströme, die überall sind, und reagiert auf sie.

Wenn wir das Innere Kind herbeirufen und bitten: »Zeig mir die Energie der Ekstase!«, dann empfangen wir vielleicht Farbfetzen oder tanzende Lichtfunken, oder ein Kichern – was immer für jeden von uns ekstatische Frequenzen bedeuten mögen. Wenn wir wieder lernen, spielerisch mit unserem

Strahlungsvermögen umzugehen, zerfließen alle Kontrolle, alle Begrenzung, alle leidvoll erfahrene Unfähigkeit, Kraft aufzutanken: Eine Welle, eine wahre Woge der Expansion erfaßt uns!

Alles, was dafür notwendig ist: Wir müssen uns selbst gestatten, einen Augenblick lang loszulassen. Anfänglich schaffen wir es vielleicht nur für kurze Momente, in die höheren Bereiche des Bewußtseins aufzusteigen; jede Erfahrung aber erzeugt eine Grundlage, auf der wir weiter aufbauen können, so daß es allmählich leichter und immer leichter fällt, dahin zurückzukehren. Du fokussierst deine Absicht und machst die oben beschriebene Meditationsübung, in der du die Energie zu dir bittest (vgl. S. 233). Vielleicht bittest du einen Tag um Ekstase, am nächsten darum, das Strahlen zu empfinden. Jedesmal aber, wenn du dies übst, baust du gleichzeitig an einem Vokabular, das die Matrix des persönlichen Selbst durch alle Einzelheiten des Karma, der Akascha-Chronik bis hin zur Ganzheit der Universalseele zu erahnen und zu verstehen beginnt.

Ekstase hängt mit Fülle zusammen. Sie ist wie eine geheimnisvolle Lemniskate, eine unendliche Energieschleife, die dich umkreist, dich umfängt, und sich dabei beständig doch ausdehnt und entwickelt. Ekstase entspricht aber der Yang-Energie mehr als andere strahlende Zustände, wie beispielsweise Glückseligkeit, weil sie unser Nervensystem so stark intensiviert und beansprucht. Wie ein Mann in seinem Orgasmus, so versprüht auch die Ekstase Energie, bis sie erschöpft ist und das Pendel zurückschwingt; dabei entsteht die Gefahr eines momentanen Absackens in Depression oder Zweifel, weil darauf Leere folgt. Unser Emotionalkörper will dann wieder den Zug übernehmen, weil er befürchtet, sonst vernichtet zu werden. Wenn wir uns ausweiten, geht das kleine Selbst durch die gleiche Art Tod hindurch, wie ihn der Körper erlebt, wenn er von der dritten Dimension durch den Trichter in die universalen Energien eingeht. Wir können uns entweder der Verzückung bewußt werden oder uns durch den Emotionalkörper in die Tiefe reißen lassen. Diese Leere bietet jedoch auch die Gelegenheit, das Selbst mit höheren Schwingungen zu erfüllen, und wir haben immer die Wahl, nicht mehr auf die niederen Ebenen der Existenz zurückzukehren.

Jedesmal, wenn wir uns auf höhere Energien konzentrieren, befreien wir uns von den langsamen Schwingungsebenen, die als »Reich der Erwachsenen« gelten. Somit ist also nicht nur das Kind, sondern auch der bewußte Erwachsene mit ihnen verbunden.

Die elektrische Komponente der Ekstase kann mit unseren Körpern harmonisiert werden, indem wir die Flüssigkeit ihrer Pulsation verstärken. Flüssigkeit ist das Fruchtwassermeer der weiblichen Energie, die unauslotbare Quelle transzendenten Wissens. Man lerne sich vor- und zurückzuwiegen – dies ist der weibliche Puls! Der Impuls dreht sich spiralförmig empor, hinein und hinaus und bringt männlich und weiblich zur Verschmelzung.

Die erregten Chi-Ebenen stimulieren alle Körperenergien und öffnen die Kanäle für den *kosmischen Orgasmus*. Der kosmische Orgasmus ist der Stoß des elektrischen Orgasmus, der im Genitalstrom empfunden wird, freilich millionenfach intensiviert. In ihm entzündet sich jede der Trillionen Zellen in unserem Körper, scheint mit der Energieladung geradezu zu explodieren. Dies geschieht selten während des sexuellen Akts mit einem Partner, oftmals jedoch bei den unerwartetsten Gelegenheiten, spontan, wenn unser Körper vollständig offen ist.

Jedesmal, wenn wir unseren Willen einsetzen, wenn wir uns erlauben, wahrzunehmen, erreichen wir stets höhere Oktaven. Die Dimensionen der Realität dehnen sich aus und werden subtiler. Unsere Kommunikation mit dem Leben explodiert in Erkenntniskanäle hinein, die alle Barrieren zwischen uns und der gesamten Natur durchbrechen. An diesem Punkt treten wir ein in die Welten des Magiers, des Genies, des Heiligen.

Wir können mit Delphinen kommunizieren, mit Vögeln und Sternen, indem wir die weitgefächerten Spielmöglichkeiten anzapfen, die weit über die alltägliche, schlafende menschliche Bewußtheit hinausgehen. Durch den Mechanismus unseres guten alten Hirns können wir die genetischen Erinnerungen der Evolutionsmuster und die Wahrnehmungsmöglichkeiten aller Wesen einsehen, die vor uns hier gewesen sind.

In Zukunft wird mehr und mehr erkannt werden, daß dies nicht nur eine geistige Bereicherung ist, sondern sehr wohl lebenswichtige Geheimnisse für die Gattung Mensch beitragen kann, die wir brauchen, um mit drängenden Problemen wie beispielsweise Umweltverschmutzung umzugehen, die uns vielleicht gefährdet, die aber schon von menschlichen Rassen und Kulturen vor uns überwunden worden sind.

Durch den Einsatz der weiblichen Geistenergie können wir wahrnehmen, was Vögel wissen, können wir von Insekten lernen, die hochentwickelte Überlebenstechniken ihr eigen nennen. Auf der Entwicklungsleiter warten viele derartige Geschenke auf uns. Forschen wir aktiv jenseits des menschlichen Repertoires, das uns so lange in den engen Gassen unseres beschränkten Mentalkörpers gefangengehalten hat!

Ein spezielles Geschenk an uns Menschen ist das Dritte Auge, das Zugang zum holografischen Wissen besitzt. Es »sieht« und artikuliert den Kern aller Dinge: die wissende Energie des Weiblichen im geistigen Sinn, das das innere Wesen in die Form bringt.

An der *Nizhoni-Schule* haben wir über siebzig menschliche Sinne ausgemacht, mit denen wir das Leben berühren und vollständig erfassen können.* Der Sinn der Freude, der Sinnlichkeit, des Erfolgs, des strahlenden Wesens – sie alle erinnern an das Göttliche. Sich einzustimmen auf diese vielfältigen Sinne ist eine Übung des Bewußtseins, eine Übung mit den Strahlenfrequenzen der Erleuchtung. Bei der Erforschung des gesamten Sinnenspektrums löst sich das begrenzte Selbst auf. Wenn wir spüren oder verstehen können, was Vögel wissen, sind wir nicht mehr abgesondert, nicht länger in einer getrennten menschlichen Einheit abgeschottet. Diese Übung, all unserer Sinne gewahr zu werden, geht weit über die Grenzen menschlichen Leides und menschlicher Freude, über unsere fünf traditionellen Sinne hinaus. Wenn wir bereit sind, den Schleier der Materie zu durchschreiten, kann unser Bewußtsein uneingeschränkt expandieren: Dann sind wir *eins* mit dem gesamten Universum.

Erleuchtung bedeutet, alles, was ist, einzubeziehen: das universale Wissen. Dazu brauchen wir uns nicht abzumühen; wir müssen uns vielmehr dem Punkt in unserem Zentrum hingeben, der die Fähigkeit des Weiblichseins verkörpert. Eigentlich ist dies lediglich ein Prozeß der Anerkennung. Durch einfache, leicht nachvollziehbare Übungen, die uns ermöglichen, mit diesen universellen Frequenzen zu kommunizieren, bringen wir das ganze Universum in unsere

* Vgl. dazu: Der Weg des Lichts. Spiritualität und Erziehung, Goldmann Hardcover

eigene Mitte. Dann können wir beginnen, mühelos das Potential menschlichen Bewußtseins zu manifestieren.

Weibliche Oktaven sind die Schwingungsebenen des Geistes, die das Drängen des physischen Körpers und des Emotionalkörpers beiseite lassen und uns mit den höheren Potentialen in Kontakt bringen – Ekstase, Glückseligkeit und Entrücktheit anstelle von Vorurteil, Beschränkung und Furcht. Sobald wir die Sprache der weiblichen Energie beherrschen, zirkulieren die erwachenden Energien in und durch uns; wir können lernen, diese Bewußtseinsoktaven nach Belieben zu verlagern. Bei unserem Betreten der nicht-manifestierten Welten erkennen wir schließlich, daß die Wirklichkeit nicht aus kleinen Einzelheiten besteht, sondern sich auf wunderbare Weise ausdehnt und unendliche Variationen und Freuden umfaßt.

Eine Übung dazu: Wir ziehen vor uns im Geist eine leuchtendblaue Linie, stellen uns vor, beim Überschreiten dieser Linie über die Schwelle zu den höheren Schwingungsebenen zu treten. Beim Vorwärtsgehen haben wir das Gefühl, wir kämen nach Hause, dehnten unser innerstes Wesen aus, um unsere Seele zu umarmen. Tritt einfach über die Schwelle, und schau zu, was du wahrnimmst!

Was immer wir dabei wahrnehmen, belebt unser Chi und regt es an, so daß wir diese Energien festhalten können, bis sie schließlich ein echter Teil unseres Lebens geworden sind. Hier ist der Angelpunkt, die Schwelle zur Bewußtseinserweiterung: Wir beschließen, aus der Leere heraus Form zu schaffen, etwas aus dem Nichts heraus zu bilden, das mit uns in eine Wechselwirkung treten und uns Energie geben kann, einfach weil wir eine Beziehung zulassen. Transzendieren wir die Arena der menschlichen Existenz, sind wir in strahlenden Glanz gebadet, der bisher erlebte Liebe und Erkenntnis weit übersteigt, uns aber helfen kann, uns hier auf der Erde tiefer zu verwurzeln.

Es ist buchstäblich ein Nach-Hause-Kommen. Der höhere Verstand empfängt dauernd Signale von »Jenseits«; er weiß, daß du dich auf zu Hause beziehst. Du ziehst die Linie und sagst: »Ich gehe jetzt hinüber ins Nicht-Manifeste.« Das bedeutet nicht Tod, wie dein Emotionalkörper zunächst glaubt; es bedeutet vielmehr, vollständig im Universum mit einbezogen zu sein.

Wir alle hungern nach diesem Einbezogensein, der weiblichen Energie. Dies ist das Mutterprinzip, wie es aus der Schöpfung hervorgeht. Das kreative Prinzip ist nicht nur männliche Kraft, die Form schafft, sondern es hat seinen Ursprung in der Ekstase der Schöpfung, die ihm vorausgeht. Das weibliche, formlose Wissen ist zuerst. Die Ekstase der Erkenntnis bringt das Feuer der Verschmelzung, das in die Welt hinauslodert und die Form schafft. Das ist der Tanz des Männlichen mit dem Weiblichen – Yin und Yang. Erst wenn beide sich einander ergeben, können sie *eins werden* und in die ewig spiralförmig aufsteigende Erleuchtung transzendieren. Weibliche Verschmelzung ist die Hingabe, die sich für das Empfangen öffnet, die den Bogen des Einbezogenseins weiterspannt.

Wir brauchen nur zu fragen: »Was ist der Sinn dieser Energie?« – und schon können wir Zugang zu ihr finden. Wir brauchen nicht lange zu probieren. Jeder von uns kann es.

In diesem Raum des Friedens und der Erweiterung leben unsere Energien auf, und wir finden Zugang zu den Chi-Frequenzen, die stark genug sind, um das Formlose in die Form zu bringen. Unser Verstand beginnt zu gestalten und zu identifizieren, und was vordem nur wesenhaft war, kann nun materialisieren. Durch diese Definition der Form ist unser Verstand an der Wandlung der Realität beteiligt. Der

Körper prüft und bestätigt das mit seinen siebzig Sinnen. Über unsere Wahrnehmung übt er eine Wechselwirkung auf die Form aus und reagiert auf Myriaden von Anreizen. Dabei können wir manchmal das Gefühl haben, der ganze Körper summe, weil die multidimensionale Reaktion elektrisierend wirkt. Es ist phantastisch!

Ich möchte dir ein Beispiel schenken, das vom Blick einer Frau durch dieses »Fenster« in die Ewigkeit erzählt. Ihr erster Ausflug über die »Linie« materialisierte sich in der Gestalt eines weißen Einhorns, worauf sie mit Seufzen und Tränen reagierte, da dessen Anwesenheit ein neues Gleichgewicht ihrer weiblichen Ausdrucksart schuf. Das Einhorn ist schon seit jeher ein heiliges Tier von großer Symbolkraft gewesen. Es stammt zwar aus unsichtbaren Welten, ist aber an sich doch Yang-Energie, deren Horn andeutet, daß sie den Schleier durchdringen kann. Dieses magische Bild ist für den Verstand das Stichwort, daß er in einen höheren Bereich eingetreten ist. Das Einhorn ist wie eine Brücke, überwindet Zwischenraum, der Yin und Yang – Wesen und Form – trennt. Die Frau fühlte sich durch eine geistige Präsenz seelisch erhoben, die sie identifizieren konnte, war gleichzeitig in einer neuen, kraftvollen Energie geborgen, die in Gegenwart des Einhorns zu spüren war.

Als ich selbst einmal die leuchtendblaue Linie überschritt, empfand ich eine Art Schwitzen im Dritten Auge, mitten auf der Stirn. Es war so leicht wie Tau, hatte aber die Konsistenz und Süße von Nektar. Es lief mir in die Augen und badete sie, und gleichzeitig spürte ich den himmlisch duftenden Saft hinten im Gaumen, wie er in meinem Hals hinunterlief.

Jenseits der kosmischen Schwelle verschmelzen seelische und physische Sinne auf unglaubliche Weise, so daß wir eine Farbe schmecken, einen Ton riechen oder etwas, das wir sehen, ertasten können. Was immer wir wahrnehmen, regt unsere Zellen an, es zu kopieren, und dadurch erhalten wir neues Potential geschenkt. Wenn wir wachsen, verändern sich die ekstatischen Zustände laufend. Es gibt so viele Bewußtseinsebenen oder Erleuchtungen!

Jede große Wahrheit ist einfach und Erlebnis zugleich. Keine holografische Wirklichkeit kann innerhalb des beschränkten Gesichtsfeldes des begrenzten Verstandes erfaßt werden! Statt dessen weckt alles, was wir aus dem formlosen Nichts herbeirufen, unsere Fähigkeit, mit dem All – somit mit der Unendlichkeit – eins zu werden.

11
Menschliche Verschmelzung

Wenn wir uns auf das nächste Jahrtausend vorbereiten, müssen wir den Horizont menschlichen Bewußtseins überschreiten, um unsere Gattung sicher in die Zukunft zu geleiten. Umweltfragen, politische und wirtschaftliche Umstände werden uns zwingen, einen Prozeß in Gang zu bringen, durch den wir als globale Erdenbürger miteinander fusionieren: *eine einzige Menschheitsfamilie.*

Alles, was wir in unseren persönlichen Bemühungen an Bewußtsein erarbeitet haben, wird uns durch die Kollektivthemen von globaler Bedeutung steuern. Diese sind kaum anders als die Hoffnungen und Befürchtungen des Einzelmenschen, der sich darum sorgt, wieviel Geld, Macht oder Anerkennung er verdienen wird. Die Probleme der Nahrungs- und Energiebeschaffung, internationale Machtkämpfe und bevorstehende Umweltkrisen sind nur Mittel zur Erweckung unseres Bewußtseins. Diese gemeinsamen Probleme werden uns schließlich einsehen lassen, daß wir nur eine Möglichkeit haben, wenn wir die Heraus forderung des Daseins zusammen angehen. Wir werden bald erkennen, wie unglaublich stark wir als Gruppe sind.

Während meiner Jahre im Peace-Corps in Südamerika gehörte es für mich zum Schönsten, zu beobachten, wie sich auf den Gesichtern der Leute in kleinen Dörfern Erkenntnis zeigte, wenn sie entdeckten, daß sie als Gruppe Dinge zustande brachten, von denen sie als Einzelmenschen nicht einmal geträumt hätten.

Ich beziehe mich hier nicht auf die Massenmentalität, in der die Menschen auf den niedrigsten gemeinsamen Nenner abzusinken scheinen und negative Emotionen in Gruppen ausleben unter dem Vorwand, einer ehrenvollen Sache zu dienen. Ich spreche vielmehr vom selbstlosen Einsatz, bei dem einzelne Menschen zusammenarbeiten und zu einer neuen, integralen Entität verschmelzen, deren Brennpunkt so eindeutig ist, daß die Manifestation ihrer Absicht mit Leichtigkeit aus ihren Bemühungen hervorgeht.

Heute haben wir die Wahl, nach Bedarf um die ganze Welt herum zu kommunizieren und in den weiten Lagerhallen der Weisheit in den Köpfen und Herzen unserer zahlreichen Verwandten, die sich auf vorbildliche Weise ans Leben angepaßt haben, nach Lösungen zu suchen.

Es ist begeisternd, auf der ganzen Welt Bürgergruppen im diplomatischen Dienst entstehen zu sehen, die eine aktive Rolle bei der Lösung internationaler Konflikte spielen und die Menschheit einander näher bringen wollen. Durch den Dialog mit Völkern in verschiedenen Gebieten der Erde können wir erkennen, daß unsere Ziele nicht gar so verschieden sind, daß Zusammenarbeit wichtig und unabdingbar ist, um sie zu erreichen. Dies ist das Thema des nächsten Jahrtausends: Zusammenarbeit, Fusion, Verschmelzung der Energien.

Wir können uns den Luxus nicht mehr leisten, daß Regierungen oder Interessengruppen uns unmißverständlich in Belangen unseres Planeten vertreten. Es genügt nicht, wenn wir uns darauf verlassen, daß sie in unserem besten Interesse handeln, um uns vor Gefahren zu schützen. Ebensowenig ist die bequeme Haltung, dem anderen die Schuld zu geben, heute noch eine politische Haltung. Wir alle, du und ich, müssen uns um unsere Bedürfnisse kümmern, indem wir anerkennen, daß wir Mittäter sind bei allen globalen Ereignissen, ob klein, ob groß. Die zulässige Fehlerspanne wird in beunruhigendem Tempo immer kleiner, und so ist unsere Mitwirkung unabdingbar für die Zukunft!

Wenn wir erkennen, wie unsere Wechselwirkung mit der Außenwelt das spiegelt, was wir auf geistiger Ebene lernen, erfassen wir, wie wichtig Kontemplation und Erfrischung als Ressource für unser Tun sind. Wenn wir weibliche Energien anwenden, um das gesamte Hologramm wahrzunehmen, haben wir den notwendigen Vorsprung, um die richtige Wahl zu treffen.

Du fragst dich vielleicht, was du tun kannst, um die Welt zu ändern. Ich sage dir: Jede sinnvolle Änderung muß durch die Transformation des eigenen Selbst kommen, entsteht aus der Qualität der Kommunikation mit anderen. Jedes Bemühen um Zusammenarbeit mit anderen, was immer das Motiv sein mag, bringt uns der menschlichen Verschmelzung näher. Wenn wir geistige Realitäten in den Alltag übersetzen wollen, müssen wir unser Bewußtsein im Erkennen der Aura trainieren, die Energieflüsse beobachten, unsere Absicht auf Transzendenz richten; das ist die vertikale Verlagerung von einer Ebene auf die nächste. Der Weg führt unweigerlich hin zum vollen menschlichen Potential; wir dürfen nicht länger in der Ausrede schwelgen, etwas außerhalb unserer selbst bestimme unser Schicksal. Wir dürfen auf keinen Fall mehr die Entschuldigung getrennter Wirklichkeiten akzeptieren. Was in Afrika, Indien, dem

Mittleren Osten oder in der Sowjetunion passiert, betrifft uns alle und ruft uns zu heiliger, gemeinsamer Antwort!

Es ist für uns alle entscheidend wichtig, uns den Zweck des gegenwärtigen Chaos in Erinnerung zu rufen und unerschütterlich auf die Lösungen zu fokussieren, die in unserem erwachenden Bewußtsein enthalten sind. Auf jeder Erfahrungsebene gehen die alten Gewohnheiten menschlicher Existenz zu Bruch – nicht weil wir etwa weniger wert wären als früher, sondern weil unsere kollektiven Wertsysteme nach innen verlagert werden müssen, damit wir ihnen entsprechend leben können, ohne von äußerlicher Gewalt dazu gezwungen zu werden. Die individuelle Lebensqualität wird sich sehr bald ganz entschieden ändern.

Während Finanz- und Gesellschaftssysteme auf große Umwälzungen zusteuern, beginnen auf der ganzen Welt die Menschen, ihre Erfahrung einzusetzen, um neue Werte zu schaffen und neuen Sinn aus widrigsten Umständen zu gewinnen. Die Menschen hatten schon immer die Fähigkeit, über die Barrieren einer Katastrophe hinweg einander die Hand zu reichen. Dies ist die Rolle, die Mutter Natur spielt: Sie hilft dem taumelnden *homo sapiens* seinen Platz im unendlichen Universum zu finden, indem sie ihm zeigt, wie relativ seine Macht ist.

Es ist ein geheimnisvoller Verlauf der Ereignisse, daß überall dort, wo wir Konflikt und Gewalt verursachen, die Natur uns mit einem Erdbeben, einem Vulkanausbruch, Dürre oder einer anderen Katastrophe nachahmt, um uns zur Zusammenarbeit zu zwingen und die Gemeinsamkeit unserer Existenz anzuerkennen. Sie scheint entschlossen, unseren schlimmsten Lastern zu entsprechen und uns klarzumachen, wie kleinlich unsere wichtigtuerischen Vorstellungen und Illusionen als »überlegene« Rasse eigentlich sind. Weltwirtschaft, Gesundheitsfragen, ja sogar Weltraumfahrt bringen uns einander näher. Unser menschliches Band bietet uns die einzige lebensfähige Unterstützung, wenn wir die zukünftigen Prüfungen bestehen sollen, die wir uns kosmisch selber geschaffen haben.

Die Zukunft strafft das Gesicht der Vergangenheit. Wir müssen unsere Manifestationen sorgfältig beobachten, damit sie keine langen Schatten auf unsere Zukunftsmöglichkeiten werfen. Jeder von uns hat die Pflicht, die Vielfalt seiner eigenen Spielmöglichkeiten zu erweitern, so daß wir alle im globalen Strom unsere Richtung erkennen können. Jeder von uns hat mengenweise Talente und Vorlieben, die uns auf unserem Weg leiten und uns helfen können, uns in diesem Leben durch unseren Beitrag erfüllt zu fühlen.

Wir haben sämtliche Verhaltensmuster und Rollen des Schauspiels mittels der Projektionen und Programme erkundet, die uns von unserer Familie, unserer Kultur und unserer Geschichte eingeimpft worden sind. Nun verfügen wir über das Verständnis und das Instrumentarium, die uns freimachen können. Der kleine kosmische Witz dabei ist, daß wir befürchteten, Freiheit bedeute Einsamkeit; deshalb haben wir uns so verzweifelt an die Vergangenheit geklammert. Tatsächlich bringt uns aber die Freiheit unter einem viel weiter gespannten Firmament viel eher zusammen als die überholte Trennung durch das Clan-Konzept, das uns so lange entzweit hat. Hoffentlich haben wir endlich erkannt, an welchen Abgrund uns unser Sektierertum geführt hat.

Es ist ein nahezu unvorstellbarer Sprung, die anderen Menschen in unserem Leben aus der Verantwortung für unser Glück und unsere Selbstverwirklichung zu entlassen und alles, was wir brauchen, in uns selbst zu entdecken. Das Leben ist ein nicht endender Wachstumsprozeß! Dabei werden immer wieder Beziehungen kommen und gehen. Wenn also eine Beziehung endet, kann sie mit Anmut enden. Wenn wir aus den Grenzen einer Beziehung herausgewachsen sind, hat der Partner die Freiheit, mit uns zu expandieren und die Abmachungen und Einschränkungen von gestern hinter sich zurückzulassen. Jeden Augenblick können wir wählen, ob wir zusammen vollständig neue Kommunikations- und Beziehungsformen ausprobieren wollen.

Es gibt nichts Tieferes, als zusammen zu beten oder zu meditieren, wenn man das sonst allein tun würde. Eine Entscheidung zu fällen ist entschieden wirkungsvoller, wenn das Höhere Selbst beigezogen wird. Auch unser Ausdruck im täglichen Tun ist sublim, insbesondere wenn wir es ganz selbstverständlich mit Freunden, Partnern, Familienmitgliedern teilen. Sogar wenn wir keinen Partner haben, befriedigt eine enge geistige Kommunikation einen Großteil unserer menschlichen Gespaltenheit, die wir lange als leidvoll empfunden haben. Es gehört zum bewußten Leben, wenn es sich in allen Ausdrucksformen, in der Außen- wie den inneren Welten übt. Spirituelle Gemeinschaften werden weltweit zunehmen, weil der Weg zur Erleuchtung gemeinsam so viel mehr Spaß macht.

Wir werden lernen, Begriffe wie *Hingabe* in einem freudigeren Zusammenhang wiederzuentdecken. Hingabe ist die Disziplin der Absicht. Wir werden sie anwenden, um neue Gesellschaftsformen und Großfamilien zu schaffen, die einander auf Seelenebene treu ergeben und gewillt sind, mit all ihren Fähigkeiten zum Wohl des Ganzen beizutragen.

Bislang haben wir noch nie spirituelle Energie als Grundlage unserer Beziehungen, der Gesellschaft oder des Daseins an sich verwendet; viel zu sehr waren wir mit unserem gefühlsmäßigen und physischen Überleben beschäftigt. Nun haben wir eine Entwicklung bis zu einem Punkt begonnen, an dem wir erkennen müssen, daß unser Leben ohne Anschluß an die Quelle wenig Sinn hat. In der sehr komplexen Wirklichkeit unserer heutigen Welt können wir einfach nicht mehr weiterhin nur an der Peripherie kleben, ohne die Kurve nach innen zu nehmen und in das ruhige Auge des Zyklons zurückzukehren.

Ich sehe voraus, daß in Zukunft die Menschen auf vollständig andere Art, als wir es heute tun, Beziehungen eingehen und ihr ganzes Leben miteinander verbringen werden. Der Begriff *Verpflichtung* wird eine ganz neue Bedeutung haben, ohne jede Spur von Mißtrauen, Qual oder Verweigerung, die wir ihm heute noch gern beimessen. Wir hören das Wort immer noch als Befehl, etwas zu geben, statt als Freude am Geben. Anstatt ein beklemmendes Gefühl zu verursachen, wird *Verpflichtung* sich dann auf spiralenförmige Durchgangsbogen beziehen, durch die eine Beziehung sich dauernd in den Bereich der Glückseligkeit ausdehnt. In Zukunft wird Verpflichtung gleichbedeutend sein mit der Freude der Seele, die in Kommunion lebt.

In die Kraft des weiblichen Chi einzutauchen, fühlt sich wie eine geistige Einweihung an, ist aber unseren Kindern durchaus schon vertraut. Wir müssen diese Verbindung unbedingt unversehrt lassen und ihnen nicht die wertvollsten Gaben nehmen, die sie für ihr Leben mitbekommen haben. Die großartigen Sensibilitäten des Kindes sind die Hüter des menschlichen Geistes.

Sogar die Geburt wird endlich als heiliges Ereignis erkannt. Wie ich in meinem Buch *Meergeboren. Geburt als spirituelle Einweihung* ausführte, können wir durch diese urtümlichste aller Erfahrungen miteinander verschmelzen und selbst Durchgang zum Leben werden.

Infolge meines ergreifenden Erlebnisses des Gebärens im Meer spürte ich die Macht des Gebärvorganges als Mittel zum globalen Bewußtsein. Ich begann das Projekt *Birth for Peace – Geburt für den Frieden –*, das Familien, die ein Kind erwarten, hilft, die Geburt als Botschaft zu erfahren und als Mahnung, daß wir Weltbürger sind. Jeder kann nun andere Länder und Orte auf der Erde auswählen, um ein Kind zu gebären, das dann das Netz der menschlichen Familie weiterspannt. Wenn wir uns bei diesen tiefgreifenden Ausdrucksformen des Lebens miteinander verbinden, befreien wir uns von den Grenzen, die unsere großartige Zukunft so lange gemindert und gefährdet haben.

In dem Maße, in dem *Leben* in den kommenden Jahren eine neue Bedeutung gewinnt, werden wir unsere Ziele als Eltern und Lehrer der Seelen, die mit uns inkarnieren, neu verstehen lernen. Wir wollen die kleinen Mädchen und Jungen, die insgeheim wünschen, sie gehörten dem jeweils anderen Geschlecht an, verschwinden lassen, indem wir als Vorbild die Integration des Männlichen und Weiblichen leben. Im Licht des spirituellen Determinismus wird es schon bald gesellschaftlich höher geachtet sein, die nächste Generation hervorzubringen. Unsere Kinder sind die Erleuchteten, die uns zeigen werden, wie wir alles haben können. Die Lehrer zu lehren, wird die Kunst des Unterrichtens zu einem faszinierenden Aufenthalt im menschlichen Bewußtsein werden lassen.

Die *Nizhoni-Schule für globales Bewußtsein* ist ein Prototyp für die Zukunft, weil sie die Integration der mehrdimensionalen Wirklichkeit demonstriert. Die Schüler der globalen Handelsschule können sich in verschiedenen Umfeldern wohl fühlen und wirksam arbeiten, weil sie sich so wohl auf diesem Planeten fühlen.

Die Schüler in der Akademie für Ökologie und Energie lernen zwar die Scheußlichkeiten kennen, die wir unserer Umwelt durch unsere kurzsichtige Habgier angetan haben;

sie sind aber auch imstande, die Antworten zu finden, die im Zellgeist gespeichert sind: Mutter Natur weiß, wie sie sich selbst und uns heilen kann. Dies sind großartige Lektionen für das menschliche Bewußtsein!

Ein neues Bewußtsein tagt, das uns aus dem dunklen Abgrund herausholen wird, in den die Intelligenz eintaucht, bis sie unbrauchbar ist, gefangen durch die Prägungen der Kulturen und Gesellschaften, die zur Beherrschung des einzelnen geschaffen wurden. Unsere Intelligenz ist an der Illusion erstickt, wir seien lediglich Kinder unserer Eltern, Schüler unserer Lehrer und Schäfchen unserer Kirchen. Wir müssen aus dieser Sklaverei ausbrechen, dem Verhaftetsein an das Rad des Karma, das uns an diesen Abgrund kettet!

Es ist die geistige Bewußtheit, die das Chaos der Welt ordnen wird. Dank der weiblichen Energie können wir die Wahrheit annehmen, daß jeder von uns sein eigener Lehrer, sein eigener Heiler ist, daß unsere angeborene Weisheit die Prüfung des Lebens bestehen wird. Das Höhere Selbst erwartet uns, um uns in den Lichtkörper zu tragen, angekündigt durch ein neues Zeitalter menschlichen Bewußtseins, das ehrlich gewillt ist, den Frieden zu umarmen.

Der weibliche Weg, die Verschmelzung aller Gegensätze, ist die Friedenskraft. Frieden stellt sich ein, wenn es an nichts mangelt, wenn nichts mehr gewünscht wird. Er umfaßt alles, über alle Vorurteile, über Trennung und Sektierertum hinaus, weil er zurück zur Quelle strebt. Obgleich Frieden Fülle bedeutet, stagniert er nicht, sondern bewegt sich im Bogen der Evolution: Er ist wach und bewußt zugleich.

Wenn wir durch die Energien des weiblichen Chi verkehren, erkennen wir das Selbst ganz friedlich. Wenn wir einander erkennen, zieht uns die Anziehung unweigerlich in das Feuer der Verschmelzung. Die menschliche Verschmelzung steht unmittelbar bevor. Wir, wir allein, sind die einzige Lösung für unser gegenwärtiges Dilemma: Du und ich sind das Ziel der Suche.

Danksagung

Dieses Buch ist der göttlichen Weiblichkeit in uns allen gewidmet. Ich möchte mich ganz herzlich bei meiner Lektorin Brigitte Leierseder-Riebe bedanken, die so engagiert den Inhalt und das Thema dieses Buches unterstützte, ferner bei meinem Verleger Klaus Eck, dem ich immer dankbar sein werde, daß er meine Werke meinen geliebten deutschen Leserinnen und Lesern zugänglich machte.
Mein Dank gilt auch Salomé Hangartner für ihre wunderbare Übersetzung, bei der die Stimme des Herzens so gut überkommt.
Besondere Anerkennung verdient ebenfalls meine amerikanische Lektorin Barbara Gess für ihre hervorragende Arbeit, sowie Bela Virag und Alex Petofi, die mir so gekonnt dabei halfen, die täglichen Computer»brände« zu löschen. Schließlich danke ich Elizabeth Petofi, die mit soviel Begeisterung und Perfektion all meine Tonbandaufzeichnungen in den PC geschrieben hat.